ספר
עֵץ חַיִים
לרבינו
חיים ויטאל ז"ל
שֶׁקִיבֵּל ממרן האר"י זלה"ה
שַׁעַר הַשְׁבִירה
שַׁעַר ט' פֶּרק ז'
דמ"ו ע"ב – דמ"ז ע"א
תש"פ
SimchatChaim.com

בהוצאת
שִׂמְחַת חַיים

בס"ד

הקדמה

ירפא **ה**מאציל **ו**יושיע **ה**בורא את כל חולי בני ישראל, וישלח להם רפואה שלימה, רפואת הנפש ורפואת הגוף, בכל אבריהם ובכל גידיהם לעבודתו יתברך.

בי"ב במנחם אב תשס"ה, הובהלתי לבית החולים, הרופאים לא נתנו לי סיכוי לחיות יותר מכמה שעות בגלל מספר תסבוכות. עם כל זאת בזכות התפילות של בני ישראל הקדושים, ברחמיו הרבים, ריחם עלי הקדוש ברוך הוא, ונשארתי בחיים.

עם כל זאת, הובחנה אצלי מחלה קשה בכליות, ונאמר לי שהוצטרך למכונת דיאליזה. בשבילי זה היה שוק!!! אף פעם לא הייתי אצל רופא, או בבית חולים. כך בעל כרחי התחברתי למכונת דיאליזה, ומכונה זאת הייתה[1] קשורה בי ככלב במשך שמונים חודשים בדיוק, כמנין **יסוד**, במשך 10-12 שעות ביום.

בשבת פרשת **ויחי יעקב** י"ב טבת תשע"ב, בזכות בני ישראל, שכולם אהובים כולם ברורים כולם גיבורים כולם קדושים... וכולם פותחים את פיהם באהבה שלוש פעמים ביום, ואומרים - **ברוך אתה... רופא חולי עמו ישראל**, וכללותם כל האברכים, תלמידי הישיבות, רבנים וחכמים, חסידים, מקובלים עם תינוקות של בית רבן, זקנים עם נערים, בחורים וגם בתולות, בארץ הקודש ובעולם. ומצד שני בנות ישראל היקרות מפז, שהתפללו וקבלו עליהם כל מיני קבלות, מהפרשת חלה עד צניעות וכיסוי הראש, עם הרבנים, המנהלים, המורים, המורות **והתלמידות של בית יעקב דטורונטו** שכל יום התפללו, וכללו בתפילתם שבקעה את כל הרקיעים אותי, ונושעתי אני הקטן. הושתלה בי כליה. והתנתקתי ממכונת הדיאליזה.

אמר המלך דוד - לולי[2] תורתך שעשעי אז אבדתי בעניי. מה שנתן לי חיות היא התורה הקדושה, בשעות הרבות שהייתי מחובר למכונת הדיאליזה)כ12 שעות ביום(, ערכתי סדרתי וכתבתי במחשב את קונטרסים שלמדתי במשך שנים. וקונטרסים אלו הפכו לחיבור, ואחרי התלבטויות ובקשות מבני גילי, החלטתי בעזרתו יתברך להדפיס קונטרסים אלו.

ידוע הוא כי כל דברי האר"י זלל"ה ותלמידו נאמן ביתו, רבינו חיים ויטאל הם סתומים וחתומים באלפי שרשראות ומנעולים, והרב ז"ל גלה טפה וכיסה אלפים אמה, וכלל דבריהם הוא משלים, עם כל זאת העוסק במשל פועל בעלמות העליונים בנמשל. לכן צריך זהירות גדולה לא להגשים את המשלים, בסוד המבואר בספר הזוהר הקדוש - **ועלייהו אתמר** ועליהם נאמר - **ארור האיש אשר יעשה פסל ומסכה וגומר, ושם בסתר, מאי בסתר** מהו בסתר - **בסתרו דעלמא** בסתר העולם. ובגין דא אמר קודשא בריך הוא לא תעשון אתי ומפני זה אמר הקדוש ברוך הוא לא תעשון אתי **אלה"י כסף ואלה"י זהב, והכי אוקמוה חבריא לא תעשון אתי כדמות שמשי שמשמשין אותי** וכך העמידוהו החברים לא תעשון אתי כדמות שמשי שמשמשים אותי **במרום, לצייריא בסתר דילי שום ציור או דמיון** לצייר בסתר שלי שום ציור או דמיון, **דכל מאן דצייר לעיל לקודשא בריך הוא** שכל מי שמצייר למעלה לקדושה ברוך הוא, **בסתר)דאיהי שכינתיה, כלילא מעשר ספיראן** שהיא שכינתו, כלולה מעשר ספירות(, **שום ציור, וצלם, ודמות, כגוונא דמצייריין בשמשין דיליה** שמציירים בשמשים שלו, **בנשמתיה אתלבשא בההוא צלמא** נשמתו מתלבשת באותו צלם....

1

גמרא סוטה ד"ג ע"ב - גמרא סוטה ד"ג ע"ב – רבי אלעזר אומר, **קשורה בו ככלב**, שנאמר - ולא שמע אליה לשכב אצלה להיות. עמה לשכב אצלה בעולם הזה. להיות עמה לעולם הבא.

2

תהלים קי"ט צ"ב

וכן הוא בסוף ענף ד' דשער א' בספר עץ חיים שער ההקדמות, וז"ל הטהור - ואמנם דבר גלוי הוא כי אין למעלה גוף ולא כח גוף חלילה. וכל הדמיונות והציורים אלו לא מפני שהם כך חס ושלום. אמנם **לשכך את האוזן** לכשיוכל האדם להבין הדברים העליונים, הרוחניים, בלתי נתפסים, ונרשמים בשכל האנושי. לכן ניתן רשות לדבר לדבר בבחינת ציורים ודמיוניים, כאשר הוא פשוט בכל ספרי הזוהר. וגם בפסוקי התורה עצמה כולם כאחד עונים ואומרים בדבר הזה, כמו שאמר הכתוב עיני הוי"ה המה משוטטים בכל הארץ. עיני הוי"ה אל צדיקים. וישמע הוי"ה. וירח הוי"ה. וידבר הוי"ה. וכאלה רבות. וגדולה מכולם מה שאמר הכתוב - ויברא אלהי"ם את האדם בצלמו בצלם אלהי"ם ברא אותו זכר ונקבה וגו'. **ואם התורה עצמה דברה כך** גם אנחנו נוכל לדבר כלשון הזה, עם היות שפשוטו הוא שאין שם למעלה אלא אורות דקים בתכלית הרוחניות, בלתי נתפשים שם כלל, וכמו שאמר הכתוב - כי לא ראיתם כל תמונה, וכאלה רבות. ואמנם יש עוד דרך אחרת כדי להמשיך ולצייר בה הדברים העליונים, והם בחינת כתיבת צורת אותיות, כי כל אות ואות מורה על אור פרטי עליון, וגם תמונת זו דבר פשוט הוא כי אין למעלה לא אות ולא נקודה, **וגם זה דרך משל וציור לשכך את האוזן** כנזכר.....

ולכן כל המבואר כאן בחיבור זה הוא כדי **לשכך את האוזן**. והתרשימים שבסוף החיבור הם כדי **לשבר את העין**, לכן אין שום ביאור והסבר שלם, ואין שום תרשים שלם בתכלית השלמות.

ידוע כי[3] דברי תורה עניים במקומן ועשירים במקום אחר, **ועל אחת כמה וכמה** בדברי הרב ז"ל, שכל סוגיה חסרה[4] במקומה, וחלקיה מפוזרים במקומות אחרים. **זאת ועוד** הרב ז"ל מערבב בדרוש אחד כמה וכמה סוגיות, כאשר בפשטות דבריו נראה שכל הדרוש הוא דרוש אחד, ולא מחולק לסוגיות שונות, ושמועות שונות, **ביאור** דברי הרב ז"ל כאן הם **בעומק, והוא בעצם ליקוט** עד איפה שידי הקצרה הגיעה, מכל חלקי ספר עץ חיים, ושמונה השערים המצויינים לרב ז"ל, מבוא שערים ושאר ספרי הרב ז"ל, והוא גם על פי הקדמת רחובות הנהר למרן הרש"ש, דרושי פנימיות וחיצוניות, דרוש הדעת, סוגיות ערכין, סוגיות דכללות והתכללות, פרטות וכללות, וסוגיות עובי ואורך, ועל פי ביאור גדולי רבותינו חכמי המקובלים לדורותם זלה"ה זי"ע.

ידוע כי[5] אין בר בלי תבן, כך אין ספר בלי טעויות, ועוד יודע אני כי דל ועני אני, **ואין**[6] **עני אלא בדעה.** לכן מבקש אני בכל לשון של בקשה אם יש לכל אחד שאלות, הערות, הארות, תיקונים, נא לשלוח ל - והשתדל לענות, ולתקן את הצריך תיקון. book@simchatchaim.com

בברכה והצלחה בלימוד התורה הקדושה
ובעיקר בפנימיות התורה, תורת האר"י הח"י.
ורפואה שלימה לכל חולי ישראל.

אח"י

3

גמרא ירושלמי, ראש השנה פ"ג הלכה ה' די"ז ע"א — דברי תורה עניים במקומן, ועשירים במקום אחר.

4

תורת חכם דע"ב ע"ב — חסר לשון הוא, כמו שיראה המעיין.

5

גמרא ברכות נ"ה א' - מה לתבן את הבר נאם ה', וכי מה ענין בר ותבן אצל חלום, אלא אמר ר' יוחנן משום ר' שמעון בן יוחאי ,כשם שאי אפשר לבר בלא תבן, כך אי אפשר לחלום בלא דברים בטלים.

6

גמרא נדרים מ"א ע"א — אין עני אלא בדעה .

ב"ה

הקדמה קצרה לחיוב לימוד תורת הקבלה

ישמחו **ה**שמים **ו**תגל **ה**ארץ ירעם הים ומלאו. שזכינו בדור שלנו שפנימיות התורה, שהיא היא תורת הקבלה, מתפשטת לכל, וכל מקום בעולם היום לומדים בתורת הח"ן. הדור שלנו יש הרבה התעוררות ללמוד סתרי התורה הקדושה, הנקראת חכמת הקבלה. בירושלים של המאה ה18 בישיבת **בית אל** היו בקושי מנין של מקובלים, והיום תורת הקבלה מופצת בכל מקום בארץ ובעולם. לעניות דעתי אחת הסיבות העיקריות לשינוי זה הוא רצונם של בני התורה, החוזרים בתשובה ועמך לדעת את סוד החיים, למה ברא הקדוש ברוך הוא את העולם, ואת טעמי המצות, ר"ל אי אפשר היום בדור שלנו, להסביר על פי הפשט את הסיבה מדוע אסור לאכול בשר וחלב, מדוע צריך להניח תפילין, למה לשמור דווקא שבת ולא יום שלישי, אי אפשר להגיד כל הזמן **זאת גזרת הכתוב, כך רוצה הקדוש ברוך הוא**, האנשים מחפשים הסברים למצות, לסיפורי התנ"ך, לגלגולי נשמות, ועוד. ורק על ידי עסק בפנימיות התורה, אדם מסיג את ההסברים לקושיות שיש לו. **זאת ועוד** חיים אנחנו בדור של חומריות, והאנשים מחפשים את הרוחניות שבחיים, אז מה עושים, נוסעים למזרח, להודו, סין, תאילנד למצוא רוחניות, ולא יודעים **ששורש כל הרוחניות בעולם נמצאת בתורה הקדושה**, עם כל זאת כאשר הלומד את פשט התורה, **הוא לא מכיר** את הקדוש ברוך הוא, והוא בלי יראת שמים ושמחה אמתית. כותב הרב המקובל האלוה"י רבינו יהודה פתייה בפרושו הנפלא על עץ חיים - כי לימוד עץ חיים הוא עמוק מאד מאד, כי הוא **מים שאין להם סוף**, והוא קשה מאד גם לחכמים ההוגים בו תמיד, וכל שכן למתחילים. כי הוא חזק מצור, וקשה מברזל, שאי אפשר לחצוב ממנו מאומה, אם לא על ידי כלי מחצב חזקים כציפורן שמיר. וכל המתחיל בלימוד עץ חיים, אם לא יהיה לו רב, או לפחות איזה מפרש המפרש לו כונת הפרק ההוא לפי פשוטו, נבול יבול, ואינו יכול לעמוד על הפרק כי אם לאחר יגיעה רבה, ושקידה עצומה, וכולי האי ואולי. כי הרבה פעמים יסבור המעיין שהבין הענין ההוא כראוי, ואחר שילמוד עוד איזה פרקים אחרים, ירגיש כעצמו שלא הבין את פרקים הקודמים, והניסיון יעיד על זה, עד כאן דברי קודשו. עם כל זאת חייב כל אדם לעסוק בתורת החיים.

צדיק אתה הוי"ה וישר משפטיך. כתב הרב רבינו חיים ויטאל ז"ל בהקדמה לשער ההקדמות - והנה מה שכתב בתחילת דבריו, ואפילו כל אינון דמשתדלי באורייתא כל חסד דעבדי לגרמייהו וכו', עם היות שפשטו מבואר ובפרט בזמנינו זה, בעוונותינו היום אשר התורה נעשית קרדום לחתוך בה אצל קצת בעלי תורה, אשר עסקם בתורה על מנת לקבל פרס, והספקות יתירות, וגם להיותם מכלל ראשי ישיבות, ודיני סנהדראות, להיות שמם וריחם נודף בכל הארץ, **ודומים במעשיהם לאנשי דור הפלגה הבונים מגדל וראשו בשמים**, ועיקר סיבת מעשיהם היא מה שאמר אחר כך הכתוב - **ונעשה לנו שם**... והנה על הכת הזאת אמרו בגמרא כל העוסק בתורה שלא לשמה, נוח לו שנהפכה שליתו על פניו, ולא יצא לאויר העולם. ואמנם האנשים האלה מראים תימה ועונה באמרם כי כל עסקם בתורה הוא לשמה. והנה החכם הגדול התנא רבי מאיר ע"ה העיד עליהם שלא כך הוא, באומרו לשון כללות - כל העוסק בתורה לשמה זוכה לדברים הרבה וכו', **ומגלים לו רזי תורה, ונעשה כנהר שאינו פוסק**, והולך וכמעיין המתגבר מאליו, בלתי הצטרכו לטרוח ולעיין בה, ולהוציא טיפין טיפין של מימי

התורה מן הסלע, הנה זה יורה שאינו עוסק בתורה לשמה כהלכתה, ומי זה האיש אשר לא יזלו עיניו דמעות בראותו המשנה הזאת, **ורואה חסרונו ופחיתותו**, עד כאן לשונו. לכן כל אחד צריך לטעום מעץ החיים.

חצות לילה אקום להודות לך על משפטי צדקך. כתב רבינו אליהו מני זצ"ל רבו של הרי"ח הטוב, בספרו הקדוש כסא אליהו שער ד' וז"ה - ואם זיכך הוי"ה ללמוד בחכמת האמת, הנה עצה היעוצה היא שכל סדר הלימוד בנגלה תתנהג בו ביום דווקא. **אבל בלילה תלמוד בחכמת האמת, והעיקר הלימוד אחר חצות**, כי זה הלימוד צריך ישוב דעת הרבה, וכשיקוץ האדם אז דעתו מיושבת עליו יותר. גם גה הלימוד צריך הסתר והצנע, **וכל דבר שיהיה בלילה ובפרט אחר חצות יהיה נסתר יותר מן היום**. ותעשה ועד עם החברים בבית המדרש אם הוא צנוע, **או בביתך ותלמדו בכל לילה**, עד כאן לשונו. וישב ללמוד האדם בלילה תחת עץ החיים.

קראתי בכל לב ענני הוי"ה חקיך אצרה. בהקדמה[7] לשער ההקדמות מבאר הרב ז"ל - ואמנם אל יאמר אדם אלכה לי ואעסוק בחכמת הקבלה, מקודם שיעסוק בתורה במשנה ובתלמוד, כי כבר אמרו רבינו ז"ל - אל יכנס אדם לפרדס **אלא אם כן מלא כריסו בבשר ויין**, והרי זה דומה לנשמה בלתי גוף, שאין לה שכר ומעשה וחשבון, עד היותה מתקשרת בתוך הגוף, בהיותו שלם מתוקן במצות התורה בתרי"ג מצות. **וכן בהפך** בהיותו עוסק בחכמת המשנה והתלמוד בבלי, ולא ייתן חלק גם אל סודות התורה וסתריה, כי **הרי זה דומה לגוף היושב בחושך**, בלתי נשמת אדם נר הוי"ה המאירה בתוכה, **באופן שהגוף יבש בלתי שואף ממקור חיים**, אשר זהו ענין אומרו במקום אחר ההוא הנזכר לעיל וז"ל - דאילין אינון דעבדי לאורייתא יבשה, ולא בעאן לאשתדלא בחכמת הקבלה וכו'. באופן כי התלמידי חכמים העוסקים בתורה לשמה, ולא לשמו, לעשות לו שם. צריך שיעסוק בתחילה בחכמת המקרא, והמשנה, והתלמוד, כפי מה שיוכל שכלו לסבול. ואחר כך יעסוק לדעת את קונו בחכמת האמת, וכמו שציווה דוד המלך ע"ה את שלמה בנו - דע את אלה"י אביך ועבדהו. ואם האיש הזה יהיה כבד וקשה בענין העיון בתלמוד, מוטב לו שיניח את ידו ממנו, אחר שבחן מזלו בחכמה זאת, ויעסוק בחכמת האמת. וזה שמבואר כל תלמיד חכם שאינו רואה סימן יפה בתלמוד בחמשה שנים, שוב אינו רואה, עד כאן דברי קודשו. ומזה כל אחד ואחד חייב להדבק במקור החיים.

חסדך הוי"ה מלאה הארץ חקיך למדני. בשער הגלגולים, בקדמה ט"ז כתב הרב ז"ל - עוד צריך שתדע, כי האדם צריך לקיים כל התרי"ג מצות, במעשה, ובדבור, ובמחשבה. וכמו שאמרו ז"ל על פסוק - זאת התורה לעולה ולמנחה וכו', כל העוסק בפרשת עולה, כאלו הקריב עולה וכו'. וכוונו בזה שהאדם מחוייב לקיים כל התרי"ג מצות בדבור, וכן על דרך זה במחשבה. ואם לא קיים כל התרי"ג בשלשה בחינות הנזכרות, מחוייב להתגלגל עד שישלים אותם. **עוד דע**, כי האדם מחויב לעסוק בתורה בארבעה מדרגות, **שסימנם פרד"ס**, והם, פשט, רמז, דרוש, סוד וצריך שיתגלגל עד שישלים אותם. ובהקדמה י"ז כותב הרב ז"ל, וז"ל - שהאדם **מחוייב לעסוק בתורה בארבעה מדרגות שבה**, והיא זאת, דע, כי כללות כל הנשמות הם ששים רבוא ולא יותר. והנה התורה היא שרש נשמות ישראל, כי ממנה חוצבו, ובה

נשרשו. ולכן יש בתורה שישים רבוא פירושים, וכלם כפי הפשט. וששים רבוא ברמז. וששים רבוא בדרש. **וששים רבוא בסוד**. ונמצא, כי מכל פירוש מן השישים רבוא פרושים, ממנו נתהווה נשמה אחת של ישראל, ולעתיד לבא כל אחד ואחד מישראל, ישיג לדעת כל התורה כפי אותו הפירוש המכוון עם שרש נשמתו, אשר על ידי הפירוש ההוא נברא ונתהווה כנזכר. וכן בגן עדן אחר פטירת האדם, ישיג כל זה. וכן בכל לילה כאשר האדם ישן, ומפקיד נשמתו ויוצאה ועולה למעלה, הנה מי שזוכה לעלות למעלה, מלמדים לו שם אותו הפירוש, שבו תלוי שרש נשמתו. ואמנם הכל כפי מעשיו ביום ההוא, כך באותה הלילה ילמדוהו, פסוק אחד, או פרשה פלונית, כי אז מאיר בו יותר פסוק ההוא משאר הימים. ובלילה האחרת יאיר בנשמתו פסוק אחר, כפי מעשיו של אותו היום, וכולם על דרך הפירוש ההוא אשר תלויה בו שרש נשמתו כנזכר, עד כאן דברי קודשו. ור"ל שכל יהודי ויהודי חייב להשיג את שורש נשמתו, וללמוד את סוד **החיים**.

יבאוני רחמיך ואחיה כי תורתך שעשעי. מבואר במדרש משלי - אמר רבי ישמעאל, בוא וראה כמה קשה יום הדין שעתיד הקדוש ברוך הוא לדון את כל העולם כולו בעמק יהושפט. בזמן שתלמידי חכמים באים לפניו, אומר לכל אחד מהם - כלום עסקת בתורה, אמר לו הן, אומר לו הקדוש ברוך הוא הואיל והודית, אמור לפני מה שקרית, ומה ששנית בישיבה, ומה ששמעת בישיבה. מכאן אמרו - כל מה שקרא אדם יהא תפוש בידו, שלא תשיגהו בושה ליום הדין. מכאן היה רבי ישמעאל אומר - אוי הלה לאותה בושה, אוי לה לאותה כלימה, ועל זה ביקש דוד מלך ישראל בתפילה ובתחנונים לפני המקום ואמר - הוי"ה בוקר תשמע קולי בוקר אערך לך ואצפה. בא לפניו מי שיש בידו מקרא ואין בידו משנה, הקדוש ברוך הוא הופך את פניו ממנו, ושרי גיהנם מתגברים בו כזאבי ערב, ונוטלין אותו ומשליכין אותו לתוכה. בא לפניו מי שיש בידו שני סדרים או שלושה, אז הקדוש ברוך הוא אומר לו - בני, כל ההלכות למה לא שנית אותם, ואם אומר הקדוש ברוך הוא הניחוהו, מוטב, ואם לאו עושין לו כמידת הראשון. בא לפניו מי שיש בידו הלכות, הקדוש ברוך הוא אומר לו - בני, תורת כהנים למה לא שנית, שיש בה טומאה וטהרה, וטומאת שרצים וטהרת שרצים, טומאת נגעים וטהרת נגעים, טומאת נתקים ובתים וטהרת נתקים ובתים, טומאת זבים ולידה וטהרת זבים ולידה, טומאת מצורע וטהרתו, סדר ווידוי יום הכיפורים, וגזירות שוות, ודיני ערכים, וכל דין שדנו ישראל לא דנו אלא מתוכו. בא לפניו מי שיש בידו תורת כהנים, אומר לו הקדוש ברוך הוא - בני, חמישה חומשי תורה למה לא שנית, שיש בהם קריאת שמע, ותפילין, ומזוזה. בא לפניו מי שיש בידו חמישה חומשי תורה, אומר לו - בני, למה לא למדת הגדה, ולא שנית, שבשעה שחכם יושב ודורש, אני מוחל ומכפר עוונותיהם של ישראל, ולא עוד אלא בשעה שעונין אמן יהא שמיה רבה מברך, אפילו נחתם גזר דינם אני מוחל ומכפר להם עוונותיהם. בא לפניו מי שיש בידו הגדה, אומר לו הקדוש ברוך הוא - בני, תלמוד למה לא שנית, שנאמר - כל הנחלים הולכים אל הים והים איננו מלא, זה התלמוד, שיש בו חכמות הרבה. בא מי שיש בידו תלמוד, הקדוש ברוך הוא אומר לו - בני, הואיל ונתעסקת בתלמוד, **צפית במרכבה, צפית בגאוה**, שאין הנייה בעולמי, אלא בשעה שתלמידי חכמים יושבים ועוסקים בתורה, מציצין ומביטין ורואין והוגין המון התלמוד הזה - **כסא כבודי היאך הוא עומד. רגל הראשונה במה היא משמשת, שנייה במה היא משמשת, שלישית במה היא משמשת, רביעית במה היא משמשת, חשמל היאך הוא עומד, ובכמה פנים הוא מתהפך בשעה אחת, לאי זה זה רוח הוא משמש, הברק היאך הוא עומד, כמה פנים של זוהר נראין בין**

כתפיו, לאיזה רוח משמש, כרוב היאך הוא עומד, לאי זה רוח הוא משמש. גדולה מכולם עיון כיסא הכבוד, היאך הוא עומד, עגול הוא כמין מלבן, ומתוקן הוא, כמה גשרים יש בו, כמה הפסק בין גשר לגשר, וכשאני עובר באיזה גשר אני עובר, ובאי זה גשר האופנים עוברים, ובאיזה גשר הגלגלים עוברים. גדולה מכולם מצפורני ועד קודקודי, היאך אני עומד, כמה שיעור בפיסת ידי, וכמה שיעור אצבעות רגלי. גדולה מכולם כיסא כבודי, היאך הוא עומד, לאיזה רוח הוא משמש, באחד בשבת לאיזה רוח הוא משמש, בשני בשבת לאיזה רוח הוא משמש, בשלישי בשבת לאיזה רוח הוא משמש, ברביעי בשבת, בחמישי בשבת, בשישי בשבת לאיזה רוח משמשין, וכי לא זהו הדרי, זהו גדולתי, זהו הדר יופי, שבניי מכירין את כבודי במידה הזאת. ועליו אמר דוד - מה רבו מעשיך הוי"ה, כולם בחכמה עשית, מלאה הארץ קנינך. עד כאן לשון המדרש. ממדרש זה לומדים על חובת כל אחד ואחד מישראל את לימוד כל חלקי הפרד"ס, ובעיקר את בחינת הסוד שבתורה, הנקרא[8] מעשה מרכבה, ובמעשה בראשית. ומבאר הרב בית לחם יהודה על השינוי שיש בפסוקים במעמד הר סיני, בפסוק אחד כתוב - ויחן שם **ישראל** תחת ההר. ומספר פסוקים יותר מאוחר כתוב וירא **העם** וינועו מרחק. וידוע כי כאשר כתוב בתורה **ישראל**, מדובר **בבני ישראל**, וכאשר כתוב **העם**, מדובר על **הערב רב**. וז"ל הרב בית לחם יהודה - ובזוהר בהעלותך דף קנ"ב ע"א קרי להעוסקים בחכמת האמת, אינון דהוי קיימי בטורא דסיני. וז"ל - חכמין עבדי דמלכא עלאה אינון דקיימו בטורא דסיני, לא מסתכלי אלא בנשמתא, דאיהי עיקרא דכלא אורייתא ממש וכו'. ונראה בעיני אם מותר, משמע אותן שאינן יודעים סודות התורה לא עמדו על הר סיני, עד כאן לשונו. ונראה לי בביאור כוונתו כי בתחלה כשיצאו ישראל לקראת האלהי"ם, היו מתייצבים בתחתית ההר, ואחר כך נאמר וירא העם וינועו ויעמדו מרחוק, כי היו יראים פן תאכלם האש הגדולה הזאת וימיתו. והיה מקצת מהעם שהיו ששים ושמחים לקראת השכינה, ולא רצו לזוז ממקומם הראשון, ולעמוד מרחוק, אפילו אם ימיתו ממש. ועליהם הוא מה שכתב בזוהר הנזכר - אינון דקיימו בטורא דסיני, כלומר ולא נעו ועמדו מרחוק, אלא עמדו בטורא דסיני מתחלה ועד סוף, ולכן הם זוכים לחכמת האמת. ואותם הנשמות אשר נעו עם העם ועמדו מרחוק, כן הם עושים גם עתה, שנסים ועומדים מרחוק לחכמת האמת מיראתם, פן תאכלם האש הגדולה הזאת. ולכן על כל אחד ואחד מבני ישראל הקדושים מחויב לעמוד תחת עץ החיים.

יראיך יראוני וישמחו כי לדברך יחלתי. בספר הזוהר הקדוש מבואר מדוע התפילות של בני ישראל לא נענות, וז"ל תיקוני הזוהר תיקון מ"ג - **בראשית תמן את"ר יב"ש** במלת בראשית יש אותיות את"ר יב"ש, **ודא איהו ונהר יחרב ויבש** היסוד הנקרא נהר יחרב ויבש ממי השפע, ואין לו מה להשפיע למלכות, **בההוא זמנא דאיהו יבש** באותו הזמן שהיסוד הוא יבש, **ואיהי יבשה** המלכות הנקראת יבשה, היא יבשה כי לא מקבלת שפע מהיסוד, אז כאשר **צווחין בניך לתתא** מתפללים וצועקים בני ישראל, **ביחודא ואמרין** וביחוד שאומרים בני ישראל **שמע ישראל** שיבא ז"א הנקרא ישראל להתיחד עם נוקבא בשעת התפילה דעמידה, עם כל זאת **ואין קול** של התפילה או הקריאת שמע שעוזרים לזיווג דזו"ן **ואין עונה** ואין מי שיענה וימלא את הבקשות בתפילתם. **הדא הוא דכתיב** וזהו שכתוב - **אז** בני ישראל **יקראונני** בני ישראל בעת צרתם בקריאת שמע ובתפילה, **ולא אענה** ואני לא אענה אותם בתפלתם, מפני

גמרא חגיגה די"א ע"ב

שלא לומדים ומתעסקים בפנימיות התורה. **והכי מאן דגרים דאסתלק** וכל מי שגורם הסלקות פנימיות תורת הקבלה **וחכמתא מאורייתא דבעל פה ומאורייתא דבכתב** מהתורה שבעל פה והתורה שבכתב, **וגרים דלא ישתדלון בהון** וגורמים גם לאחרים שלא יתעסקו וילמדו את חכמת הקבלה, **ואמרין דלא אית אלא פשט באורייתא ובתלמודא** ואומרים שאין בתורה ובתלמוד אלא פשט התורה, בלי פנימיות הסוד, **בודאי כאלו הוא יסלק נביעו מההוא נהר** בודאי נחשב לו כאילו הוא מסתלק את נביעת שפע החכמה והבינה מן היסוד, **ומההוא גן** ומן הנוקבא הנקראת גן, **ווי ליה** לאותו יהודי **טב ליה דלא אתברי בעלמא** טוב לו שלא היה נברא, **ולא יוליף ההיא אורייתא דבכתב ואורייתא דבעל פה** ולא היה לומד תורה שבכתב ותורה שבעל פה, כי דינו כעם הארץ שלא למד כלל, ועוד **דאתחשיב ליה כאלו אחזר עלמא לתהו ובהו** שנחשב לו כאילו החזיר את העולם לתהו ובהו, ר"ל לסוד שבירת הכלים לפי שמגביר הקליפות כאשר הנהר והגן יבשים, **וגרים עניותא בעלמא ואורך גלותא** וגורם עניות בעולם ומאריך את הגלות השכינה וביאת המשיח. עד כאן דברי הזוהר הקדוש. וכותב רב חיים ויטאל זלה"ה בהקדמה וז"ל - אמנם שעשועות של הקדוש ברוך הוא בתורה, והיותו בורא בה את העולמו, היתה בהיותו עוסק בתורה בבחינת הנשמה הפנימית שבה, הנקרא - רזי תורה, הנקרא מעשה מרכבה, **היא חכמת הקבלה** כנודע אל היודעים, וטעם הדבר הוא להיותו עולם האצילות העליון מאד, טוב ולא רע, דלא יכיל להתערבא עמיה קליפה, ועליה אתמר - וכבודי לאחר לא אתן, כנזכר בספר התיקונין דף ס"ו תיקון י"ח, וכן בספר הזוהר בפרשת בראשית דף כ"ח ע"א עיין שם. ולכן גם התורה אשר שם [**אח"י** - בעולם האצילות] איננה רק מופשטת מכל לבושי הגופנים, מה שאין כן למטה בעולם היצירה, עולם דמטטרו"ן, הנקרא עבד טוב, והוא הנקרא עץ הדעת טוב מסטרא, ומסטרא דסמא"ל שהוא קליפין דיליה, **נקרא עבד רע**, כי התורה אשר שם, הם שית סדרי משנה **הנקראים שפחה** כנזכר לעיל, וכנזכר בפרשת בראשית שם דף כ"ז ע"א. ולכן נקראת משנה, לפי ששם יש שינויים הפוכים **טוב מסטרא דעבד טוב**, היתר, כשר, טהור. **רע מסטרא דעבד רע**, איסור, טמא, פסול. גם הוא מלשון כי מרדכי היהודי משנה למלך, שהיה שפחה הנקרא עבד מלך, מלך גם נקרא מלשון שינה, כנזכר בפרשת פינחס דף רמ"ד ע"ב - קם זמנא תנינא ואמר, מארי מתניתין נשמתין ורוחין ונפשין דילכון אתערו כען ואעברו שינתא מניכון דאיהו, ודאי משנה אורח פשט, דהאי עלמא ואנא לא אתערנא בכו, אלא ברזין עילאין דעלמא דאתי דאתון בהון, לא ינום ולא ישן. וזה יובן במה שמבואר יותר למעלה שם - **ורבנן דמתניתין ואמוראי, כל תלמודא דלהון על רזין דאורייתא סדרו ליה**. ונמצא כי המשנה והש"ס הם הנקרא גופי תורה. והנה דבריהם כחלום בלי פתרון, **ורזיה וסתריה הפנימים הנקרא נשמת התורה, הם הם פתרון החלום הנפתר בהקיץ**, בסוד - אני ישנה ולבי ער, וכמו[9] שאמרו חכמים ז"ל - **במחשכים הושיבני כמתי עולם, זה תלמוד בבלי**, אשר איננו מאיר אלא על ידי ספר הזוהר, **הם הם רזי תורה וסתריה** אשר עליהם נאמר - ותורה אור. ואין ספק כי כמו שהיצר נקראת עבד ושפחה בערך האצילות, ונקרא קליפין ולבושין דחול, כנזכר בהקדמת ספר התיקונין ד"ג ע"ב וז"ל - וביומי דחול לביש עשר כתות דמלאכיא דמשמשי לעשר ספירות דבריאה. ואם כן אין לתמוה כי התורה אשר שם שהיא המשנה, תהיה נקרא שפחה וקליפין דתורה דאצילות, וזה סוד כל הבשר חציר הנזכר לעיל במאמר הראשון, כי כמו שהחטה שהיא בגימטריא כמנין כ"ב אותיות התורה, הגנוזה תוך

סנהדרין דכ"ד ע"א.

כמה קליפין ולבושין שהם הסובין והמורסן והתבן והקש והעשב, הנקרא חציר, כן המשנה אצל סודות התורה נקרא חציר, וזה נרמז בספר הזוהר פרשת כי תצא ברעיא מהמנא דף רע"ה ע"ב - **אצל רבנן ווי לאינון דאכלין תבן דאורייתא, ולא ידעי בסתרי אורייתא, אלא קלין וחמורין דאורייתא, קלין אינון תבן דאורייתא, וחמורין אינון חטה דאורייתא, ח"ט ה' אלנא דטוב ורע וכו'**. ואלו באתי להרחיב דרוש זה לא יספיקו מאה קונטרסין בלי ספק בלי שום גוזמא, האמנם החכם עיניו בראשו כי דברי אמת אני אומר, ואל יתמה האדם בראותו ספר הזוהר איך קורא אל המשנה שפחה וקליפין, כי עסק המשנה כפי פשטיה, **אין ספק שהם לבושין וקליפין חיצונים בתכלית אצל סודות התורה הנגבזים**, ונרמזים בפנימיותה כי כל פשטיה הם בעלם הזה בדברים חומרים תחתונים...... על כן על כל בני ישראל לאכול מעץ החיים.

מה אהבתי תורתך כל היום היא שיחתי. ומבאר הרב ז"ל בהקדמה לשער המצות, כי עסק לימוד פנימיות התורה הוא חלק בלתי נפרד מתלמוד תורה, וז"ל - גם בענין עסק התורה שהיא אחת מרמ"ח מצות עשה, אם לא השלים אותה, **שהוא ענין עסקו בפרד"ס התורה**, שהוא ראשי תיבות **פשט רמז דרש סוד**, בכל בחינה מהם כפי אשר יוכל להסיג, **עד מקום שידו מגעת**, לטרוח ולעשות לו רב שילמדנו. ואם לא עשה כן, הרי חסר מצוה אחת של תלמוד תורה, שהיא גדולה ושקולה ככל המצות, וצריך **להתגלגל** עד שיטרח הארבעה בחינות של פרד"ס כנזכר. וכן מבאר הרב בית לחם יהודה בהקדמתו הקדושה, וז"ל - ומה מאד נמלצו [**אח**"**י** - מלשון מליצה] בזה דברי הנביא ירמיה)סימן כ"ב(באומרו - אל תבכו למת וכו'. שהוא מדבר עם הציבור המתקבצים להספיד על איזה צדיק הנפטר רח"ל, על שנחסר צדיק אחד מהדור שהיה מנין בזכותו עליהם. וקאמר להו הנביא אל תבכו וכו', **לפי שרובם של צדיקים אינם זוכים לעסוק בכל ארבעה חלקי הפרד"ס, ואם כן מוכרחים הם לחזור ולבוא בגלגול כדי להשלים לימודם בארבעה חלקים**, כי אפילו הוא עסק בשלוש חלקי הפרד"ס, לא יצא ידי חובתו, ועליו נאמר הן כל אלה יפעל א"ל פעמים שלש עם גבר, להחזירו בגלגול. ואם כן הויא פסידא דהדרא. ואפשר שבו ביום שנפטר הוא חוזר ומתגלגל, כנזכר בזוהר ריש פרשת אמור, יעו"ש. ואם כן אין לכם פסידא כל כך. אמנם בכו בכו להלך, לאותו צדיק שכבר עסק בארבעה חלקי הפרד"ס. כי תיבת להלך היא חסר ו', ואם תחשוב תיבת להלך ארבעה פעמים עם ארבעה הכוללים, שהם כנגד ארבעה חלקי הפרד"ס, הם בגימטריא פרד"ס. **שזה הצדיק לא ישוב עוד וראה את ארץ מולדתו, כי על ארבעה לא אשיבנו.** שזהו פסידא דלא הדרא באמת, ונחסר לגמרי מן העולם הזה, עד כאן לשונו. ולכן חובה על כל אדם לעסוק בכל חלקי הפרד"ס, ובפרט בחלק הסוד, הנקרא פנימיות התורה, כמבואר בזוהר הקדוש כמובא בזוהר הקדוש פרשת נשא דף קכ"ד - **בהאי חבורא דילך דאיהו ספר הזוהר יפקון ביה מן גלותא ברחמי**, בזכות הלימוד בספר הזוהר הקדוש, יצאו בני ישראל מהגלות **ברחמים**. ועוד כל מי שחשקה נפשו ללמוד, אסור למנוע זאת ממנו, בסוד הפסוק[10] - אל תמנע טוב מבעליו, ועל כל אדם להיכנס לפרד"ס החיים.

אשרי האיש אשר לא הלך בעצת רשעים ובדרך חטאים לא עמד ובמושב לצים לא ישב. דע כי יהיו הרבה אנשים רשעים, שינסו למנוע מבני ישראל הקדושים ללמוד בכללות תורה, ובפרט

10

משלי ג' כ"ז – אל תמנע טוב מבעליו בהיות לאל ידך לעשות.

את תורת הקבלה, מכל מיני סיבות ומניעות, והשטן מדבר מגרונם של אלו הרשעים. ואלו דברי קודשו של בעל שבט מוסר רבינו אליהו הכהן האתמרי זצלה"ה - ובהביטך בן אדם שעבר על אחרים למה תרדוף אתה אחר כל אלה הדברים הזרים, להשביע נפש מרורים ולמוסרה ביד צרים המה המקטרגים הצוררים, ולמה לא תחמול על נפשך ועל נועם תבנית צלם גופך למוסרו בידן ולהשליכו בתוך גחלי רתמים בטיט היון של גיהנם, להשחירו ולהתיכו כאשר ניתך הזפת בפני האש, אשר על כן תן עצה אתה בנפשך **לברור בדרך החיים בעסק התורה והמצות**, וגם להצטער עצמך זמן קצוב הם חיי עולם הזה, כדי שתתענג זמן רב בלתי סוף ותכלית, ואל יעלה על דעתך כאשר עלה בדעת הרבה שנאבדו בידם באומרם כיון שמכיר אני בעצמי שאין בדעתי להבין ולהשכיל, איני עוסק בתורה, טועה הוא בדבר, שהרי הוא מחוייב לעשות מה שנצטוה לעשות, ואם יבין יבין, **שהרי והגית בו יומם ולילה כתיב** ולא כתיב ותבין בו, וכן תמצא בדברי התנא אם למדת תורה הרבה נותנין לך שכר הרבה, ואינו אומר אם הבנת הרבה, אלא למדת אמרו, ותשתדל להבין ואם תבין תבין, ואם לא שכר לימודך בידך, וכמאמר התנא לפום צערא אגרא, ומה גם שאמרו האדם אינו לומד מפני שאיני מבין, **הוא פיתוי היצר**, יתמיד בלימודו וסוף הבינה לבא, שבראות קדוש ברוך הוא **חשקו בתורתו ודבקותו בה, פותח לו מעייני החכמה**, דכתיב - כי הוי"ה יתן חכמה מפיו דעת ותבונה. והנני מוסר לך דבר אשר תרדוף אחריה, ויהיה חיים לנפשך וענקים לגרגרותיך, **לעולם יהיה עיקר לימודך בדבר של תורה שליבך חפץ יותר**, אם בגמרא גמרא, ואם בדרוש דרוש, ואם ברמז רמז, **ואם בקבלה קבלה**, ורמז לדבר כי אם בתורת הוי"ה חפצו, כלומר תורת הוי"ה תלויה בדבר שלבו חפץ לעסוק, וכמו שמבאר האר"י זלה"ה בספר דרושי הנשמות והגלגולים פרק שלישי, וז"ל - יש בני אדם שכל חפצם ועסקם בפשטי התורה, ויש שעסקם בדרוש, ויש ברמז, ויש גם כן בגימטריות, **ויש בדרך האמת**, הכל כפי מה שעליו נתגלגל בפעם ההוא, כיון שהשלים פעם אחרת בשאר העניינים, אין צורך לו שבכל גלגול יעסוק בכולם, עד כאן לשונו. **ואל תביט ותשגיח לדברי המתנגדים על מה שחשקת לעסוק בתורה** בגמרא או בפשט או בדרוש וכו', באומרם לך למה אתה מוציא כל ימיך בפרט זה של תורה ולא בפרט זה, משום שעל מה שחשקת ללמוד, על דבר זה באת לעולם, ואם תשים דעתך לדבריהם, יכריחוך להתגלגל בזה העולם פעם אחרת ולעבור נפשך בחרב חדה של מלאך המות ולטעום טעם מיתה, ולכן לא תשמע לדברי המשחית נפשך, **כי דע שהשטן מתלבש באלו האנשים לדאוג ולהצטער ולהכאיב נפש הלומד ועוסק בתורה**, בחלק שֶׁאוֹתָה נפשו לעסוק, כדי להבדילו משם שלא ישלים נפשו, על מה שבא להשלימה, ולהכריחו גלגולים אחרים, וכשם שבדבר שחושק יותר האדם ללמוד, משם יבין שעל דבר זה נתגלגל להשלים, כך צריך האדם שידע שורש נשמתו ומהיכן נמשך ועל מה בא לתקן ולהשלים, כמו שאמר בזוהר שיר השירים על הגידה לי את שאהבה נפשי וכו'. **וכדי שיבין יראה באיזה מצוה תקיף יצרו יותר לבטלה יתחזק בה לקיימה, כי בוודאי על מצוה זו נתגלגל**, וכדי שלא ישלים חוקו מנגדו יצרו לבטלה להוציאו מן העולם בידים ריקניות... ולכן לא תשמע לדברי רשעים אלו, אלא תשמע לדברי חיים.

חבר אני לכל אשר יראוך ולשמרי פקודיך. בסוף[11] עץ חיים מובא מספר כללים למהרח"ו, וז"ל - להאר"י זלה"ה. הרמב"ן וחבריו ודברי ראשונים כמו רבי נחוניא בן הקנה לא הזכירו

11

ע"ח ח"ב דקי"ט ע"א.

רק עשר ספירות, ולא גילו עניני פרצוף כלל. **ודע שהרמב"ן והראשונים היו יודעים בפרצוף**, אלא שדברו בהעלם גדול, לרוב הגלות שלא ניתן רשות לגלות, ולהתפשט האורות הגדולים, מאחר שגברו הקליפות, וכל זר לא יאכל קדש. **אמנם בעקבות משיחא כמו בדורינו זה התחילו האורות להתפשט להיות כבראשונה**, כמו שהיה בזמן העולם מתוקן ולהתתקן מעט. ומתחלה היו האורות סתומים, היה העולם מקולקל, וכל מה שנתקלקל נסתם בגלות, ולא היו משיגין אלא עשר ספירות בסתום, בסוד הנקודות, כל אחד כלול מעשר, ובענין הפרצופים לא נתגלה להם כלל, לפי שמצאו בדברי הראשונים סתומים, ולא ידעו עומק הדברים, וחשבו שכך הוא ודברו בעשר ספירות כל אחד כלול מעשר ובחינות הרבה, ולפי שראיתי מי שחולק על דברים אלו לאמור שלא מצינו אלא עשר ספירות, ומהיכן יש לשלוט כח לאמור כמה פרצופים שנמצא יותר מעשר ספירות, ומספר רב והלא הראשונים כתבו בספר יצירה - עשר ולא תשע, עשר ולא י"א, לזה באתי לפתוח לך כחודא דמחטא, אולי תזכה להבין מקצת, וכולו לא תשורנו עין, וזהו. ובהקדמתו[12] הקדושה כותב הרב ז"ל - והנה אין בכל דור ודור שלא נמצאו בו אנשים יחידי סגולה ששרתה עליהם רוח הקודש, והיה אליהו הנביא ז"ל נגלה עליהם, **ומלמד אותם סתרי החכמה הזאת**, וכמו שנמצא כתוב בספרי המקובלים, גם בעל ספר הרקנטי כתב בפרשת נשא בפרשת ברכת כהנים...... ואנשי לבב שמעו לי, אל יהרסו אל הוי"ה, **לראות בספרי האחרונים הבנויים על פי השכל האנושי**, ושומע לי ישכון בטח ושאנן מפחד רעה. ולכן אני הכותב הצעיר חיים וויטאל, רציתי לזכות את הרבים **בהעלם בארץ והמשכילים יבינו**, וקראתי שם החבור הזה על שמי **ספר עץ חיים**, וגם על שם החכמה הזאת העצומה, חכמת הזוהר, הנקרא עץ חיים, ולא עץ הדעת כנזכר לעיל, בעבור כי בחכמה הזאת טועמיה חיים זכו, ויזכו לארצות החיים הנצחיים, **ומעץ החיים הזה ממנו תאכל, ואכל וחי לעולם**. ואשכילך ואורך דרך זו תלך דע מן היום אשר מורי זלה"ה החל לגלות זאת החכמה, **לא זזה ידי מתוך ידו אפילו רגע אחד**, וכל אשר תמצא כתוב באיזה קונטריסים על שמו ז"ל, ויהיה מנגד מה שכתבתי בספר הזה, **טעות גמור הוא, כי לא הבינו דבריו, ואם יש בהם איזה תוספות שאינו חולק עם ספריונו זה, אל תשית לבך בקבע אליו, כי שום אחד מהשומעים את דברי קדשו, לא** ירדו לעומק דבריו וכוונתו, **ולא הבינום**, בלי שום ספק. ואם יעלה בדעתך לחשוב שתוכל לברור הטוב ולהניח הרע, אל בינתך אל תשען, כי אין הדברים האלו מסורים אל לב האדם כפי שכל אנושי, והסברא בהם סכנה עצומה, ויחשב בכלל קוצץ בנטיעות חס ושלום, לכן הזהרתיך ואל תסתכל בשום קונטרסים הנכתבים בשם מורי זלה"ה, זולתי במה שכתבנו לך בספר הזה, **ודי לך בהתראה זאת**, אלו הם דברי קדשו. ועלינו ללמוד אך ורק בתורת מורינו חיים.

אני קראתיך כי תענני אל הט לי אזנך לי שמע אמרתי. עוד כתב הרב ז"ל בהקדמתו תנאים כדי לזכות לחכמה הקדושה הזאת, וז"ל - אני הכותב משביע בשמו הגדול יתברך, לכל מי שיפלו הקונרטסים אלו לידו, שיקרא הקדמה זאת, ואם אותה נפשו לבוא בחדרת החכמה זאת, יקבל עליו לגמור ולקיים כל מה שאכתוב ויעיד עליו יוצר בראשית, שלא יבוא אליו היזק בגופו ונפשו, ובכל אשר לו, ולא לאחרים. תחת רודפו טוב והבא לטהר ולקרב. **ראשית הכל יראת הוי"ה, להשיג יראת העונש, כי יראת הרוממות, שהוא יראה הפנימית, לא ישיגוהו** רק

ע"ח ד"ד ע"ב.

מתוך גדלות החכמה, ועיקר מגמתו בידיעה הזה יהיה לבער קוצים מן הכרם, כי לכן נקראים העוסקים בחכמה הזאת מחצדי חקלא. **ובודאי שיתעוררו הקליפות נגדו לפתותו ולהחטיאו, לכן יזהר שלא לבוא לידי חטא אפילו שוגג**, שלא יהיה להם שייכות בו, לכן צריך ליזהר מהקלות, כי הקדוש ברוך הוא מדרדק עם הצדיקים כחוט השערה, לכן צריך לפרוש עצמו מבשר ויין כל ימות השבוע, **וצריך הזהרת סור מרע ועשה טוב**, ובקש שלום. בקש שלום צריך להיות רודף שלום, ולא להקפיד בביתו על דבר קטן וגדול, וכל שכן שלא יכעוס ח"ו.

<u>וצריך להתרחק בתכלית הריחוק סור מרע.</u>

א. ליזהר בכל דקדוקי מצות, ואפילו בדברי חכמים, שהם בכלל לא תסור.

ב. לתקן המעוות קודם שיבא לעולם הבא.

ג. יזהר מהכעס, אפילו בשעה שמוכיח את בניו, לא יכעוס כלל ועיקר.

ד. גם צריך ליזהר מהגאוה, ובפרט בענין הלכה, כי גדול כחה והגאוה, בזה עון פלילי.

ה. בכל צער שיבא לו, יפשפש במעשיו וישוב אל הוי"ה.

ו. גם יטבול בעת הצורך לו.

ז. גם יקדש את עצמו בתשמיש המטה שלא יהנה.

ח. שלא יעבור כל לילה ויחשוב בכל לילה מה שעשה ביום, ויתודה.

ט. גם ימעט בעסקיו ואם אין לו פרנסה כי אם על ידי משא ומתן, יכין יום שלישי ויום רביעי, מחצי היום ואילך, ובכוונה שהוא לעבודת קונו.

י. כל דבור שאינו של מצוה והכרחי, יהיה זהיר ממנו, ואפילו דבר מצוה ימנע בשעת התפלה.

<u>ועשה טוב</u>

א. לקום בחצי הלילה, ולעשות הסדר בשק ואפר ובכי גדול, ובכוונה כל אשר יוציא בשפתיו. ואחר כך יעסוק בתורה כל זמן שיוכל להיות בלי שינה, ובלבד שחצי שעה קודם עלות השחר יתעורר לעסוק בתורה.

ב. ילך לבית הכנסת קודם עלות השחר, קודם חיוב טלית ותפילין, להיזהר שיהיה מעשרה ראשונים.

ג. קודם שיכנס, ישים אל לבו מצות עשה ואהבת לרעך כמוך, ואחר כך יכנס.

ד. להשלים רמז צדיק בכל יום. שהוא צ' אמנים, ד' קדושות, י' קדישים, ק' ברכות.

ה. שלא להסיח דעתו מהתפילין בעת התפילה, זולת בעת העמידה ועסק התורה.

ו. צריך שיהיה עוסק בתורה, מעוטף בטלית ותפילין.

ז. לכוין בתפלה הכוונות, כמו שנבאר בע"ה.

ח. שישים תמיד נגד עיניו שם בן ארבעה אותיות הוי"ה, ויזדעזע ממנו, כמו שכתוב - שויתי הוי"ה לנגדי תמיד.

ט. שיכוין בכל הברכות, בפרט בברכת הנהנין.

י. צריך שיהיה עמל בתורה פרד"ס, שנאמר או יחזיק במעוזי, ואל יחשוב שיגלו לו רזי התורה בהיותו ריק, כדכתיב - יהב חכמתא לחכימין, וצריך ליזהר שלא יוציא בשפתיו בחכמה זו, מה שלא שמע מאדם שראוי לסמוך עליו, וכאזהרת רשב"י וחבריו. השגת החכמה תנאי הראשון, צריך למעט דבורו, ולשתוק, כל מה שיוכל כדי שלא להוציא שיחה בטילה, כמאמר רז"ל - סייג לחכמה שתיקה. גם תנאי אחר, על כל דבר תורה שלא תבינהו, תבכה עליו כל מה שתוכל.

גם עלית הנשמה בלילה לעולם העליון, שלא תשוט בהבלי העולם, תלוי שתישן בבכיה. ומרת עצבות מגונה עד מאוד, ובפרט להשיג חכמה, והשגה אין לך דבר מונע השגה יותר מזה. גם בענין השגת האדם, אין לך דבר שמועיל כמו הטהרה והטבילה, שיהיה האדם טהור, בכל עת ומורי זלה"ה עם היות שהיה לו חולי השבר שהקור מזיק לו, עם כל זה לא היה מונע מלטבול בכל עת, עד כאן דברי קודשו. ועלינו לקיים את בקשת הרב ז"ל את הבחינות של[13] סור מרע ועשה טוב, כדי לטפס בעץ החיים.

מרן הרש"ש[14] מעיד על עצמו, וז"ל - וראיתי מה שכתבו מעלת כבוד תורתם, על ענין עבודת הוי"ה שקצרתי במקום שהיה ראוי להרחיב מעט הדיבור, אמת הוא כי לכתחילה קצרתי בו, **יען ראיתי כמה מהנזק יצא ממה שכתבו בזה המקובלים שקדמו, כי רבים חללים הפילו, וחלול כבוד הוי"ה, וכבוד התורה. הוי"ה יכפר בעדם, כי כל דבריהם לא על פי התורה הם, ואינם מיוסדים על האמת, ומהם יצאו אבות, ומאבות תולדות הריסת יסודי התורה ח"ו, הוי"ה יכפר. וכל זה לא שלמדתי בדבריהם ח"ו**, אלא שפעם אחת הוכרחתי בעל כרחי לעיין בדף אחד שכתוב בו קצור מה שכתבו בענין זה, **וכמעט שקרעתי בגדי לראות דברים אשר לא כן על הוי"ה**. הוי"ה יכפר, וכבר מילתי אמורה להם, **כי עידי בשמים כי כל עסקי ולמודי, אינו רק בדברי האר"י זלה"ה, ותלמידו מהרח"ו ז"ל לבדם, ובלעדם אין לי עסק בשום ספר מספרי המקובלים ראשונים ואחרונים, ואפילו בדברי שאר תלמידי האר"י ז"ל לא למדתי, וכשיזדמן לפני דבר מדבריהם, אני מדלגו.** כי על כן איני כמזהיר, אלא כמזכיר, למען הוי"ה אל יהי לכם מגע יד בדבריהם, ובפרט בענין זה, השמרו לכם פן יפתה לבבכם, **אלא כל לימודם לא יהיה אלא בעץ חיים ובספר מבוא שערים ובשמונה שערים המפורסמים**, שכולם דברי אלהי"ם חיים. ואני קצרתי בענין זה כל מה שאפשר, כי יראתי פן יפלו דפים אלו ביד מי שעדיין לא למד דברי האר"י ז"ל כראוי, **ויחשידני שלמדתי בספרים אחרים, ולא כן הוא כאמור**, ולכן קצרתי בו, ופיזרתי בהקדמה, עד כאן דברי קודשו של מרן הרש"ש. ואנחנו תפילה שיתגלה משיח צדיקנו במהרה בימינו, ומלאה[15] הארץ דעה את הוי"ה כמים לים מכסים, דעת תורת החיים.

13

תהלים ל"ד ט"ו – סור מרע ועשה טוב בקש שלום ורדפהו.

14

נהר שלום דף ל"ד ע"א.

15

ישעיהו י"א ט' – לא ירעו ולא ישחיתו בכל הר קדשי כי מלאה הארץ דעה את הוי"ה כמים לים מכסים.

כתב רבינו גאון הקבלה רבי אליהו מני, רבו של הרי"ח הטוב, רבי יוסף חיים בעל הספר "בן איש חי", בספרו הקדוש **כסא אליהו** כי על הלומד ללמוד כל מאמר ומאמר ארבעה חמשה פעמים בלי המפרשים, וינסה להבין את המאמר בעצמו. ואחר כך ילך לראות אם כיוון לדעת המפרשים.

וכן אני הקטן מבקש בכל לשון של בקשה, ללמוד את הדרוש כמו שהוא מובא בספר עץ חיים, ארבעה חמישה פעמים, כדי לנסות להבין את הדרוש. וכל דרוש מובא בתחילת הספר במלואו.

אחר כך יכנס ללמוד את הדרוש עם ביאור הדברים, עוד ארבעה חמישה פעמים, ואחר כך יראה את המקורות להגהות, ודברי רבותינו הקדושים, עם התרשימים וטבלאות.

ואז יעלה ויצליח בלימוד תורת האר"י הח"י.

כתב רבינו ה**שד"ה** רבי שאול דוויק הכהן, בהקדמת ספרו איפה שלימה, על אוצרות חיים וז"ל - וכדי שיוכל לעלות לימודו למעלה, ריח ניחוח לה'. קודם כל לימוד ימסור עצמו על קדושת ה', כי זה מועיל מאוד, כמו שכתוב בשער הכוונות דף כ"ד ע"ב, כי עתה בזמנינו בעונותינו הרבים אין יכולת לעשות זווג כתיקונו למעלה, ולסיבה זו הקץ מתארך וכו'. אמנם עם כל זה יש קצת תיקון במה שנמסור נפשינו על קידוש ה' בכל הלב, כי על ידי כן אפילו אין בנו שום מעשים טובים, והרשענו עד להפליא. הנה על ידי מסירת נפשינו להריגה, מתכפרים עונותינו כולם, ויש בנו יכולת לעלות עד אימא עילאה, כמו שאמרו חז"ל - גדולה תשובה שמגעת עד כסא הכבוד, שנאמר - שובה ישראל עד ה' וכו', עד כאן דבריו.

וזה הסדר

יקבל עליו ארבע מיתות בית דין, מארבעה אותיות הוי"ה וארבעה אותיות אדנ"י, וליחדם על ידי ארבעה אותיות אהי"ה ועל ידי עסמ"ב

סקילה	י	**א**	וליחדם על ידי **א**		יוד הי ויו הי
שרפה	ה	**ד**	וליחדם על ידי **ה**		יוד הי ואו הי
הרג	ו	**ג**	וליחדם על ידי **י**		יוד הא ואו הא
וחנק	ה	**י**	וליחדם על ידי **ה**		יוד הה וו הה

לְשֵׁם יִחוּד

קֻדְשָׁא בְּרִיךְ הוּא וּשְׁכִינְתֵּהּ

יאהדונהי

בִּדְחִילוּ וּרְחִימוּ   וּרְחִימוּ וּדְחִילוּ

יאההויהה   איההיוהה

לְיַחֲדָא אוֹתִיוֹת י"ה בְּו"ה, בְּיִחוּדָא שְׁלִים

יהו"ה

בְּשֵׁם כָּל יִשְׂרָאֵל, לְאַקְמָא שְׁכִינְתָּא מֵעַפְרָא, הָרֵינִי לוֹמֵד בַּסֵּפֶר קַבָּלָה פְּלוֹנִי שֶׁהוּא כְּנֶגֶד תִּפְאֶרֶת דז"א בְּעוֹלָם הָאֲצִילוּת שֶׁבּוֹ שֵׁם מ"ה כָּזֶה יוֹ"ד ה"א וָא"ו ה"א לַעֲשׂוֹת מֶרְכָּבָה. וִיהִי רָצוֹן מִלְּפָנֶיךָ ה' אֱלֹהֵינוּ וֵאלֹהֵי אֲבוֹתֵינוּ שֶׁתְּזַכֵּךְ רוּחֵנוּ וְנַפְשֵׁינוּ שֶׁיִּהְיֶי רְאוּיִים לְעוֹרֵר מַיִן תַּתָּאִין עַל יְדֵי קְרִיאַת סֵפֶר הַקַּבָּלָה הַזֹּאת. וִיהִי נֹעַם יְהֹוָה אֱלֹהֵינוּ עָלֵינוּ וּמַעֲשֵׂה יָדֵינוּ כּוֹנְנָה עָלֵינוּ וּמַעֲשֵׂה יָדֵינוּ כּוֹנְנֵהוּ.

בָּרוּךְ ה' לְעוֹלָם אָמֵן וְאָמֵן, נֶצַח, סֶלָה, וָעֶד.

הקדמה כללית וחשובה להיכל הנקודים

צריך לדעת כי היכל הנקודים, שהוא כולל את שער ה**נקודות**, שער ה**שבירה**, שער ה**תיקון**, ושער ה**מלכים**. עוסק בסוגיות שלפני התיקון, ר"ל[16] לפני שמידת הרחמים התפשטה בעולמות, והתמזגה עם מידת הדין, ונתקן העולם. לכן שער זה מבאר את בחינת הדינים, ובכל מקום שיש דין מתעוררים החיצוניים. לכן רבותינו המקובלים יתייחסו בכובד ראש לסוגיות בהיכל זה יותר משאר הדרושים בספרי הרב ז"ל, עד כדי כך שהרי"ח הטוב כותב[17] שצריך ללמוד היכל זה **בשתיקה ובהרהור הלב**, עד כדי כך חשש הרי"ח הטו"ב מתגבורת הדינים. וכן[18] הוא בשער הכוונות בענין פטירת

ע"ח ש"ט פ"ו דמ"ה ע"ג – ואז נברא העולם במידת הדין, ויצאה בת מתחלה, שהיא **שם ב"ן** בפנים דא"ק. ואחר כך יצאו ענפיו לחוץ, **דרך העין** מטבורו דא"ק ולמטה, ולא נתקיימו הענפים שבחוץ. עד שחזרו להזדווג והולידו בן, שהוא **שם מ"ה** בפנים ובחוץ, והוא מידת הרחמים, ונתקיים העולם, כמו שאמרו רז"ל על הפסוק - ביום עשות הוי"ם אלהי"ם ארץ ושמים, **והבן אמרם העולם**, כי מציאת העולם הם השבעה תחתונות לבד, שהם זו"ן, אלא בראשונה היו זו"ן נקבות, מצד דין, שהוא שם ב"ן. ואחר כך היו זו"ן זכרים, משם מ"ה. **כי כל מ"ה וב"ן נקרא בשם עולם.**

רב פעלים חלק ב', סוד ישרים סימן ה' דר"ב ע"ב – וגדולה מזו תדע כי אפילו רבינו מהרח"ו ז"ל שהיה לו נשמה גדולה מאד, וסמך רבינו האר"י ז"ל שתי ידיו עליו, ואמר לו שהוא בא לעולם הזה בעבורו לתקנו וללמדו, עם כל זאת הוא היה אומר על דרושים שגילה לו רבינו האר"י ז"ל, שלא השיג אותם אפילו ערך טיפה מן הים, כי כן כתב בספר הכוונות בדרוש ספירת העומר, דרוש י"ב דף פ"ו ע"ג על סוד אחד בענין הקטנות שגילה אותו לרבינו האר"י ז"ל, ונענש בעבור זה, וכתב מהרח"ו ז"ל - ולכן הסוד הזה צריך להעלימו אם מפאת עצמו, ואם מפני שאין אנחנו יודעים אמיתתו אפילו טיפת גרגיר של החרדל מן הדרוש ההוא, עד כאן לשונו. ראה דברים אלו שכתב צדיק וישר ונאמן שאמר אין אנחנו יודעים אמיתתו אפילו טיפת גרגיר של חרדל, המה יורדים בחדרי בטן של אדם שיש לו מוח בקדקדו ותופס ספרי קבלה בידיו, המדברים בענין קטנות ופגם, ובענין שבירה ומגע הקליפות וכיוצא, שצריך להחליט בדעתו על ענינים אלו, שהם אינם כפשוטן, והם סתומין וחתומים באלף עזקין, ויאחזנו פחד ורעדה בקריאתו בסודות התורה בכתבי רבינו האר"י ז"ל האמתיים, ויזהר שלא להוסיף או לגרוע בהם שום דבר מהשערה השכל, ולא יעשה בהם חילוקים והמצאות שכליות שעושין כדרך שעושין בחכמת הפשט, ובכלל יזהר שלא יתמיד ללמוד בסוד השבירה והקטנות ובשערי הקליפות, **ואם יבא לפניו איזה ענין מאלה באמצע, לא יוציא הדברים מפיו, אלא ילמדם בהבטת העין בלבד**, כי שמעתי שנזהרין בכך כמה חסידים מקובלים.

שער הכוונות, ענין ספירת העומר דרוש י"ב דפ"ו ע"ב – האמנם כיון שלא נתקנו כל המוחין לכן אינו זווג גמור מעולה, **אמנם נקרא זווג דקטנות**, כיון שעדיין לא נגדל ז"א. ובזה יתבאר לך לשון מאמר אחד מספר הזוהר בפרשת בשלח בדף נ"ב ע"ב בענין קריעת ים סוף, בפסוק מה תצעק אלי, ואמר שם רשב"י ע"ה - בהאי מלה לא תשאל ולא תנסה את הוי"ה. ובודאי שביאור המאמר הזה עמוק מאד, כיון שמצינו לרשב"י ע"ה שהפליג בהסתרת סודו, ואמר בהאי מלה לא תשאל. וביום שמורי ז"ל ביאר לנו המאמר הזה היינו יושבים בשדה תחת האילנות, ועבר עליו עורב אחד צועק וקורא כדרכו, ומורי ז"ל ענה ואמר אחריו ברוך דיין האמת, שאלתי את פיו ואמר לי כי כי אמר לו העורב ההוא כי לפי שגילה הסוד הזה לכל בני האדם בפרהסיא, **לכן נענש בעת ההיא בבית דין של מעלה**, וגזרו עליו שימות בנו הקטן, ותיכף הלך לביתו ובנו היה מטייל בחצר, ובאותה הלילה חלה את חליו, ומת אחר שלשה ימים רחמנא ליצלן. **ולכן ראוי לכל בעל נפש הרואה הדברים האלו להסתירם בתכלית ההסתר**, זולת הכלל הנודע בכל החכמה הזו כי כבוד אלהי"ם הסתר דבר, ואין מקום להאריך בזה, כי הדברים נודעים, וכל מה שיסתיר האדם הסודות מלגלותם למי שאינו ראוי הוא משובח ומכובד בפמליא של מעלה. **והעושה היפך מזה מכניס עצמו בסכנה עצומה** בעולם הזה במיתת עצמו בהכרת ח"ו, ובמיתת בניו הקטנים, נוסף על עונש נשמתו בגהינם שאין קץ לעונשו, וכמו שהזכיר רשב"י ע"ה באדרא זוטא ועיין שם. והטעם שנענש מורי ז"ל בביאור מאמר זה, וכמו שהזכיר רשב"י ע"ה עצמו שאמר בהאי

הבן של רבינו האר"י, וכן[19] בפרי עץ חיים. ומביא[20] זאת הבית לחם יהודה בריש פרק א' דשער מוחין דקטנות. ולכן צריך ללמוד בשערים אלו בכובד ראש, ובזמנים הידועים כמו שבת, יום טוב, ואחרי חצות הלילה.

דע כי בכל מקום שהרב ז"ל מבאר כי המלכים דמיתו ירדו לעולם הבריאה, הכוונה[21] היא לכל עולמות בי"ע, כאשר הכלי הפנימי ירד לעולם הבריאה, הכלי האמצעי לעולם היצירה, והכלי החיצון לעולם העשיה.

מלה לא תשאל, העניין הוא כי הנה נודע שאין החיצונים נאחזין אלא במוחין של קטנות, כי הם דינין תקיפין, ובהיות האדם מתעסק בסודות התורה אם יהיה בעניין זמן הגדלות העליון, או בשאר דרוש חכמת האמת שהם עניינים למעלה, אין לאדם כל כך סכנה, **כמו בזמן שעוסק בסודות זמן הקטנות, כי בהתעסקו בהם הנה החיצונים מתעוררים בהם, ומתאחזין שם, ומזכירים עונותיו של האדם המתעסק בהם.**
19

פרי עץ חיים, שער חג המצות, פרק ח' – הוא סוד הנזכר בזוהר פרשת בשלח דף נ"ב עד סוף קריעת ים סוף, ואמר שם רבי שמעון בר יוחאי, בההוא מלה לא תשאל ולא תנסה וכו'. ועניין הדבר הזה, הוא סוד עמוק מאוד, והטעם הוא דע, **בכל מקום שההקטנות עליון מתעורר, הם דינין תקיפין,** אם האדם או היותר עליון שבעולם. בכל מקום שעוסק בשער האצילות לעילא ולעילא, אין לו כל כך סכנה, **כמו מי שעוסק בקטנות, כי שם נאחזים החיצונים**, ולכן בעת שהאדם עוסק בהם, **אז החיצונים מתעוררים, ומזכירין עונותיו של אדם,** ולכן בכל פעם שמורי ז"ל **היה עוסק בשום דרוש מן הקטנות, היה נענש** ואין צריך להאריך על זה. ואפילו משה רבינו, רבן של כל הנביאים, **כי פגע בסוד קטנות, שהוא סוד המטה הנהפך לנחש,** מה כתיב ביה - וינס משה מפניו, כמו שנבאר בע"ה, **כי סוד קטנות נקרא נחש,** ולכן הסוד הזה ראוי להעלימה, אף על פי שאין יודעין בו, כי אם חלק אחד מרבי רבבות שיש בו.
20

בית לחם יהודה שכ"ב, שער מוחין דקטנות פ"א דק"ז ע"ב – בע"ח כתב יד כשכתיב הרב פרק זה מת בנו משה, עד כאן לשונו. ור"ל וכל אדם צריך להזהר שלא יאריך בו, וטוב שילמוד אותו **בשבת, וביום טוב, ובראש חודש, ובלילה אחר חצות.**
21

ע"ח ש"ט פ"ז מ"ב דמ"ו ע"ב – והנה כאשר יצאו כל האצילות מבחינת ב"ן לבד, והיה כולל עתיק, וא"א, ואו"א, וזו"ן. ואז יצאו תחלה כל הכלים שלהם זה תחת זה עד סיום עולם האצילות, ואחר כך יצאו אורות דב"ן כל פרטי אצילות, ויצא תחלה כתר דעתיק דאצילות, שבו נכללין כל האורות, ונתקיים, ואחר כך יצאה חכמה דעתיק בכלי שלו, ובו היו כלולים כל שאר האורות ונתקיים, ואחר כך יצאה בינה דעתיק, ובו כלולין כל האורות ונתקיים, ואחר כך יצאו שבעה תחתונות דעתיק,)נ"א דדעת(הדעת למטה כל אחד כלול בכלי שלו, ובו כלולים כל שאר האורות, והיה נשבר, **וירד פנימיות הכלי לבריאה, וחיצוניות הכלי ירד ליצירה, וחיצוניות של חיצוניות בעשייה,** ואחר כך האור ההוא נשאר בלי כלי, ושאר האורות ירדו בכלי השני של השבעה תחתונות, וגם הוא נשבר על דרך הנזכר לעיל,)נ"א נשאר ע"ד הנ"ל(והאור שלו נשאר בלי לבוש, ושאר האורות ירדו לכלי שלמטה ממנו, וכן על דרך זה עד שנגמרו שבעה תחתונות שלו, ואחר כך נכנס הכתר דאריך אנפין בכלי שלו ....

נהר שלום דכ"ד ע"ד – והנה ידוע כי מיתת המלכים היתה בזו"ן דפרטות, ר"ל בזו"ן דעתיק, ובזו"ן דא"א, ובזו"ן דאבא, ובזו"ן דאימא, ובזו"ן דז"א, ובזו"ן דנוקבא, וכל פרצוף מאלו הפרצופים כלול מכל הפרצופים הנזכרים. וזה היה בפרט האחרון דפרטי פרטות, וכמבואר לעיל בהקדמה, וזה היה בפנימיות וחיצוניות דפנימיות, ובחיצוניות ופנימיות דחיצוניות, דפנים ודאחור. **והכלים עם הרפ"ח ניצוצות דמלכים דעתיק נפלו לעתיק דבי"ע, ודא"א לא"א דבי"ע, ודאו"א לאו"א דבי"ע, ודזו"ן לזו"ן דבי"ע. באופן זה כי הכלים הפנימיים דמלכים הנזכרים נפלו לפרצופי הבריאה. והכלים האמצעים ליצירה. וכלים החיצוניים שלהם לעשיה.** ונתבאר בשער השמות ובכמה מקומות, כי כדי לברור הכלים ושארית הרפ"ח דכל פרט, יורדים כל הפרצופים העליונים דאצילות בימי החול בסוד גלות השכינה, ומתלבשים בפרצופים שכנגדם למטה בבי"ע. עתיק דאצילות בעתיק דבי"ע, וא"א בא"א, ואו"א באו"א, וזו"ן בזו"ן. כלים פנימיים שלהם בבריאה, ואמצעים ביצירה, וחיצוניים בעשיה. ובי"ע הנזכר מתלבשים בבי"ע דחול, וזה לצורך שארית בירורי כלים ואורות דמלכים דזו"ן דעתיק, וא"א, ואו"א, וזו"ן דאצילות שנפלו לבי"ע על סדר הנזכר. **כי הכלים הפנימים של מלכי עתיק, וא"א, ואו"א, וזו"ן דאצילות נפלו לבריאה. וכלים האמצעים של המלכים הנזכרים**

יָדוּעַ כִּי ג"ר נקראים פנים בערך ו"ק, והוא כי כל[22] פרצוף נחלק לג' חלקים חב"ד חג"ת נה"י, כאשר חב"ד נקראים כלים פנימיים, חג"ת כלים אמצעיים, ונה"י נקראים כלים חיצוניים. גם הם נקראים[23] נר"ן, כאשר נה"י הוא בכללות נקרא נפש, חג"ת רוח, וחב"ד נשמה. הרב ז"ל מבאר[24] בכל המקומות על שבירה, מיתה, ויְרידת **פנים ואחור** דשבעה התחתונות דנקודים, לפי פשט הדברים נראה שחב"ד חג"ת ונה"י דמלכים נשברו ומתו וירדו לעולמות בי"ע. עם[25] כל

ליצירה. **וכלים החיצוניים שלהם לעשיה**, כנודע. ועל כן בימי החול יורדים הכלים דפרצופים העליונים דאצילות על דרך הנז"ל, לברר בחינותיהם שנשארו בבי"ע.

רחובות הנהר ד"ב ע"ב – ובהגיע האור לגבול האצילות, אירע בהם ענין ביטול המלכים, ונפלו הכלים פנימי אמצעי וחיצון עם אורות דרפ"ח, **לבי"ע התחתונים** דאותה הספירה.

22

ע"ח ח"ב ש"ל דרוש א' מ"ב דכ"ב ע"א – דע כי ז"א יש לו ג' פרצופים, וכל אחד כלול מעשרה ספירות, והם זה תוך זה תוך עשרה, ועשרה אחרים בפנימיות כולם. ואלו השלושה פרצופים הם כולם בחינת כלים, והם שלושים כלים, וכולם הם ביחד גוף אחד, וכלי אחד, ובתוכו יש האורות, שהם נר"ן וכו', ובהיות שלשתן יחד זה תוך זה הם שוים בקומתן, אבל לפעמים אין לז"א רק פרצוף החיצון מהם בלבד, ולפעמים שנים, ולפעמים שלשתן. ובתחילה מתחיל הז"א להיות בו **פרצוף החיצון**, ואז הוא שיעור קומתו הוא שליש גדלותו לבד והוא **כשיעור קומת נה"י** אחר הגדלות האחרון. ואחר כך נכנס בו **פרצוף אמצעי**, ומתלבש בתוך החיצון, ואז נגדל ז"א ב' שלישי קומתו, **שהם נה"י וחג"ת**, בין בחינת פרצוף החיצון ובין פרצוף האמצעי, כי אמצעי גורם אל החיצון שיגדל כמוהו. ואחר כך נכנס בו **הפרצוף הפנימי**, ומתלבש בתוך האמצעי, ואז גם ב' הפרצופים החיצון ואמצעי נגדלים כאורך הפרצוף הפנימי, ואז נשלם ז"א כשיעור קומתו לג' הפרצופים. והוא כאלו נמשיל משל, **כי החיצון שיעור קומתו כשיעור נה"י דז"א בגדלות, והאמצעי כשיעור נה"י וחג"ת דגדלות, והפנימי כשיעור נה"י חג"ת חב"ד בגדלותו.** ולכן בבא האמצעי מגדיל את החיצון כמוהו, ובבא הפנימי מגדיל שניהן כמוהו.

ע"ח שי"ט פ"י מ"ב דצ"ה ע"ג – והנה הכלים הם שלושה, בחינת **חיצון ואמצעי ופנימי**.

ע"ח ח"ב ש"ל דרוש ב' מ"ב דכ"ז ע"א – באופן כי לכל פרצוף עשר ספירות, הנקרא כלים, ונחלקים לג' חלקים, והם עשר כלים חיצוניות, מדור אל הנפש. עשר כלים אמצעים מלובשים תוך חיצוניות, והם מדור אל הרוח. ועשר כלים פנימיים מלובשים תוך הכלים אמצעים, והוא מדור אל הנשמה. והם הם שלושים כלים, אבל גובה קומתן אינם אלא עשרה, לפי שהם עשר תוך עשר, ועשר תוך עשר.

23

נהר שלום, דרוש הדעת דמ"א ע"ג – ונבאר עתה כל זה בפרטות פרצוף אחד שהוא זעיר, וממנו תקיש בכללות כל הפרצופין יחד, דע כי ז"א הוא פרצוף אחד כולל עצמות וכלים, והכלים שבו הם נכללים בשלושה, כי הכבד למטה, וכולל עשר מדות שהם כל האיברים, ומתלבש על ידי הורידין שבו, בכל הגוף. והלב גבוה ממנו, וכולל עשר מדות, ומתלבש תוך בחינת הכבד, על ידי הדפקים שבו, ומתפשט בכל הגוף, והמוח גבוה מכולם, וכולל עשר מדות, מתלבשים תוך בחינת הלב, על ידי הגידים, המתפשטים ממנו, ומתפשט בכל הגוף, ועל דרך זה ממש נחלק העצמות בשלושה, נשמה ורוח ונפש, מתלבשים זה בתוך זה, ומתפשטים בכל הגוף, לכן הכבד משכן הנפש, והלב משכן הרוח, והמוח משכן הנשמה.

24

ע"ח ש"ח פ"ב מ"ת ל"ו ע"ג – אמנם השבעה מלכים נעשו מהסתכלות עין בחוטם פה לבד, והיה חסר מהם אור האזן העליונה. והנה גם בג"ר עצמם יש בהם חילוק בין זו לזו, והוא (נ"א והנה) כי מן הכתר לא ירד ממנו אפילו האחוריים, אלא האחוריים של נה"י בלבד. אבל באו"א של הנקודים ירדו האחוריים שלהם לבד, ונשארו הפנים במקומה. וטעם הדבר הוא כי אלו האורות שנמשכים עד שבולת הזקן נחלקו לשלושה, כי הכתר לקח מבחינת האזן עצמה ממה שהראייה שואבת בהסתכלות באור האזן, ומכל שכן שנכללים בו שני אורות אחרים, ומזה נעשה כלי לכתר נקודים. ואבא לקח ממה שהראייה שואבת מאורות החוטם, וגם אור הפה נכלל בו. והנה הכתר שלקח מן האזן הארתו גדולה מאד לא נשבר כלי שלו, אבל או"א שאין לוקחין רק מן החוטם ופה נשברו האחוריים של כליהם. והנה או"א אם היו מקבלים אור זה של חוטם ופה של א"ק, בהיותו למעלה קרוב אל מקום נקבי האזן, אף על פי שלא היו מקבלין מאורות האזן עצמה, רק קצת הארה היו מתקיימין האחוריים של כליהם, אבל כיון שאין מקבלין רק מסיום האזן שהוא מקום שבולת הזקן, לכן אף על פי שלוקחין קצת הארה אינו מועיל להם, ולכן נשברו האחוריים של כליהם. אבל הכתר כיון

זאת רק חג"ת נהי"מ דמלכים נשברו ומתו, שהם הבחינה החיצונה והאמצעית, הנקראת[26] גם החיצונה והתיכונה, והסיבה[27] שהרב ז"ל קורא לחג"ת נה"י פנים ואחור היא שמדובר בערכין, **כי חג"ת נקראים אחור בערך חב"ד,**

שלוקה אור האזן ממש אף על פי שלקחו סיומו כיון שהוא לוקח עצמותו, די בזה ולא נשבר אפילו האחוריים של כלים דידיה. מה שאין כן באו"א שאינן לוקחין רק הארה בעלמא, וגם שהוא ברחוק מקום. והרי נתבאר שלושה בחינות אלו, והם כי הכתר נתקים כולו. ואו"א נשברו ונפלו האחוריים שלהם. **וזו"ן נפלו פנים והאחוריים שלהם**, והנה זהו הטעם שנרמז בפסוק והארץ היתה תהו ובהו, אשר הוא מדבר בענין מיתת המלכים של הנקודים כנזכר לעיל.

ע"ח ש"ח פ"ו מ"ת דט"ל ע"ג – וכבר נתבאר לעיל כי אלו שבעת מלכים לקחו אורם מגוף א"ק שתחת שבולת הזקן, ולא מלעלה. נמצא שהם חסרים בחינת שלושה אורות עליונים שהם אח"פ, **כי לכן נשברו הפנים והאחוריים שלהם**, ואלו הם בחינת ג' תגין שיש למעלה על כל אות מאלו השבעה הנזכר לעיל. כי הם מורים על הסתלקות האורות והחיות מן הכלים, שהם אותיות, ונשאר האור למעלה מהם ולא בתוכם, כדרך צורת התגין על האותיות. אבל האותיות בד"ק חי"ה הם אחוריים דאו"א שירדו.

ע"ח ש"ט פ"ג מ"ת דמ"ב ע"ד – ונבאר עתה איך בעת מיתת המלכים אלו ירדו הכלים שלהם לעולם הבריאה כנזכר לעיל, משאין כן בארבעה אחוריים דאו"א. כי הנה נתבאר החילוק שהיה בין או"א לשבעה המלכים, שהם זו"נ, ואמרנו כי השבעה מלכים שהם זו"נ מתו ממש, וירדו אל עולם הבריאה, הכלים שלהם ואחוריים של או"א נתבטלו ולא מתו, אלא שירדו למטה בעולם אצילות עצמו, ושם ביארנו טעם לזה, ואמרנו שהיה לסיבה שהשבעה מלכים לא קבלו אורות אח"פ דא"ק, רק מגופא דיליה ואילך. והנה לטעם זה עצמו היה גם כן שינוי אחר בין ג"ר שהם כח"ב, אל השבעה מלכים התחתונים, כי הג"ר יצאו בקצת תיקון בראשונה, והוא כי כאשר יצאו בראשונה נתפשטו כסדר ג' קוין, מה שאין כן שבעה תחתונות שיצאו שזו למטה זו, וזה שכתוב באדרא רבא – עד אימת ניתב בקיימא דחד סמכא, ר"ל נתקן התיקון שהוא דרך קוין, אבל קודם שהיו זה על גבי זה, הוי קיומא דחד סמכא. וכבר ביארנו כי התיקון האצילות הוא בהיות ששה קצות עשוי בבחינת ג' קוים קשורים זה בזה, בסוד השלישי המכריע ביניהן, ואז נקרא רשות היחיד. אבל בהיותן זה על גבי זה והם נפרדין אחת מחברתה, אז נקרא רשות הרבים. ולכן הג"ר נתבטלו אחוריהם ולא מתו, **ושבעה מלכים מתו פנים ואחור**, כי יצאו בלי תיקון כלל.

ע"ח ש"ט פ"ז מ"ב דמ"ו ע"ד – ויצאו שבעה תחתונות מדעת ולמטה בלבד, וכולם יצאו מן בינה דז"א הכלולה תוך אימא עילאה כנזכר לעיל, שלא יצאה, **ואז כל השבעה מתו פנים ואחור**, וירדו בבי"ע.
25

ע"ח ח"ב ש"ל דרוש א' מ"ב דכ"ו ע"ד – גם תבין כי פרצוף האמצעי אף כי נקרא אחור בערך השלישי הפנימי מכולם, **אמנם לפעמים נקרא פנימי בערך החיצון שבכולם.** ובזה תבין מה שנתבאר אצלינו כי בעת מיתת המלכים של ז"א היה בו אחור ופנים, והוא לסבת היות בו תמיד נה"י חג"ת, ו"ק, שהם פרצוף החיצון ואמצעי כנזכר לעיל, **ואז החיצון נקרא אחור, ואמצעי פנימי בערך החיצון**, והבן זה.
26

ע"ח ש"ט פ"ח מ"ב דמ"ז ע"א – ודע כי באצילות המלכים לא יצאו בזו"ן רק השבעה מלכיות, שבשתי בחינות, **החיצונה והתיכונה**, והם **המלכות דנה"י חג"ת**, ולכן נקרא המלכים נקודות, כי נקודה היא מלכות כנזכר לקמן.
27

נהר שלום די"ב ע"ד – והענין בקיצור נמרץ, ידוע כי כל העולמות מראש א"ק עד סוף העשיה, כלולים מחיצוניות ופנימיות, וכל אחד משניהם נחלק לחיצוניות ופנימיות, **ואין לך שום ברייה שאינה כלולה מחיצוניות ופנימיות**, אמנם החיצוניות דכללות כל העולמות הם העיגולים דכל העולמות, והפנימיות הוא היושר דכל העולמות, וכל אחד נחלק לחיצוניות ופנימיות, שהם הכלים והאורות, גוף ונשמה, כי הכלים שהם העשר ספירות דכל פרצוף, נקרא חיצוניות בערך הפנימיות, שהם האורות והנרנח"י, המלובשים בהם. וכן בפרטות העשר ספירות הנחלקים לשלושה פרצופים, נה"י חג"ת וחב"ד, מתלבשים זה בתוך זה. **כי פרצוף דנה"י המלביש לפרצוף חג"ת נקרא חיצוניות בערך פרצוף החג"ת המתלבש בתוכו, ופרצוף החג"ת נקרא פנימיות אליו.** ופרצוף החג"ת נקרא חיצוניות בערך פרצוף החב"ד המתלבש בו, והחב"ד הוא פנימיות אליו. וכל זה הפרצוף הכלול מחב"ד וחג"ת ונה"י נקרא חיצוניות בערך הפרצוף העליון המתלבש בו, וכן על דרך זה מפרצוף לפרצוף, עד א"ס.

ונקראים פנים בערך הנה"י. לכן צריך **לזכור ולדעת** כי בכל מקום שנזכר פנים ואחור דז"א דמקרה המלכים, מדובר אך ורק בו"ק דז"א.

זאת ועוד כאשר מבואר כי המלכים הם בחינת ב"ן דעסמ"ב דב"ן, שהוא בחינת המלכויות דעסמ"ב דב"ן, הכוונה היא שהב"ן הזה כולל את מ"ה וב"ן דב"ן, כי[28] אין לך ניצוץ שנברא, שאינו כלול מזכר ונקבה. ולכן[29] בחינת המלכים דמיתו הם מ"ה וב"ן דעסמ"ב דב"ן, רק שאנחנו מזכירים רק את בחינת הב"ן בלי המ"ה. ובתיקון יצא מ"ה החדש, הכולל מ"ה וב"ן דמ"ה, וכן בשם מ"ה החדש אנחנו מזכירים רק את שם מ"ה בלי הב"ן, ופשוט הוא.

גם צריך לדעת כי שמבואר לפי פשט דברי הרב ז"ל, שנשברו ומתו הכלים דמלכים, מובן כי לכל הבחינת הפנים ואחור שהם חג"ת נהי"ם דשבעה המלכים, קרה מקרה המלכים, אבל[30] **בעומק דברי** הרב ז"ל מדובר רק בפרצוף האחור, והוא פרצוף הנה"י. ר"ל המלכים שנשברו ומתו הם חג"ת נה"י דנקודים.

ועוד דבר חשוב גם[31] בחינת עולמות אבי"ע יצאו בנקודים, שהם **בעומק הדברים** אבי"ע דאבי"ע דעובי, כמו שיתבאר לקמן.

---

²⁸
ע"ח ש"ט פ"ז דמ"ו ע"ב – דע כי אין לך ספירה וספירה, אפילו בעשר ספירות הפרטיות שבכל פרצוף ופרצוף, שאין בו **בחינת זכר ונקבה, והם ב"ן דנקודות ומ"ה החדש**, ואמנם אין ענין ב"ן הזה והנקבה זו בחינת מלכות העשירית שיש בכל ספירה וספירה, שהיא בחינה עשירית שבכל ספירה וספירה, אלא שיש בכל ספירה עשר בחינות, וכולם דמ"ה, ועשר בחינות וכולם דב"ן, והתשע ראשונות דמ"ה וב"ן הם נקרא ט' בחינות הראשונות של ספירה ההוא, והבחינה עשירית שהוא מלכות שבאותו ספירה עצמה, היא כלולה ממ"ה וב"ן. **כלל הדברים בקיצור נמרץ כי אין לך שום ניצוץ קטן בכל האצילות, שאין בו מ"ה וב"ן.** **גמרא בבא בתרא דע"ד ע"ב** – אמר רב יהודה, אמר רב, כל מה שברא הקדוש ברוך הוא בעולמו, **זכר ונקבה בראם.**

²⁹
רחובות הנהר ד"ג ע"ב – ובתחילה יצא שם ב"ן, שהוא שבעה קצוות זו"ן, שהם **מ"ה וב"ן דב"ן** דא"ק, והם הם השבעה מלכים דב"ן דמיתו, ואינם רק שבעה מלכים, אלא רק נפרטו לעשר ספירות, שהם עסמ"ב, וא"א, ואו"א, וזו"ן דב"ן דאצילות. ואחר כך בתיקון יצא שם מ"ה החדש, שהוא שבעה קצוות זו"ן, שהם **מ"ה וב"ן דמ"ה** דא"ק, ונפרטו גם הם לעסמ"ב על דרך הנזכר לעיל.

³⁰
ע"ח ח"ב ש"ל דרוש ה' מ"ב דכ"ח ע"ב – ונבאר עתה מה שהיה בעת מיתת המלכים, קודם העיבור, כי היה אז ז"א מבחינת ו"ק לבד, של זה הפרצוף הראשון, שכל עצמו אינו רק נה"י לבד. **ונמצא שהוא חג"ת נה"י של פרצוף דאחור**. ונמצא שהם ו"ק, אבל אינם רק נה"י לבד, ובזה לא יחלקו הדרושים הכתובים אצלינו.

³¹
ע"ח שי"ט פ"ה מ"ב דצ"ב ע"ב – והנה המלכים שמלכו בארץ אדום הם עשר ספירות דב"ן הכולל הנזכר לעיל. ונקודה ראשונה היא כתר דב"ן. והיא נוקבא דעתיק ודא"א, ונקודה שניה הוא אבא, צד ב"ן שבו. ונקודה שלישית אימא צד ב"ן שבה. וכל אחד משלוש נקודות אלו, היו כלולים מעשרה נקודות שלימות. אך אחר כך יצאה נקודה הרביעית, ולא יצאה כלולה מעשרה נקודות, רק בשושה נקודות התחתונות שבה לבד, ולכן נקרא בשם ו' נקודות, ועם ג"ר הרי תשעה נקודות. אחר כך יצאה נקודה חמישית, ולא יצאה כלולה מעשרה נקודות שלה, רק נקודה אחת לבד, חלק עשירית שבנקודה ההיא. הרי נמצא ששרשם אינם רק חמשה נקודות, ונקרא עשרה נקודות דב"ן, ואלו יצאו ראשונה ונשברו ומתו. **ודע כי לא די אלו שיצאו בבחינת האצילות, שהם הפנים דב"ן, אלא גם אחוריהם שהם בי"ע יצאו עמהם**. ודע, כי גם באצילות יש פנים ואחור, **אך כולם נקראו פנים בערך בי"ע שהם חיצונות**. והענין כי בבריאה היה חיצונית הפנים דב"ן, ויצירה חיצונית דאחוריים דב"ן, ועשייה יותר חיצון דאחוריים דב"ן. וכאשר נשברו, לא נתקנו כל מה שנשברו, רק מעט, ולא יושלמו להתברר עד ביאת המשיח במהרה בימינו אמן.

היו מספר[32] סיבות למקרה המלכים דמיתו, והם מפוזרים לאורך ורוחב ספרי הרב ז"ל.

עוד צריך לדעת כי עד פרק ו' דשער השבירה, הרב ז"ל מבאר את מקרה המלכים בכללות בנקודה אחת, עם כל זאת צריך[33] לדעת כי מהעין דא"ק יצאו חמשה[34] נקודות דכללות העומדות בעובי, שהם א"א או"א וזו"ן, ועמדו מהטבור

32

ט"ז סיבות למקרה המלכים

א. השבע מלכים יצאו מבחינת מלכויות, נפש, עגולים. ע"ח ש"ח פ"א, ע"ח ש"ט פ"ח, מבוא שערים ש"ב ח"א פ"ג.

ב. הג"ר יצאו בצורת סגולתא, וכל אחת כלולה מעשר, ומתפשטים בסוד קוין שכולם קשורים זה בזה, והז"ת יצאו בבחינת חד סמכא, ונפרדים זה מזה בסוד רשות הרבים, ולא בסוד מיתקלא. ע"ח ש"ט פ"ג, ע"ח ש"ט פ"ה, ע"ח שי"א פ"ה.

ג. כלי הו"ק לא יכלו לסבול יותר אורות מחלקם, והם קיבלו כל אחד חלקו וחלק חברו התחתון ממנו, ולא כן כשהיו בג"ר היו מתבטלים בערכם. ע"ח ש"ח פ"ה, מבוא שערים ש"ב ח"א פ"ו.

ד. האור של העשר ספירות פרצוף שלם, והכלים קטנים, נפרדים, וחסרים. ע"ח ש"ט פ"ה, ע"ח שי"י פ"ה, מבוא שערים ש"ב ח"ב פ"ב.

ה. הג"ר יצאו בגוף אחד, והיה בהם כח לקבל האור, השבע תחתונים יצאו נפרדות וחסרות, ולא יכלו לקבל האור שלהם. מבוא שערים ש"ב ח"ב פ"ג.

ו. הג"ר אין הדין ניכר בהם, והם רחמים, השבע תחתונים דינים נתגלו בהם, ולא יכלו לסבול אור הרחמים. מבוא שערים ש"ב ח"ב פ"ג.

ז. הנקודים יצאו מבחינת חיצוניות סמ"ב דס"ג וחיצוניות עסמ"ב דב"ן, שהם הענפים, והשורשים נשארו בפנימיות א"ק, ולא היה בכח הענפים לקבל את האור. ע"ח ש"ה פ"א, מבוא שערים ש"ב ח"ב פ"ג.

ח. הג"ר קבלו במקום שבולת הזקן אור האוזן, וגם אורות חוטם פה, והז"ת קבלו אורות החוטם פה משבולת הזקן ועד מקום הטבור. ע"ח ש"ח פ"ב, ע"ח שי"א פ"ה, מבוא שערים ש"ב ח"ב פ"ג.

ט. מלכי הנה"י דינין תקיפין, רצו להתגבר על מלכי החג"ת שהם רחמים. שער ההקדמות הקדמה אחת בטרם שנאצל עולם האצילות דל"ג ע"ג.

י. הג"ר דו"ק נשארו בפנימיות המאציל. מבוא שערים ש"ב ח"א פ"ה.

י"א. הג"ר לא נתקנו כפרצוף, לכן האור שיצא מהם לז"ת לא יכלו לקבלו. ע"ח שמ"ז פ"ה, שער ההקדמות דרושי אבי"ע דרוש ג' דע"ג ע"ג.

י"ב. לא היתה אהבה בין ספירה לספירה, וכל ספירה היתה יראה מהספירה שמעליה ומהספירה שמתחתיה. ע"ח שי"א פ"ה, שער ההקדמות הקדמה אחת בטרם שנאצל עולם האצילות דל"ב ע"ג.

י"ג. הסיגים מעורבים בכלים, והם גורמים פירוד. מבוא שערים ש"ב ח"ב פ"ג.

י"ד. לא נכנס האור על ידי התלבשותו בנה"י דישסו"ת בסוד כ"ל צמ"א, אלא באופן ישיר, ורק בתיקון התלבשו האורות בנה"י דישסו"ת. שער ההקדמות דרוש ה' בזמן העיבור השני דמוחין דל"ח ע"ב.

ט"ו. לא נתכללו אחד עם השני, וכל אחד מהמלכים היה בחינה בפני עצמה. ע"ח ש"ט פ"ג, מבוא שערים ש"ב ח"ב פ"ג.

ט"ז. תכלית כוונת המאציל היתה להוציא ולעשות בחינת קליפות לצורך הנבראים, כדי לתת שכר לצדיקים, ועונש לרשעים. ע"ח שי"א פ"ה.

33

ע"ח ש"ט פ"ו מ"ב דמ"ה ע"ג – אמנם כפי האמת הם חמשה בחינות, כי הכתר למעלה מהארבעה, הוא ועמו הם חמשה פרצופים, הכוללים עשר ספירות כנודע, **והנה בכל אחד מאלו החמשה פרצופים יש בו עשר ספירות גמורות.**

34

רחובות הנהר ד"ב ע"ב – ידוע כי **חמשה נקודות מעינים דא"ק מבחינת ב"ן**, וכולן יצאו שלימות, כל אחת שלימה בכל חלקי הנקודה ההיא. באופן שכל אחת ואחת כוללת חמשה פרצופים, עתיק וא"א ואו"א וזו"ן. **וסדר שבירת הכלים היה בכל נקודה ונקודה מהם, דכל אחד ואחד מהם הג"ר עתיק וא"א ואו"א שבו נתקיימו, ושבעה תחתונות זו"ן שבו נשברו**, כמבואר כל זה באורך בעץ חיים שער ט' פרק ו' ופרק

דא"ק ולמטה, ובכל אחד ואחד מנקודות אלו היה מקרה המלכים בפרטות[35], כאשר הג"ר נשארו באצילות דאותה נקודה דכללות, ובשבעה תחתונות נשברו ומתו, וירדו לבי"ע דאותה נקודה.

בזמן התיקון יצא מהמצח דא"ק המלך השמיני, והוא **הדר ואשתו מהיטבאל**, הנקרא מ"ה החדש, כדי לתקן את המלכים דמיתו. לפי פשט דברי הרב ז"ל יצא רק היסוד דא"ק, **בעומק** דברי הרב ז"ל שם מ"ה החדש יצא בשיעור קומה שלם, של עסמ"ב, והשבעה[36] תחתונות דשם מ"ה החדש תקנו את המלכים שנשברו ומתו.

ג' משער י"ז, ובכמה מקומות משער הלקוטים, ומשער מאמרי הרשב"י ע"ה, וכן במבוא שערים ש"ב ח"ג פ"ו, יעו"ש.
35

נהר שלום דכ"ד ע"ד – והנה ידוע כי מיתת המלכים היתה בזו"ן דפרטות, ר"ל בזו"ן דעתיק, ובזו"ן דא"א, ובזו"ן דאבא, ובזו"ן דאימא, ובזו"ן דז"א, ובזו"ן דנוקבא, וכל פרצוף מאלו הפרצופים כלול מכל הפרצופים הנזכרים. וזה היה בפרט האחרון דפרטי פרטות, וכמבואר לעיל בהקדמה, וזה היה בפנימיות וחיצוניות דפנימיות, ובחיצוניות ופנימיות דחיצוניות, דפנים ודאחור. **והכלים עם הרפ"ח ניצוצות דמלכים דעתיק נפלו לעתיק דבי"ע, ודא"א לא"א דבי"ע, ודאו"א לאו"א דבי"ע, ודזו"ן לזו"ן דבי"ע. באופן זה כי הכלים הפנימיים דמלכים הנזכרים נפלו לפרצופי הבריאה. והכלים האמצעיים ליצירה. וכלים החיצוניים שלהם לעשיה.** ונתבאר בשער השמות ובכמה מקומות, כי כדי לברר הכלים ושארית הרפ"ח דכל פרט, יורדים כל הפרצופים העליונים דאצילות בימי החול בסוד גלות השכינה, ומתלבשים בפרצופים שכנגדם למטה בבי"ע. עתיק דאצילות בעתיק דבי"ע, וא"א בא"א, ואו"א באו"א, וזו"ן בזו"ן. כלים פנימיים שלהם בבריאה, ואמצעעים ביצירה, וחיצוניים בעשיה. ובי"ע הנזכר מתלבשים בבי"ע דחול, וזה לצורך שארית בירורי כלים ואורות דמלכים דזו"ן דעתיק, וא"א, ואו"א, וזו"ן דאצילות שנפלו לבי"ע על סדר הנזכר. **כי הכלים הפנימים של מלכי עתיק, וא"א, ואו"א, וזו"ן דאצילות נפלו לבריאה. וכלים האמצעיים של המלכים הנזכרים ליצירה. וכלים החיצוניים שלהם לעשיה,** כנודע. ועל כן בימי החול יורדים הכלים דפרצופים העליונים דאצילות על דרך הנז"ל, לברר בחינותיהם שנשארו בבי"ע.
רחובות הנהר ד"ב ע"ב – ובהגיע האור לגבול האצילות, אירע בהם ענין ביטול המלכים, ונפלו הכלים פנימי אמצע וחיצון עם אורות דרפ"ח, **לבי"ע התחתונים** דאותה הספירה.
36

ע"ח ש"ט פ"ח מ"ב דמ"ז ע"ב – ואחר כך יצאו בחינת חג"ת נה"י שבז"א, נקרא הדר, ויצאו בחינת חג"ת דנה"י דנוקבא, ונקרא מהיטבאל אשתו, ואלו יצאו בתיקון אדם, כנזכר באדרא דף קל"ה ע"ב, והבן זה מאוד.

שער ט' פרק ז'

ביאור המלכים וענין מ"ה וב"ן החדש והישן וענין הרפ"ח ניצוצין וש"ך ניצוצין. דע כי אין לך ספי' וספי' אפי' בי"ס הפרטיות שבכל פרצוף ופרצוף שאין בו בחי' זכר ונקבה והם ב"ן דנקודו' ומ"ה החדש ואמנם אין ענין ב"ן הזה והנקבה זו בחי' מלכות העשירית שיש בכל ספי' וספי' שהיא בחי' עשירית שבכל ספי' וספי' אלא שיש בכל ספירה י' בחי' וכולם דמ"ה וי' בחי' וכולם דב"ן והט' ראשונות דמ"ה וב"ן הם נקרא ט' בחי' הראשונות של ספירה ההוא והבחי' עשירית שהוא מלכות שבאותו ספירה עצמה היא כלולה ממ"ה וב"ן. כלל הדברים בקיצור נמרץ כי אין לך שום ניצוץ קטן בכל האצילות שאין בו מ"ה וב"ן נמצא שהזכרים שבאצילות שהם כתר חכמה ת"ת יש להם בחי' מ"ה וב"ן והנקבות שבאצילות שהם בינה ומלכות יש בהם מ"ה וב"ן ועד"ז בכל הי"ס שבכל פרצוף ועד"ז כל ההי' פרצופים שבהם כלולים ממ"ה וב"ן ובעת אצילות עולם הנקודים יצאו כל ההי' פרצופים כל אחד כלול מי"ס וכולם משם ב"ן. ונודע כי שם ב"ן הכולל כל האצילות הוא מלכות דא"ק ושם מ"ה החדש הכולל כל האצילות הוא ז"א דא"ק ועד"כ כל הנקודות נקראו מלכים כי כולם בחי' ב"ן שהיא מלכות הכוללת אבל אה"נ שיש בשם מ"ה הכולל בחינת מלכות בפרטות ובחי' בינה פרטיות אע"פ שהם נקבות ומ"ה הוא זכר וכן יש בשם ב"ן אע"פ שהיא נקבה יש בו כתר וחכמה וז"א זכרים על דרך הנ"ל שמ"ה וב"ן כוללים כל האצילות בכל פרטיו. והנה כאשר יצאו כל האצילות מבחי' ב"ן לבד והיה כולל עתיק וא"א ואו"א וזו"ן ואז יצאו תחלה כל הכלים שלהם זה תחת זה עד סיום עולם האצילות ואח"כ יצאו אורות דב"ן כל פרטי אצילות ויצא תחלה כתר דעתיק דאצילות שבו נכללין כל האורות ונתקיים ואח"כ יצאה חכמה דעתיק בכלי שלו ובו היו כלולים כל שאר האורות ונתקיים ואח"כ יצאה בינה דעתיק ובו כלולין כל שאר האורות ונתקיים ואח"כ יצאו ז"ת דעתיק)ב"א דדעת(הדעת למטה כ"א כלול בכלי שלו ובו כלולים כל שאר האורות והיה נשבר וירד פנימיות הכלי לבריאה וחיצוניות הכלי ירד ביצירה וחיצוניות של חיצוניות בעשייה ואח"כ האור ההוא נשאר בלי כלי ושאר האורו' ירדו בכלי הב' של הז"ת וגם הוא נשבר ע"ד הנ"ל)ב"א נשאר ע"ד הנ"ל(והאור שלו נשאר בלי לבוש ושאר האורות ירדו לכלי שלמט' ממנו וכעד"ז עד שנגמרו ז"ת שלו ואח"כ נכנס הכתר דאריך אנפין בכלי שלו ובו כלולין שאר האורו' ע"ד הנז' בעתיק ואח"כ נכנס הכתר דאבא בכלי שלו ובו כלולים שאר האורות ונתקיים וירדו שאר האורו' בכלי החכמה שלו ונתקיים ושאר האורות ירדו בכלי בינה דאבא ונתקיים אח"כ ירדו האורות של ז"ת בכלי אחד שלהם ונשברו וירדו בבי"ע ושאר האורו' נכנסו לכלי ב' דז"ת ונשברו וירדו לבי"ע וכו' ע"ד הנ"ל עד תום כל הז'. ודע כי למעלה בעתיק וא"א לא הרשינו לדבר אבל נדבר כאן מאבא ולמטה ונאמר כי אחר שירדו כל הז"ת שבו פנים ואחור בבי"ע גם האחוריים לבד דחו"ב שבו ולא הפנים ירדו באצילות עצמו בסופו אבל לא בבריאה ולכן אין בהם מיתה רק ירידה ואז ירדו גם נה"י דאחור דכתר אבא המתלבשים בחו"ב דאבא ירדו באצילות גם הם ואין בהם מיתה ועד"ז היה בי"ס דאמא כי כל הנזכר באבא ממש אח"כ בז"א לא יצאו הג"ר שבו אלא נשארו כלולים תוך אמא ויצאו ז"ת מדעת ולמטה בלבד וכולם יצאו מן בינה דז"א הכלולה תוך אמא עלאה כנ"ל שלא יצאה כנ"ל מתו פנים ואחור וירדו בבי"ע ואח"כ יצאה הנוקבא דז"א המלכות עשירית לבד שבה ונשברה ומתה ואח"כ יצאה שם מ"ה ונתחבר עם ב"ן בכל ספי' וספי' כנ"ל בכל הפרטים נמצא כי יש באבא מ"ה וב"ן

בכל אחד מהם וכן באמא ותבונה וכן בזו"נ רחל עלאה (שהיא לאה) ויעקב ונוקבא רחל תתאה מהחזה ולמטה ולמטה יש מ"ה וב"ן בכ"א מהד' פרצופים אמנם בא"א לא היה כן יען אין לו נוקבא נפרדת לכן כל צד ימין היה מ"ה לבד וכל צד שמאל היה ב"ן. או אפשר שצד ימין כלול מ"ה וב"ן ושניהם זכרים וצד שמאל מ"ה וב"ן ושניהם נוקבא וצ"ע וכעד"ז בעתיק דו"נ בבחי' פנים ואחור כנודע במקומו ונמצא כי כל הז"ת שבכל פרצוף ופרצוף דה' פרצופים שבשם ב"ן הם ז' מלכים באופן שהם ה"פ ז' מלכים וכל בחי' מאלו יש פנים ואחור בכלים וכן באור וכן מבחי' ב"ן וכל מלך מאלו כלול מי"ס ונכללות בד' בחי' שהם הוי"ה של הספי' ההוא שהם חבת"ם שבאותו הספי' וכ"א מאלו הד' פרטיות כלול י' בחי' וכל בחי' נקרא שם אלהים א' פנים ואחור כי כ"א מאלו הז' מלכים הוא ספי' א' כלולה מד' ספי' ראשונות (נ"א ראשיות ר"ל חבת"ם) כנ"ל וכ"א מהם כלול מי' כנ"ל הרי יש בו מ' שמות אלהים בכל מלך ומלך מן הז' וז' פעמים מ' גימטריא מנצפ"ך כי שרשם ה"ג שהם ה' אותיות אלקים שהוא שורש לכל אלו הפ"ר אלקים נמצא כי פ"ר אלקים יש בז' מלכים דנוקבא ופ"ר אלקים בז"א ופ"ר בז' דאמא ופ"ר בז' דאבא ופ"ר בז' דעתיק וה' אותיות אלהים השורש אל כל הז"מ דנוקבא או דז"א כו' הרי נעשה פר"ה כו' ואם תחבר ם אלקים שבמלך הח' הנק' הדר הרי זה שכ"ה ניצוצי הדין אבל הרפ"ה הם דב"ן והמ' הם מהדר מ"ה החדש.

פרק ז'

דרוש זה מקורו מספר אדם ישר וצריך לכתוב מ"ב בראש הדרוש.

הרב ז"ל מבאר בפרקין באופן **כללי ביותר** את הבחינות דמ"ה, וב"ן, הרפ"ח וש"ך ניצוצין. **כללות** דברי הרב ז"ל הם[37] שאין לך ניצוץ שלא כלול ממ"ה ו"בן, שהם זכר ונקבה דאותו ניצוץ. **עם כל זאת יש**[38] מקומות שמשמע שהזכרים נעשו

---

[37]

ע"ח ש"ט פ"ז דמ"ו ע"ב – דע כי אין לך ספירה וספירה, אפילו בעשר ספירות הפרטיות שבכל פרצוף ופרצוף, שאין בו **בחינת זכר ונקבה, והם ב"ן דנקודות ומ"ה החדש**, ואמנם אין ב"ן הזה והנקבה זו בחינת מלכות העשירית שיש בכל ספירה וספירה, שהיא בחינה עשירית שבכל ספירה וספירה, אלא שיש בכל ספירה עשר בחינות, וכולם דמ"ה, ועשר בחינות וכולם דב"ן, והתשע ראשונות דמ"ה וב"ן הם נקרא תשע בחינות הראשונות של ספירה ההוא, והבחינה עשירית שהוא מלכות שבאותו ספירה עצמה, היא כלולה ממ"ה וב"ן. **כלל הדברים בקיצור נמרץ כי אין לך שום ניצוץ קטן בכל האצילות, שאין בו מ"ה וב"ן.**
ע"ח ש"ט פ"ו דמ"ה ע"ג – ואז נברא העולם במידת הדין, ויצאה בת מתחלה, שהיא **שם ב"ן** בפנים דא"ק. ואחר כך יצאו ענפיו לחוץ, דרך העין מטבורו דא"ק ולמטה, ולא נתקיימו הענפים שבחוץ. עד שחזרו להזדווג והולידו בן, שהוא **שם מ"ה** בפנים ובחוץ, והוא מידת הרחמים, ונתקיים העולם, כמו שאמרו רז"ל על הפסוק - ביום עשות הוי"ה אלהי"ם ארץ ושמים, והבן אמרם העולם, כי מציאות העולם הם השבעה תחתונות לבד, שהם זו"ן, **אלא בראשונה היו זו"ן נקבות**, מצד דין, שהוא שם ב"ן. ואחר כך **היו זו"ן זכרים, משם מ"ה**. כי כל מ"ה וב"ן נקרא בשם עולם.
רחובות הנהר ד"ה ע"ב – כל ספירה, וכל ניצוץ, **כלול ממ"ה וב"ן, מחוברים חיבור גמור.** אמנם כל צד המ"ה נקרא דכורא, יען הוא משפיע ומתקן לצד הב"ן, הנקרא נוקבא. וכל חסדים הם ממ"ה, וגבורות הם מב"ן.
ספר הזוהר, פרשת תזריע דמ"ג ע"ג עם תרגום וביאור – **תא חזי** בא וראה, **כל רוחין דעלמא כלילן דכר ונוקבא** כל הרוחות ר"ל הניצוצות שבעולם כלולים מזכר ונקבה, מ"ה וב"ן, **וכד נפקין** וכאשר יוצאות, **דכר ונוקבא נפקין** זכר ונקבה הם יוצאים, **ולבתר מתפרשן בארחייהו** ואחר כך נפרדים בדרכם, ר"ל הנקבה יוצאת לבד שהוא הב"ן, והזכר לבד שהוא המ"ה. **אי זכי בר נש** אם זוכה האדם, **לבתר מזדווגי כחדא** מזדווגים ביחד השמות דמ"ה וב"ן דאותו תיקון, **והיינו** עם **בת זוגו, ומתחברין בזוווגא חד בכלא** ומתחברים ביחד, **רוחא** שהוא שם מ"ה הנקרא רוח, **וגופא** שהוא שם ב"ן הנקרא גוף בערך שם מ"ה.
גמרא בבא בתרא דע"ד ע"ב – אמר רב יהודה, אמר רב, כל מה שברא הקדוש ברוך הוא בעולמו, **זכר ונקבה בראם.**

[38]

שער ההקדמות, שער א' דרוש ב' בתקון המלכים הנזכרים לעיל דכ"ה ע"א – אמר הכותב חיים, הנה כתבתי הנראה לענניות דעתי כי **חמשה פרצופין שיש בעולם האצילות, כל הזכרים נעשו מן הוי"ה דמ"ה, וכל הנקבות מהוי"ה דב"ן**. ואמנם ממקום אחר נראה באופן אחר, כי עתיק וכו' שאין להם נקבות נחלקות בפני עצמם, לכן הדכורין הם ממ"ה, והנקבות הם מב"ן, לפי שהזו"ן הם פרצוף אחד. אך משם ואליך כל פרצוף מהם מוכרח הוא שיהיה נכלל ממ"ה וב"ן. כיצד, הנה עתיק היה מכתר דמ"ה, ונוקבא מהחמשה ראשונות דכתר דב"ן. ואריך מחכמה דמ"ה, והנוקבא מחמשה אחרונות דכתר דב"ן. ואריך מחכמה דמ"ה, והנוקבא מחמשה אחרונות דכתר דב"ן. ואבא חמשה ראשונות דבינה דמ"ה, ושבעה תחתונות דחכמה דב"ן. ואימא חמשה תחתונות דבינה דמ"ה, ושש אחרונות דבינה דב"ן. וז"א חג"ת נה"י דמ"ה, וחג"ת נה"י דב"ן. ונוקבא מלכות דמ"ה ומלכות דב"ן. נמצא כי ששה פרצופים הם כל אחד מהם נכלל ממ"ה וב"ן. וזה הפירוש נראה יותר אמת מהאחר, וכן נראה ממקום אחר בפרוש כי עתיק ואריך נעשו מכתר דב"ן, ואבא מחכמה דב"ן, ואימא מבינה דב"ן, וז"א מחג"ת נה"י דב"ן, ונוקבא ממלכות דב"ן. הרי כי גם בזכרים אבא וז"א היו מן ב"ן גם כן.

משם מ"ה, והנקבות משם ב"ן, אבל חוזר בו הרב ז"ל ומבאר שלכל הפרצופים והספירות יש חלקים משם מ"ה ומשם ב"ן, ואפילו[39] שמשמע מספר הזוהר הקדוש שבעתיק וא"א אין בחינת נוקבא, ומבאר[40] הרב ז"ל כי גם בעתיק יש שם מ"ה וב"ן, אבל הם בחיבור נפלא, ובא"א שם מ"ה הוא בצד ימין, ושם ב"ן בצד שמאל.

עוד מבאר[41] הרב שמן ששון - **חזרתי על כל המקרא ולא מצאתי מ"ה הישן,** ר"ל חיפשתי בספרי הרב ז"ל ולא מצאתי סוגיה המבארת את שם **מ"ה הישן.** אלא מבואר בכל מקום שתחילה יצא שם ב"ן **דרך** העין דא"ק, ובבחינה זאת

39

ע"ח שי"ב פ"ב מ"ת דנ"ז ע"א – אמנם יש חילוק בענין הנקבות הנזכרים לעיל, והוא כי הנה הנקבה היא דינין, והוא מבחינת בירור המלכים, **ואיך יצדק שם נקבה בעתיק וא"א, שהם תכלית הרחמים,** כנזכר בשתי האדרות, ועוד כי הנה היות בחינת זכר ונקבה מורה על מיעוט ופירוד, ואין אחדות גמור, כמו בהיות הזכר לבדו. והנה מצינו ראינו בהרבה מקומות בזוהר ובאדרא רבא דף קמ"א ע"א - בהאי דיוקנא דאדם שארי ותקין כללא דכר ונוקבא, מה שאין כך בעתיקא, וכן בהרבה מקומות מצינו שלא התחיל בחינת זכר ונקבה אלא מאו"א ולמטה, כנזכר באדרא זוטא דף ר"ק ע"א - האי חכמתא אתפשט ואשתכח דוכרא ונוקבא, שהוא חכמה אב, בינה אם, ובגינייהו כולא אתקיים בדוכרא ונוקבא וכו'. אם כן איך אנו אומרים שאפילו בעתיק וא"א יש בחינת נוקבא, **והנה מצינו היפך זה בהרבה מקומות,** ובפרט בספר הזוהר פרשת בראשית דף כ"ב ע"ב - דעילת כל העילות אמר האי קרא, ראו עתה כי אני אני הוא ואין אלהי"ם עמדי וגו', דאית אחד בשתוף כגון דוכרא ונוקבא, ואתמר בהון כי **אחד קראתיו,** אבל איהו חד, ולא בחושבן, ולא בשתוף, ובגין כך אמר - **ואין אלהי"ם עמדי,** שהוא בחינת הנוקבא, הנקרא אלהי"ם, שהיא דין.

40

ע"ח שי"ב פ"ב מ"ת דנ"ז ע"ב – ואמנם א"א שהוא מבחינת הכתר של הנקודות, לא היה בו אפילו ביטול וכנזכר לעיל, ואמנם הוא מן חמשה אחרונות של הכתר דב"ן כנזכר לעיל. ונודע כי בנה"י של הכתר דנקודים היה קצת ביטול, כאשר ירדו להעשות (כלים מוחין)לאו"א, ולכן גם בו היה בחינת זכר ונקבה, אלא שנתוסף להם תיקון וחיבור נוסף, **והוא ששינויהן היו פרצוף אחד הזכר ונקבה שבו,** באופן זה כי **בחינת שם מ"ה שבו נתון בכל צד ימין, ובחינת שם ב"ן שבו היה בצד שמאלי שבו,** ושניהם דבוקים יחד בבחינת פרצוף אחד. וזהו ענין מה שכתוב בזוהר, שהכתר הוא זכר לחוד בלי נוקבא, ר"ל בלי נוקבא נפרדת ממנו, ומה שאנו אומרים שיש בו זכר ונוקבא, **הוא היות נמצאים בו שתי בחינות אלו של מ"ה וב"ן בימינו ובשמאלו,** אשר הם בחינת זכר ונקבה בכל מקום. אבל לא שיש בו זכר ונקבה נפרדין בשתי פרצופים, **והבן זה מאד.** ובזה תבין איך אור"א מלבישין לא"א, זה לימינו וזה לשמאלו, כי כן הדבר בא"א עצמו **צד ימין שבו הוא מ"ה דכורא, וצד שמאל הוא ב"ן נוקבא.** ואמנם בעתיק יומין שהוא מבחינת חמשה ראשונות של כתר של הנקודים, ששם לא היה שום ביטול כלל מעולם, **לכן בחינת זכר ונקבה שבו שהם מ"ה וב"ן נתערבו יחד לגמרי,** ושניהן מעורבים יחד זה בזה בימין בפני עצמו, וכן בשמאלו, ואינם כמו א"א. וזה שכתוב באדרא רבא דף קכ"ט ע"א - לית שמאלא בהאי עתיקא סתימאה, כולא ימינא. והענין כי בא"א הזכר בימין והנקבה בשמאל, אבל בעתיק **ימין צד ימין שבו כלול ממ"ה וב"ן, וכן בצד שמאל,** אם כן שוין הם, ואין הפרש בין ימינו לשמאלו. אמנם בחינת הנקבה והזכר שבו הוא באופן אחר, והוא שהם שתי בחינות פנים ואחור. פירוש, כי בין צד ימינו ובין צד שמאלו יש בו בחינת מ"ה מצד פנים, ובחינת ב"ן מצד אחור, **ובזה הוא חיבור נפלא גדול מאד.**

41

שמן ששון ש"ט פ"ז אות ב' דכ"ב ע"ז – ביאור המלכים וענין מ"ה וב"ן החדש והישן, **חזרתי על כל המקרא ולא מצאתי מ"ה הישן,** שהרי בעת צאת המלכים לא יצאו כי אם טנת"א דב"ן, ולא מ"ה, כי אם אחר תיקון. ועל כן נראה לפרש דברי רבינו באופן זה, דמילת החדש והישן קאי על צד הב', פירוש הוא על בחינת עשר ספירות דמ"ה החדש הבא בעת התיקון מחדש לתקן, וגם התשלום עשר ספירות דב"ן הבאים עתה בעת התיקון מחדש, עם העשר ספירות דמ"ה. דנמצא דיש בצד הב"ן חדש וישן, שהם המלכים שמתו, ועולים עתה להתתקן, כמו שכתב בשער התיקון פרק א', ותשלום עשר ספירות דב"ן. ועיין זה בשער ההקדמות בדרוש הדעת. והובא גם כן דרוש זה בנהר שלום דף קי"ח ע"ב]**אח**"י - בדפוס דשנת עת"ר דמ"ב ע"דן ד"ה כל כו', יע"ש)ועיין לקמן פרק ח', והוא בבחינת מ"ה וב"ן דב", ומ"ה וב"ן דמ"ה, יע"ש). ועוד נראה פשוט דתחילה תנא והדר מפרש, מ"ה וב"ן, והם עצמם החדש והישן.

היה מקרה המלכים, ואחר[42] כך יצא שם מ"ה **דרך** המצח דא"ק לתקן את המלכים, שהם מבחינת שם ב"ן. **ונראה שמדובר**[43] על בחינת[44] מ"ה ומ"ן דב"ן שיצאו תחילה, **הנקראים** זו"ן **נקבות** מצד הדין, ובהם קרה מקרה המלכים, ואחר כך יצא מ"ה ומ"ן דמ"ה, **הנקראים זו"ן זכרים** מצד החסד, כדי לתקן את בחינת המלכים דמיתו, **לפי הכלל** המבואר בפרקין, כי[46] אין לך שום ניצוץ קטן בכל האצילות, שאין בו מ"ה וב"ן. וזה ענין שם מ"ה החדש והישן, הכוונה על מ"ה וב"ן דב"ן הנקרא ישן, מפני שיצא תחילה, ואחריו יצא מ"ה וב"ן דמ"ה הנקרא חדש.

ביאור[47] **המלכים, וענין**[48] **מ"ה וב"ן החדש והישן**[49] ר"ל שם מ"ה וב"ן דמ"ה שהוא חדש, ושם מ"ה ב"ן דב"ן שהוא ישן, וזה בערך לזמן יציאתם לחוץ מא"ק, כי שם ב"ן יצא תחילה, ואחריו שם מ"ה החדש,

---

42

ע"ח ש"י פ"א מ"ת דמ"ז ע"ד – והנה כאשר עלה ברצון המאציל להחיות את המתים, ולתקן את המלכים האלו הנשברים והנפולים בעולם הבריאה, גזר והעלה מ"ן מתתא לעילא, ועל ידי כך היה זווג דחו"ב דא"ק פנימיות, **והוציא שם מ"ה החדש**, ונתקנו המלכים.

43

תרשים ז – א.

44

ע"ח ש"ט פ"ח מ"ב דמ"ז ע"ב – ושתי בחינות אלו הם ביושר דרך קוין, ולכן נקרא אדם כנודע, ושניהם נקרא שם מ"ה הכללי, ועם כל זאת נחלקין לשנים, **שגם בשם מ"ה יש בחינת ב"ן** כנודע, ומ"ה הם ו"ק דז"א, וב"ן הם ו"ק נוקבא. ואמנם שבעה מלכיות דזו"ן שהם בחינת שבעה מלכים קדמאין, הם **מ"ה וב"ן דב"ן הכללי**. שגם בשם ב"ן יש מ"ה, ושתי בחינות אלו נקרא ב"ן, ונעשה מהם עגולים.

45

ע"ח ש"ט פ"ו מ"ב דמ"ה ע"ג – כי מציאת העולם הם השבעה תחתונות לבד, שהם זו"ן. אלא בראשונה היו זו"ן **נקבות מצד דין**, שהוא שם ב"ן. ואחר כך היו זו"ן **זכרים** משם מ"ה. כי כל מ"ה וב"ן נקרא בשם עולם.

46

ע"ח ש"ט פ"ו מ"ה דמ"ב ע"ג – ואז נברא העולם במידת הדין, ויצאה בת מתחלה, שהיא **שם ב"ן** בפנים דא"ק. ואחר כך יצאו ענפיו לחוץ, דרך העין מטבורו דא"ק ולמטה, ולא נתקיימו הענפים שבחוץ. עד שחזרו להזדווג והולידו בן, שהוא **שם מ"ה** בפנים ובחוץ, והוא מידת הרחמים, ונתקים העולם, כמו שאמרו רז"ל על הפסוק - ביום עשות הוי"ה אלהי"ם ארץ ושמים, והבן אמרם העולם, כי מציאת העולם הם השבעה תחתונות לבד, שהם זו"ן, **אלא בראשונה היו זו"ן נקבות**, מצד דין, שהוא שם ב"ן. ואחר כך **היו זו"ן זכרים, משם מ"ה**. כי כל מ"ה וב"ן נקרא בשם עולם.

רחובות הנהר ד"ה ע"ב – כל ספירה, וכל ניצוץ, **כלול ממ"ה וב"ן, מחוברים חיבור גמור**. אמנם כל צד המ"ה נקרא דכורא, יען הוא משפיע ומתקן לצד הב"ן, הנקרא נוקבא. וכל חסדים הם ממ"ה, וגבורות הם מב"ן.

47

כרם שלמה ש"ט פ"ז אות א' – מה שכתב מ"ה וב"ן החדש והישן. פירוש, מ"ה הוא החדש, וב"ן הוא הישן. וכל אחד קאי על אחדא. ורצונו לבאר מה ענין המ"ה ומה ענין הב"ן, ומהיכן נאצלו, ומה בחינה הוא ב"ן אם זכר ואם נקבה, וכן מה ענין הוא המ"ה אם זכר ואם נקבה, ומה צורך לשניהם, אם היה די באחד מהם. ומי מתקן למי, אם המ"ה לב"ן, או הב"ן למ"ה. ובאיזה ספירה מן העשר ספירות נתחברו המ"ה והב"ן, אם בכל העשר ספירות או בקצתם לבד, וכן מי נאצל קודם אם הב"ן למ"ה או המ"ה לב"ן. וכן בכל זה צריך להודיע ענין **הרפ"ח ניצוצין**, מפני שהם שייכים לשם ב"ן. וכן **ש"ך ניצוצין** מה עניינם, אם הם מלבד הרפ"ח ניצוצין, או הם עצמם, ואם הם בחינת ניצוצי אורות, או ניצוצי כלים, ולמה הם ש"ך ולא יותר ולא פחות. וכן הרפ"ח למה הם רפ"ח ולא פחות ולא יותר, לכן הכל הולך ומבאר אותם.

48

בית לחם יהודה ש"ט פ"ז דל"ב ע"א – וענין מ"ה וב"ן החדש והישן. תני והדר מפרש. ר"ל מ"ה החדש וב"ן הישן.

שהוא בה לתקן המלכים דמיתו, **ועוד ביאור עִנְיָן הרפ"זז[50] נִיצוֹצִין, ועָ"ך[51] נִיצוֹצִין** שגם[52] להם יש שייכות לענין מקרה המלכים.◆

להבין את דברי הרב ז"ל בסוגיה זאת, כבר ביאר הרב ז"ל כי כל ניצוץ וניצוץ כלול ממ"ה וב"ן, **וכאן**[53] **צריך לדעת** את ההבדל בין נקודה ספירה ופרצוף. **נקודה**[54] היא בחינת העשיה דאותה ספירה, ר"ל המלכות שבאותה ספירה, או שם ב"ן דאותה ספירה. **ספירה**[55] היא הבחינה השלימה בעשר הספירות הפרטיות שלה, ר"ל כח"ב חג"ת נהי"מ דאותה ספירה,

---

49

הגהות וביאורים)**יב(** – תני והדר מפרש, היינו מ"ה וב"ן, והם עצמן החדש והישן. שמן ששון.)א"ה, בענין התחלקות המ"ה וב"ן עיין בספר שמן ששון דף כ"ב ע"ג וע"ד, שהאריך בזה ליישב הסתירות הנמצאות, שפעם כותב רבינו כי הזכר הוא משם מ"ה, והנוקבא משם ב"ן, ובפרק זה כותב רבינו כי אין שום ניצוץ קטן שבאצילות שאין בו שם מ"ה וב"ן. והמחבר שמן ששון מיישב בטיב טעם, וגם מתרץ במה שכתב רבינו בשער י"ז פרק ג' דאין בכל העשר ספירות מ"ה בזכר וב"ן בנוקבא, כי אם בזו"ן. ואילו בכמה מקומות כתב שגם באו"א הוא כן. וכן הקשה בספר אמת ליעקב, והמחבר הנזכר לעיל מתרץ זאת, עיין שם(.

50

ע"ח שי"ח פ"א מ"ת דפ"ה ע"ג – ומתחילה צריך שנבאר ענין שלוש בחינות אלו שיש אל ז"א, ולכולם צריך תיקון על ידי עיבור זה. האחד, הוא בחינת אורות של המלכים שנסתלקו מהכלים, ועלו למעלה, ומתו הכלים וירדו לבריאה. **השני הוא בחינת רפ"ח ניצוצין של אור, שנשארו בתוך הכלים בהיותן שבורים, כדי להחיותן חיות מצומצם**, כדי שעל ידי כך יהיה בהם מציאות לחזור ולהתתקן, ולהחיות על ידי עיבור. ואל תתמה מזה כי כן האדם התחתון בעולם הזה אחר שמת, ויצאה נפשו ממנו, **נשאר חלק מנפשו בתוך הגוף**, כדי שעל ידי זה יוכל לקום בתחיית המתים.

51

ע"ח שי"א פ"א מ"ק ד"נ ע"ג – ודע כי עשר נקודות אלו יצאו, בסוד עצמות וכלים, וסוד הכלי שלהם הם סוד שכ"ה ניצוצין, כנזכר פרשת פנחס רנ"ח, שהם שרשי הדינין. ואמנם אין שכ"ה ניצוצין אלו כלים, רק אל שבעה נקודות האחרונים, **והם סוד שבע פעמים אדם, שהם גימטריא שט"ו, ועם חמשה גבורות הרי ש"ך**. ונודע שחמשה גבורות הם כפולים, לכן הם שכ"ה.

52

ע"ח שכ"ג פ"ח מ"ב דק"ט ע"א - אך מן המוחין דז"א שהם חו"ב דז"א, משם מתחיל שם אלהי"ם, שהוא חיצוניות דז"א עצמו, וזה סוד - במחשבה אתברירו ש"ך ניצוצין, כי משם ולהלאה מתחילין האלהי"ם, שהם החיצוניות, וזה האלקים שהוא החיצוניות, הוא עצמו שם ב"ן, אשר הוא סוד שבעה מלכים שמתו, כמו שכתוב - ויבאו בנ"י האלהי"ם. לכן תמצא כיון שהם שבעה מלכים לבד, יש בהם רפ"ח ניצוצין, שהם ע"ב ס"ג מ"ה ב"ן, לסיבה הנזכרת לעיל. כי הו"ק)נ"א כשהו"ק(נעשו עשר ספירות גמורות דחיצוניות, ומתחילין מחכמה שהוא ע"ב, ולא מן הכתר הנזכר לעיל.

53

ע"ח ח"ב ש"ל פ"ז מ"ב דל"ב ע"ב – והבן זה מאד מאד **ענין נקודה בכל מקום מה ענינה, שהיא עשייה**, של הבחינה ההוא. אך לשון ספירה הוא בהיותה שלימה בכל חלקי אבי"ע שבה, והבן היטב שלוש חלוקות אלו, נקודה וספירה ופרצוף. **כי נקודה היא עשייה שבספירה**, וספירה הוא בחינת **הספירה שלימה מאבי"ע שבה**, ופרצוף הוא קשר **עשר ספירות**, וכל ספירה מהם שלימה מאבי"ע, **וזכור מאד מאד כלל זה.**
רחובות הנהר ד"ב ע"ב – אמנם לפי מה שנודע מכמה מקומות, ובפרט בדרוש שביעי משער שלשים, **כי אין כל פרצוף נקרא בשם פרצוף, אלא עד שיהיה כלול מעשר ספירות, אשר כל ספירה מהם כלולה מאבי"ע**. ונמצא כי כל פרצוף מפרטי פרצופי אבי"ע הוא כלול מעשר ספירות כוללות, והם עשרה פרצופים מלבישים זה את זה בשוה, מתחילים מטיבורא דא"ק עד סוף העשיה, וכמו שנבאר לקמן בע"ה.

54

תרשים ז – ב.

55

תרשים ז – ג.

או עסמ"ב דאותה ספירה, או[56] אבי"ע דאותה ספירה. **פרצוף**[57] הוא חיבור וקשר בין עשר ספירות, ר"ל כח"ב חג"ת נהי"מ דכח"ב חג"ת נהי"מ, או עסמ"ב דכח"ב חג"ת נהי"מ. **עולם**[58] הוא חיבור וקשר בין[59] חמישה פרצופים כללים, ר"ל פרצופי א"א או"א וזו"ן.

56

נהר שלום דל"ד ע"ד – וזה שדברנו הוא בכללות, אמנם הענין היה **בפרטות כנודע שכל ספירה אינו נקרא ספירה עד שתהיה כלולה מכל אבי"ע**. והנה כל ספירה דכל פרטי פרצופי עיבור, יניקה, ומוחין **דפרטי פרצופי אבי"ע דספירה ההיא**, נפרטת לי"ז אלף ריבוא, ובזה הפרטות היה תיקון העולמות הנזכר לעיל.....

57

תרשים ז – ד.

58

תרשים ז – ה.

59

ע"ח ח"ב ש"מ דרוש י"א מ"ב דפ"ה ע"א – בכל העולמות יש פנימיות וחיצוניות. **בעשייה** החיצוניות שלהם הם האופנים, והפנימיות הם נפשות, ואמנם נפשות אלו בערך הכולל, אמנם נפש זו מתחלק לחמשה בחינות נרנח"י, **וחמישה בחינות אלו הם בחמשה פרצופים דעשייה**, וכולם נפש דכללות העולמות. וכן בכל פרצוף מאלו יש לו חמשה בחינות הנזכרים לעיל נרנח"י, אלא שחמשה בחינות אלו בהיותן בא"א, נקראו כולם יחידה שבעשייה. וחמשה בחינות אלו שבאבא, נקרא חיה דעשיה. וחמשה בחינות אלו דאימא, נקרא נשמה. וחמשה בחינות אלו דז"א, נקרא רוח. וחמשה בחינות אלו שבנוקבא, נקרא נפש. ונמצא כי הם כ"ה בחינות בפרטן, אך בכללן כולם הם חמשה בחינות לבד, שהם חמשה פרצופים. ואמנם כשנעריכם בערך ארבעה עולמות אבי"ע, לא יהיו כולם רק בחינת נפש בערך כללות. ונחזור אל ענין כלל בקיצור כי אלו החמשה בחינות שהם נרנח"י, הם בחינת א"א ואו"א וזו"ן ממש, כנזכר לעיל. והנה היחידה שיש בנוקבא דז"א דעשיה, הוא בחינת א"א שבה. ובחינת אבא שבה, נקרא חיה. ובחינת אימא שבה, נקרא נשמה. ובחינת ז"א שבה, נקרא רוח. ובחינת נוקבא שבה, נקרא נפש. וכולם נקרא נפש כללות דעשייה. וכן בז"א דעשיה חמשה כללות בחינות, א"א ואו"א וזו"ן שבו, הם בחינת נרנח"י שבו, וכולן נקרא רוח דכללות עשיה. וכן באימא דעשיה חמשה בחינות, א"א כו' שבה, הם נרנח"י, וכולם נקרא נשמה דכללות עשייה. וכן באבא דעשייה, חמשה בחינות, א"א כו' שבו, הם בחינת נרנח"י, וכולם נקרא חיה דכללות עשיה. וכן בא"א דעשיה, חמשה בחינות א"א כו' שבו, וכולם נקרא יחידה דכללות עשייה. וכן כל אלו הבחינות הנזכרים לעיל שיש בעולם עשיה, נקרא כולם נפש, ונקרא מלכות בערך כללות העולמות, והנה כל זה נקרא פנימית עולם העשייה, וכל בחינות אלו יש גם כן בחיצוניות העשייה, שהם נקראים אופנים בערך כללות כל העולמות. אמנם הם בעצמן נחלקים לחמשה פרצופים, על דרך הנזכר בפנימיות, וכל בחינת פרצוף שבו, כולל כל חמשה, על דרך הנזכר לעיל בפנימית. **ונמצא כי על דרך זה יש שתי בחינות בעולם יצירה**, והם פנימית וחיצוניות, והפנימיות הם הרוחין, והחיצוניות הם המלאכים, **וכל בחינה מאלו שתי בחינות יש בכל אחד מהם חמשה פרצופים**, א"א או"א זו"ן, וכל פרצוף נחלק לחמשה, על דרך הנזכר לעיל, והם החמשה בחינות נרנח"י שיש ביצירה, ונחלקים לכ"ה בחינות פרטות כנזכר לעיל, ולחמשה בחינה בכללות כנזכר לעיל, וכולם אינם רק בחינת רוח, ובחינת ז"א שבערך כללות כל העולמות. **וכן על דרך זה בבריאה, יש בו גם כן שתי בחינות פנימיות וחיצוניות**, והפנימיות הם הנשמות, והחיצוניות הם הכסא, אשר בו הרוחין קדישין, כנזכר בהיכלות פרשה פקודי, וכל אחד נחלק לכ"ה בחינות בפרטות כנזכר לעיל, ולחמשה בחינות בכללות כולם, וכולם נקראים נשמה, ובינה בערך כללות כל העולמות. **וכן על דרך זה באצילות, יש בו שתי בחינות על דרך זה, פנימיות וחיצוניות**, והפנימיות הוא האורות ועצמות שבתוכו, והחיצוניות הם הכלים, וכל בחינה נחלק לכ"ה בחינות פרטיות כנזכר לעיל, וכולם יחד הם בחינת חיה, וחכמה בערך כללות כל העולמות. **וכן על דרך זה בא"ק, יש שתי בחינות פנימיות וחיצוניות**, הפנימיות הוא העצמות שבתוכו, והחיצוניות הם הכלים, אף על פי שעדיין בערך שאר העולמות אינם נקראים כלים כלימי רק בערך פנימיות עצמו נכנה אותם בשם כלים, ויש בכל אחד מהם כל הבחינות הנזכרים לעיל, והם בכללות נקרא יחידה, וכתר בערך כללות כל העולמות. וזה שכתוב ריש תיקון ע' – א"ק הוא כתר מלאה כו'. **ודע** כי כל הפנימים שיש בכל עולם ועולם מאלו החמשה עולמות, הם בחינת יחנר"ן שבאותו עולם עצמו, וחיצוניות שלו הם הכלים, והגוף שבתוכם מתלבשים היחידה וחיה כו'. נמצא עתה כי כל

דְּעֵ[60] כִּי אֵין לָךְ נקודה ונקודה, או סְפִירָה וּסְפִירָה פרטית, ולא זאת בלבד, אלא בכל ספירה פרטית דפרטית, עד הפרט אחרון שאפשר לפרט, שהוא בחינת ניצוץ הקטן ביותר, אֲפִילוּ בְּעֶשֶׂר סְפִירוֹת הַפְּרָטִיּוֹת דפרטי פרטים שֶׁבְּכָל פַּרְצוּף וּפַרְצוּף ובכל[61] עולם ועולם, שֶׁאֵין בּוֹ[62] בְּחִינַת זָכָר וּנְקֵבָה, וְהֵם[64] מ"ה וב"ן דב"ן דְּנְקוּדוֹת שהוא[65] בחינת הנקבה, ומ"ה וב"ן דמ"ה הַחֹדֵשׁ שהוא בחינת הזכר, כאשר[66] בחינת מ"ה הוא המשפיע, והוא חסדים, ובחינת הב"ן הוא המקבל, והוא גבורות.

העולמות הם בחינת פרצוף אחד מעשר ספירות בלבד. וא"ק בכל בחינותיו הוא הכתר שבהם. והאצילות אבא שבהם. והבריאה אימא שבהם. והיצירה ז"א שבהם. ועשיה נוקבא שבהם. וכולם פרצוף אחד לבד, ויש עצמות שהוא הפנימיות והכלים שהוא החיצוניות, וּבְתוֹךְ כּוּלָם אוֹר א"ס, אשר כולם נקראים בערכו כלים וחיצוניות לבד, והוא לבדו בתוכם עצמות ופנימיות.
60

כֶּרֶם שְׁלֹמֹה שׁ"ט פ"ז אוֹת א' – דע לך כי אין לך ספירה וספירה, אפילו בעשר ספירות הפרטיות שבכל פרצוף ופרצוף שאין בה בחינת זכר ונקבה. פירוש, כי נודע כי חיבור עשר ספירות נקרא פרצוף אחד, וכל פרצוף הוא מחובר מעשר ספירות פרטיות שבו. וזהו שכתב - אפילו בְּעֶשֶׂר סְפִירוֹת הַפְּרָטִיּוֹת שֶׁבְּכָל פַּרְצוּף. ר"ל לא מביא שבכללות החמשה פרצופים של אצילות יש בהם שלוש פרצופים זכרים, שהם א"א, ואבא וז"א, ושתי פרצופים נקבות, שהם אימא ונוקבא דז"א. וכן לא מביא שבכללות העשר ספירות דשלוש פרצופי הזכרים עצמם, או שתי פרצופי הנקבות עצמם, שבכל עשר ספירות של כל פרצוף ופרצוף מאלו החמשה פרצופים, יש בהם גם כן ספירות זכרים, וספירות נקבות. דהיינו ספירת הכתר והחכמה והחג"ת נה"י הם זכרים, והבינה והמלכות הם נקבות. אלא בכל ספירה וספירה יש בהם גם כן ואחד ואחד חיבור זכר ונקבה, והם חלק הב"ן דנקודות, נקרא בחינת נקבה של הספירה הפרטית ההיא, מפני שבחינת ב"ן בעלמא נאצלה מבחינת המלכות דא"ק, שהיא בחינת הנקבה. וחלק המ"ה החדש של ספירה ההיא, נקרא בחינת זכר של הספירה ההיא, מפני שהוא נאצל מבחינת הז"א של א"ק. ולכן בכל מקום הוא בחינת זכר, אפילו בספירת הנקבה. וזהו שכתב - אֵין לָךְ סְפִירָה וּסְפִירָה וכו', שֶׁאֵין בּוֹ בְּחִינַת זָכָר וּנְקֵבָה, וְהֵם בְּחִינַת ב"ן דְּנְקוּדוֹת, וּמ"ה הַחֹדֵשׁ.
61

נָהָר שָׁלוֹם, דְּרוּשׁ הַדַּעַת דְּמ"ב ע"ד – כל פַּרְצוּפֵי אֲבִי"ע כְּלוּלִים מִמַּ"ה וּב"ן, שֶׁהֵם חֲסָדִים וּגְבוּרוֹת, וכל בחינה משתיהם יש בה יחידה, חיה, נר"ן, שֶׁבְּכָל פרצוף. ותחלה יצאו שבעה המלכים, והם זו"ן שבעה קצוות שבכל פרצוף, בבחינת נפש, הנקרא שבעה מלכיות שבשבעה קצוות מבחינת ב"ן, ונשברו. ואחר כך באו שבעה קצוות של מ"ה מבחינת נפש, והמשיכו עמהם נפש דב"ן, ונתקנו. ואחר כך על דרך זה באו רוח, ונשמה, וחיה, יחידה דמ"ה, והמשיכו את רוח, נשמה, וחיה, ויחידה דב"ן, שלא נאצלו עדיין, ובאו כולם כלולים בסוד תוספת בזו"ן, שהם שבעה הקצוות שֶׁבְּכָל כְּלָל, וּבְכָל פְּרָט. וכל זה תבין ממצות ירושת המתים, בפרשת פנחס. וכן על דרך זה עשר ספירות דעגולים, הם גבורות, ויצאו תחילה בבחינת נפש לבד, שבהם בסוד נקבה תסובב גבר, ואחר כך יצא היושר, שהוא חסדים, בחמשה מיני נפש ורוח שבו, ואז נשלמו העגולים בנפש ורוח כו' שבהם.
62

גְּמָרָא נִדָּה דל"א ע"א – תנו רבנן שלשה שותפין יש באדם. הקדוש ברוך הוא, ואביו, ואמו. אביו מזריע הלוֹבֶן, שממנו עצמות, וגידים, וצפרנים, ומוח שבראשו, ולובן שבעין. אמו מזרעת אוֹדֶם, שממנו עור, ובשר, ושערות, ושחור שבעין. והקדוש ברוך הוא נותן בו רוח, ונשמה, וקלסתר פנים, וראיית העין, ושמיעת האוזן, ודבור פה, והלוך רגלים, ובינה, והשכל.
63

רְחוֹבוֹת הַנָּהָר ד"ה ע"ב – וכל ניצוץ כלול ממ"ה וב"ן, וירדו דרך אח"פ, ונתגלו מהטיבור דא"ק ולמטה, והלבישו לתנה"י דא"ק, כל סְפִירָה וְכָל נִיצוּץ כָּלוּל מִמַ"ה וּב"ן, מחוברים חיבור גמור. אמנם כל צד המ"ה נקרא דכורא, יען הוא משפיע ומתקן לצד הב"ן, הנקרא נוקבא, וכל חסדים הם ממ"ה, וגבורות הם מב"ן.
64

30

הרב ז"ל מבאר כאן כי אפילו שאנחנו תמיד מחשיבים את הספירה העשירית בכל שיעור קומה, שהיא המלכות, לנקבה דאותו שיעור קומה. אלא **כל שיעור קומה כולל זכר ונקבה**, ר"ל לכל שיעור קומה יש עשר ספירות דמ"ה, ועשר ספירות דב"ן. **צריך לדעת כי**[67] בחינת המלכות דכל שיעור קומה היא העטרה[68] שעל היסוד שלו[69], לכן גם לבחינת

ע"ח ש"ט פ"ח דמ"ב ע"ב – ושתי בחינות אלו הם ביושר דרך קוין, ולכן נקרא אדם כנודע, ושניהם נקרא שם מ"ה הכללי. ועם כל זה נחלקין לשנים, **שגם בשם מ"ה יש בחינת ב"ן כנודע**, ומ"ה הם ו"ק דז"א וב"ן הם ו"ק נוקבא. ואמנם שבעה מלכיות דזו"ן שהם בחינת שבעה מלכים קדמאין, הם **מ"ה וב"ן דב"ן** הכללי, **שגם בשם ב"ן יש מ"ה, ושתי בחינות אלו נקרא ב"ן**, ונעשה מהם עגולים. **כלל עולה** ששם ב"ן הכללי הוא הנפש, והוא שבעה מלכיות שיש בזו"ן, ואלו יצאו בבחינת עגולים, **והם מ"ה וב"ן שבשם ב"ן הכללי**. ואחר כך יצאו הדר ומהיטבא"ל, **והם מ"ה וב"ן שבשם מ"ה הכללי**, והם ו"ק זו"ן, ואלו נעשה פרצוף אדם ביושר, ובסיבתם נתקיימו גם העגולים, כי הם בחינת רוח המקיים הנפש.

65

ע"ח ש"ט פ"ו דמ"ב ע"ג – ואחר כך כשרצה להוציא מ"ה וב"ן, שהם ענפי זו"ן, אז נזדווגו ע"ב ס"ג הפנימיים, שהם חו"ב ממש, ואז נברא העולם במידת הדין, **ויצאה בת מתחלה שהיא שם ב"ן** בפנים דא"ק, ואחר כך יצאו ענפיו לחוץ, דרך העין מטבורו דא"ק ולמטה, ולא נתקיימו הענפים שבחוץ. עד שחזרו להזדווג, והולידו **בן שהוא שם מ"ה בפנים ובחוץ**, והוא מידת הרחמים, ונתקיים העולם, כמו שאמרו רז"ל על פסוק - ביום עשות הוי"ה אלהי"ם ארץ ושמים, **והבן** אמרם העולם.

66

ע"ח ח"ב שט"ל דרוש ט"ו דמ"ב דע"ח ע"ד – ולעולם הזכר עליון רחמים, **משפיע**, והנוקבא דין תחתון מושפע, ולכן בעת הזווג הנוקבא פניה כלפי מעלה, שהוא אות ה' בסוד **הוי"ה**, לקבל מן הזכר, והזכר בסוד **יהו"ה**. [**אח**"י - נראה לעניות דעתי כי ריבוע שם **הוי"ה**, כזה ה', ה"ו, הו"י, הוי"ה, הוא גימטריא ס"ג, הרומז לאימא, שהיא הנקבה. ושם **יהו"ה** ברבוע כזה י', י"ה, יה"ו, יהו"ה, הוא גימטריא ע"ב, הרומז לאבא, שהוא הזכר. ואשאת"מ].

67

ע"ח ש"א ענף ה' מ"ב די"ד ע"ג – רצוני בענף זה להקדים קצת הקדמות אל כל הבא למלאות את ידו ולהתעסק בחכמה זאת, והוא כי כבר ביארנו לעיל כי פרצוף אדם כלול מרמ"ח אברים בעשר ספירות פרטיות שבו, באופן זה כי כתר הוא גולגלתא, וחב"ד הם שלושה מוחין, וחג"ת הם שתי דרועין וגופא, ונה"י שתי שוקין ואמה, ומלכות היא נקבה שלו. אמנם אם תרצה לחלק ולפרט אלו העשר ספירות הכלליות בפרטים רבים, הנה אינם נחלקות רק לחמשה בחינות לבד, אשר כל בחינה מהם הוא פרצוף אחד שלם כמראה אדם. וזה סדרן, הנה הכתר הוא פרצוף אחד שלם מעשר ספירות, ונקרא א"א. וחכמה הוא כן גם פרצוף אחד מעשר ספירות, ונקרא אבא. ובינה היא גם כן פרצוף אחד מעשר ספירות, ונקרא אימא. והו"ק מחסד עד היסוד, הוא פרצוף אחד מעשר ספירות, ונקרא ז"א. וספירה עשירית שהיא מלכות. היא פרצוף אחד מעשר ספירות, ונקרא נוקבא דז"א. עוד צריך לדעת כי בחינת המלכות שבכל פרצוף ופרצוף, מאלו החמשה פרצופים, הוא באופן זה, כי מלכות אשר בפרצוף זכר, כגון אבא וז"א, **הנה המלכות שבו הוא בחינת עטרה שעל הצדיק, הנקרא יסוד**, בסוד - ברכות לראש צדיק, הנזכר בספר הזהר פרשת ויצא דף קס"ב וז"ל - רבי ייסא זוטא הוה שכיח קמיה דרבי שמעון, אמר ליה, מהו דכתיב ברכות לראש צדיק, לצדיק מבעי ליה וכו'. ואם הוא מלכות בפרצוף נוקבא, כגון אימא ונוקבא דז"א, **הנה המלכות שבה הוא גם כן בחינת עטרת היסוד שבה**, כי היסוד שבה הוא הרחם, והעטרה שבה הוא בחינת בשר התפוח שעליה, הנקרא בדברי חז"ל שפולי מעיים, בעניני סימני איילונות כנודע.

68

תרשים ז – ו.

69

ע"ח שט"ז פ"ג מ"ק ד"פ ע"א – אמנם נעריך עתה ערכים אלו, כי הלא סוד עטרת היסוד, הוא שליש שיעור של היסוד, והוא סוד המלכות.

ע"ח ח"ב שכ"ז פ"א מ"ב די"ז ע"א – ז"א אין בו רק תשע ספירות, והעשירית היא נוקבא, אמנם הניחה שרשה בו, **והיא עטרה שבו, כי משם נאחזת, אך העטרה היא מכלל היסוד עצמו**. כנודע כי כל ספירה נחלקת לשלוש פרקין, **ועטרה היא פרק שלישי של היסוד**. נמצא כי הספירה עשירית, היא פרצוף נוקבא

המלכות דאותו שיעור קומה, שהיא העטרה יש את בחינת מ"ה וב"ן. **בעומק הדברים** יש[71] הבדל בין תשע הספירות העליונות שהם כח"ב חג"ת נה"י למלכות, כאשר[72] התשע העליונות נקראות צורת האותיות ר"ל מספר האותיות באותו

דז"א, והוא אינו רק תשע ספירות, **והיא נשרשת ונאחזת בסוף היסוד, שהוא בפרק שלישי שבו, הנקרא עטרה.**
[70]

תרשים ז – ז.
[71]

ע"ח שי"ח פ"א מ"ת דפ"ה ע"ד – ונבאר עתה בחינה הוי"ה דע"ב, וממנו יתבאר שאר הוי"ת. הנה פשוט הוא כי שורש האורות ועיקרן הוא ארבעה אותיות הוי"ה פשוטים, בלתי מילואים, והם בחינת עצמות אור. ואמנם זהו **בהיות האותיות ממש בצורתן.** אמנם גם כן יש בחינה אחרת, **והוא בהיותן בבחינת מספר וחשבון**, באופן זה כגון אם נאמר ארבעה אותיות הוי"ה מספרם כ"ו. **ואין ספק כי צורת האותיות עצמן הם יותר שורש ועיקר האור, יותר מבחינת מספרם וחשבונם.** והנה כל זה בבחינת הפנים, כי גם יש בהם בחינת אחוריים של האורות, וגם בהם יש שתי בחינות הנזכרות לעיל, **שהם צורת האותיות** כמו שהם, **או בחינת מספרם.**

ע"ח שי"ח פ"ב מ"ת דפ"ה ע"ד – ונבאר סדר מדרגתן בקצרה זה למעלה מזה. **א'.** הנה העיקר והשורש לכל הם אותיות הוי"ה בעצמן ובצורתן. **ב'.** מדרגה שניה הוא אחוריים שלהם, בבחינת עצמותן וצורתן כזה, י' י"ה יה"ו יהו"ה והם עשר אותיות. **ג'.** מדרגה שלישית חשבון ומספר ארבעה אותיות, הנקרא פנים, שהם בחינת הוי"ה, מספרן כ"ו. **ד'.** מדרגה רביעית, הוא חשבון ומספר עשר אותיות הנקרא אחוריים, שהוא בחינת היות מספרן ע"ב. **ה'.** מדרגה חמישית הוא במילוי של השם, ונקרא פנים והם עשר אותיות יו"ד ה"י וי"ו ה"י, בצורתן עצמן. **ו'.** מדרגה שישית של המילוי הנזכר לעיל, בבחינת אותיות בצורתן לא בחשבונם, והם כ"ו אותיות. יו"ד, יו"ד ה"י, יו"ד ה"י וי"ו, יו"ד ה"י וי"ו ה"י. **ז'.** מדרגה שביעית חשבון ומספר עשר אותיות המילוי שהוא היות מספרן ע"ב. **ח'.** מדרגה שמינית מספר וחשבון כ"ו אותיות האחוריים של המילוי, שהוא קפ"ד. **ט'.** מדרגה תשיעית הוא כ"ח אותיות המילוי דמילוי, הנקרא פנים, כזה יו"ד וי"ו דל"ת, ה"י יו"ד, וי"ו יו"ד וי"ו, ה"י יו"ד. **י'.** מדרגה עשירית הוא אחוריים של המילוי דמילוי, והם קנ"ו אותיות, כזה יו"ד, יו"ד וי"ו דל"ת, יו"ד וי"ו דל"ת ה"י יו"ד, יו"ד וי"ו דל"ת ה"י יו"ד וי"ו, יו"ד וי"ו דל"ת ה"י יו"ד וי"ו יו"ד, יו"ד וי"ו דל"ת ה"י יו"ד וי"ו יו"ד ה"י, יו"ד וי"ו דל"ת ה"י יו"ד וי"ו יו"ד ה"י יו"ד. **י"א.** מדרגה י"א מספר וחשבון כ"ח אותיות מילוי המילוי דפנים. **י"ב.** מדרגה י"ב מספר וחשבון קנ"ו אותיות אחוריים מילוי המילוי. ועל דרך זה תלך עד אלף אלפים מדרגות לאין קץ, על דרך הנזכר לעיל, וכיוצא.
[72]

ע"ח שי"ד פ"י מ"ב דע"ד ע"ד – דע כי כל שם מאלו הנזכר בפרק ז', כולל כל עשר ספירות שבאותה ספירה. המשל בזה כתר דאבא הוא הוי"ה פשוט, ונחלק לעשר ספירות דכתר, ההוא **קוץ י'**, הוא הכתר. **י'** חכמה, **ה'** בינה. ו' ו"ק. **ה'** מלכות. הרי עשר ספירות שבכתר דאבא פנים, וכן באחוריים שהם י', י"ה, יה"ו, יהו"ה. והוא י' כתר, י"ה - חכמה ובינה, יה"ו - חג"ת, הוי"ה - נהי"ם. וכן בחכמה דאבא, יש יו"ד ה"י וי"ו ה"י, ונחלקים כך, **קוץ הי' הי'** כתר, **יו"ד** חכמה, **ה"י** בינה, **וי"ו** ו"ק, **ה"י** מלכות, ואלו הם הפנים. וכן אחוריים **יו"ד** כתר, **יו"ד ה"י** חו"ב, **יו"ד ה"י וי"ו** חג"ת, **יו"ד ה"י וי"ו ה"י** נהי"ם. ועל דרך זה תקיש לכולם. הנה בארנו היות ע"ב דיודי"ן בחכמה, וס"ג בבינה, ומ"ה בז"א, וב"ן בנוקבא. אך דע כי הג"ר שיש בכל אחד מאלו, יש בה סוד מ"ב אתוון, דפשוט, ומילוי, ומילוי דמילוי, **אשר אין בחינת אלו בבחינת מספר וחשבון וגימטריא, רק חשבון אותיות לבד, ואין נקרא חשבון, אלא סכום כמה עולה כל אות, והבן זה.** והנה ארבעה אותיות הפשוטים הם בכתר דאבא, ועשר אותיות דע"ב דיודי"ן בחכמה שבו, כי לעולם האותיות במלואן הם בחכמה, והבן זה וכ"ח מילוי דמילוי דע"ב דיודי"ן הם בבינה שבו, כנודע כי הבינה נקראת גם כן כ"ח מ"ה. ואחר כך בשבעה תחתונות שבו גם הוא הוי"ה יודי"ן, כולל כל שבעה תחתונות, בעשר אותיות, והנה כתבנו בענין סדר המעלות השמות, כי יש בחינה כפי סדר מספר כמה אותיות הם, ואין זה נקרא חשבון, **אמנם החשבון הוא כמה סכום כל אות ואות בגימטריא. והנה הבחינה ההוא הנקרא חשבון לעולם הוא בבחינת המלכות בכל מקום שתהיה,** על דרך משל, במלכות דאבא הנזכרת לעיל יהיה בחינת חשבון הוי"ה דיודי"ן בבחינת היותה חשבון ע"ב, וכן במלכות דאימא הוא חשבון הוי"ה דס"ג, ועל דרך זה

השם, והמלכות[73] נקראת חשבון אותו מספר אותיות[74]. **ועוד**[75] הזכר[76] נקרא **צלם**, והמלכות **דמות**. והאותיות[77] **יה"ו** דהוי"ה הם צלם, והאות **ה'** האחרונה דהוי"ה היא דמות. בכללות דברי הרב ז"ל כאן הוא שלפעמים שמדובר על בחינת הנוקבא דאותו פרצוף, או שם ב"ן שבאותו פרצוף לא בהכרח שמדובר על הספירה העשירית, שהיא המלכות דאותו שיעור קומה, שנקראת גם ב"ן דאותו שיעור קומה, והוא[78] כי כל שיעור קומה נקרא א"ק ואבי"ע, כאשר א"ק הוא

בכל שמות שבעולם. **הנה חשבונם הוא במלכות שבאותו בחינה, וזכור הקדמה זו.** והנה הפנים ואחור דהיינו ע"ב קס"א העולין רג"ל, ודפ"ק ותקמ"ד העולין תשכ"ח, הם בחינת המלכות דאו"א, כי שם הוא בחינת החשבון כנזכר לעיל..... הכ"ח אותיות דמילוי המילוי דהוי"ה של מילוי יודי"ן, **כי הם כ"ח אותיות**, ואינם כ"ח אותיות בסוד החשבון, כי אותן דחשבון הם אחרונים בבחינת המלכות כנזכר לעיל.
73

ע"ח שי"ד פ"ה מ"ב דע"ב ע"ב – נמצא כי כל מה שהוי"ה הולכת ומתמלאת, הוא יותר דין, ועצמותם בפשיטותם הוא תכלית הרחמים. והנה ג"ר אלו דאבא הפנים שלהם הם מ"ב אותיות של התשע ראשונות שבכל אחד ואחד מן השלשה, שהם זכרים. וזה סוד שם מ"ב דאיהי ברישא, כנזכר בתיקונים קל"ב. **וגם בשלוש מלכיות, שבהם יש מ"ב אתוון עצמן, אלא שהם בסוד מספר**, וזה סוד - **עיניך בריכות בחשבון**, כנזכר בזוהר פנחס - **דכל חשבון וגימטריא אינון במלכות**, ר"ל במלכיות של כל ספירה וספירה, **כי היא בחינת מספר** של הזכר שלה.
74

תרשים ז – ח.
75

ע"ח ש"ך פ"ז מ"ב דצ"ט ע"ב – וצריך שתדע שתדע כלל אחד בכל הצלמים דנר"ן ח"י, והוא כי בחינת נפש של הצלם ההוא באה תחלה, ואחר כך רוח דו"ק של הצלם, ואחר כך כל ג"ר ביחד, שהם נשמה חיה יחידה, כי ג"ר חשובות כאחד. אמנם הם נכנסין אחד אחד, שהוא תחלה נכנס הנשמה, אחר כך חיה, אחר כך יחידה. והנה בצלם יש בו ב' ובו נכלל הרוח, **כי בחינת נפש נקרא דמות, וזה ניתנת אל הנוקבא, אך הצ'** דצלם הוא אל הזכר, והוא בחינת רוח, והוא נקרא דעת המתפשט בכל הגוף, בסוד - ובדעת חדרים ימלאו. ויש בדעת זה שלושה מוחין הנקרא חב"ד, ומתפשטין בשלוש קוין דז"א, עד נה"י שבו. ואמנם החו"ב שבו, הם חו"ג שבדעת ונקרא תרין עטרין הנודעים, והוא מה שכתוב בזוהר משפטים דף קכ"ב - כי רישא דמלכא בחו"ג אתתקן. ויש בחינת דעת תחתון המחבר שתי עטרין אלו. ואלו השלוש מתפשטין בכל גופא דז"א, בסוד **צ'** דצלם, והוא בחינת דעת כנודע, כי בז"א יש בחינת שם **יה"ו** לבד, ובנוקבא **ה'** אחרונה. ו**ו'** של **יה"ו** הוא דעת, כי כל העצמות ז"א אינו אלא ו' שבהוי"ה. ואחר כך **ל'** דצלם היא בינה דז"א, והיא הנשמה שלו. ואחר כך **מ'** דצלם הוא חכמה דז"א, והיא החיה שלו. ואחר כך בא כתר שלו. **והנה הנפש נקרא דמות** באה ממלכות של הפרצוף דמלכות דישראל סבא ותבונה. והרוח שהוא **צ'** דצלם, בא מו"ק דמלכות דישראל סבא ותבונה. והנשמה שהוא **ל'** דצלם, באה מבינה דמלכיות דישראל סבא ותבונה.
76

תרשים ז – ט.
77

ע"ח ח"ב שכ"ה דרוש א מ"ב ד"ב ע"ג – ודע כי כללות כל בחינת צלם הזה, כמו שנבאר בעזרת ה' הוא שם אחד, **הנקרא הוי"ה**. כי המוחין דגדלות נקרא הוי"ה, ותבין זה ושלוש אותיות ראשונות, שהם **יה"ו** נקרא צלם, שלוש אותיות. ו**ה'** אחרונה נקרא דמות, וזה סוד - נעשה אדם בצלמנו כדמותנו, וכללות **צלם ודמות הוא אדם שלם, הכולל זו"ן**, שהם אותיות יה"ו, **עם ה' אחרונה.**
78

רחובות הנהר ד"ב ע"ד – הרי נתבאר היטב מה שכתבנו, כי אפילו א"ק עצמו הוא זו"ן, שהם ו"ק, שהם מ"ה ו"ב"ן בערך הקודם אליו, ואלו המ"ה ו"ב"ן הכוללים שבו **נפרטים לעסמ"ב, שהם עשר ספירות**, שהם החמשה פרצופים שבו, כל זה בפנימיותו. וכן על דרך זה במ"ה ו"ב"ן הכוללים בחיצוניותו **שנפרטים לעסמ"ב, שהם עשר ספירות, שהם חמשה פרצופים שבו**, ואותם המ"ה ו"ב"ן הפרטים שהם זו"ן, שהם הו"ק שבחיצוניותו, המתפשטים מטבורו ולמטה, **נפרטים גם הם לעסמ"ב, שהם עשר ספירות, והם הם חמשה פרצופי האצילות המלבישים לא"ק מטבורא דיליה ולתתא**, שהם שבעה קצוות, ואינם רק זו"ן, אלא שנפרטו לעשר ספירות, ומהם נעשו עתיק וא"א ואו"א וזו"ן דאצילות.

בחינת הכתר, אצילות חכמה, שם ע"ב. בריאה בינה, שם ס"ג. ו"ק יצירה, שם מ"ה. עשיה מלכות, שם ב"ן. **לכן** המעיין והמשכיל צריך **להבין ולדעת** באיזה בחינה הסוגיה עוסקת.

ואמנם[79] **אין ענין** שם ב"ן הזה, והנקבה זו, בזזינת מלכות העשירית של אותו שיעור קומה, ושיש בכל ספירה וספירה, שהיא בזזינה עשירית שבכל ספירה וספירה, אלא שיש בכל ספירה וספירה וספירה דכל שיעור קומה עשר בזזינות וכולם דמ"ה, ועשר בזזינות וכולם דב"ן. והתשע ראשונות דמ"ה וב"ן הם נקרא תשע בזזינות הראשונות שהם כח"ב חג"ת נה"י של ספירה ההוא הם בחינה אחת, והבזזינה עשירית שהוא מלכות שבאותו ספירה עצמה היא בחינה אחת, הנקראת עטרת[80] היסוד דאותו שיעור קומה, וגם היא כלולה ממ"ה וב"ן. כלל הדברים בקיצור נמרץ, כי אין לך שום ניצוץ קטן בכל האצילות שהוא הספירה פרטית ביותר שאפשר לפרט, שאין בו מ"ה וב"ן, כך[81] שפרצוף עתיק כולל זכר ונקבה, שהם מ"ה וב"ן, הנקראים עתיק ונוקבא דעתיק. א"א כולל מ"ה וב"ן הנקראים אריך ונוקבא דאריך. אבא כולל מ"ה וב"ן הנקראים או"א עילאין. אימא כוללת מ"ה וב"ן הנקראים או"א תתאין, או ישסו"ת. ז"א כולל מ"ה וב"ן הנקראים ישראל ולאה, או רחל הגדולה, וכל אחד מהם כלול ממ"ה וב"ן. ועטרת היסוד דז"א כוללת מ"ה וב"ן הנקראים יעקב ורחל הקטנים, שגם כל אחד כלול ממ"ה וב"ן, וכל אחד מהי"ב פרצופים כולל בעצמו את הבחינות דמ"ה וב"ן.

נמצא[82] שהזכרים[83] שבאאצילות[84] שהם[85] כתר שהוא פרצוף א"א, זחכמה שהוא פרצוף אבא, תפארת שהוא פרצוף ז"א, יש לכל אחד מהם יש בזזינת דמ"ה וב"ן. והנקבות

79

כרם שלמה ש''ט פ''ז אות א' – ומפני שבעלמא כל בחינת ב"ן הוא במלכות של כל פרצוף ופרצוף, ולא בתשע ספירות עליונות של אותו פרצוף, לכן לאפוקי זאת כתב אין ענין זה הוא שייך כאן, כי בכל ספירה וספירה יש בה בחינת מ"ה ובחינת ב"ן. וזהו שכתב - **ואמנם אין ענין ב''ן הזה והנקבה זו בחינת מלכות העשירית שיש בכל ספירה וספירה, שהיא בחינה עשירית שבכל ספירה וספירה, אלא שיש בכל ספירה.** פירוש, ספירה וספירה של כל פרצוף ופרצוף, עשרה בחינות של מ"ה, ועשרה בחינות של ב"ן. והתשע חלקים ראשונות שהם כח"ב חג"ת נה"י של מ"ה ושל ב"ן, הם נקראים תשע ספירות ראשונות של ספירה ההיא. וחלק העשירי של הספירה ההיא, שגם היא כלולה ממ"ה וב"ן, נקראת בחינת **מלכות של ספירה ההיא.** נמצא שבחינת הב"ן היא בחינת הנקבה של כל ספירה וספירה מעשר ספירות של כל פרצוף ופרצוף מהחמשה פרצופים, ולא זאת בלבד, אלא בכל ספירה פרטית דפרטית, עד הפרט אחרון שאפשר לפרט, הוא כלול ממ"ה וב"ן. וזהו שכתב - **כלל הדברים בקיצור נמרץ כי אין לך שום ניצוץ קטן בכל האצילות שאין בו מ''ה וב''ן.** לכן כתב ניצוץ, שרצונו לומר ספירה פרטית כל מה שאפשר לפרט.

80

תרשים ז – י.

81

תרשים ז – י''א.

82

בית לחם יהודה ש''ט פ''ז דל''ב ע''א – נמצא שהזכרים שבאאצילות שהם כתר חכמה תפארת יש להם בחינת מ"ה וב"ן, והנקבות שבאאצילות שהם בינה ומלכות יש בהם מ"ה וב"ן. ואם תאמר מאחר שכל פרצוף הוא כלול ממ"ה וב"ן, אם כן למה פרצוף זה נעשה זכר, ופרצוף זה נעשה נקבה. הטעם הוא כמו שכתב במבוא שערים דף י"ט ע"ב וז"ל - כי הלא הב"ן הוא אשר הוצרך להתתקן, יען נשברו כליו תחילה ומתו כנודע. אך שם מ"ה

34

שֶׁבַּאֲצִילוּת שֶׁהֵם בִּינָה שהוא פרצוף אימא, **וּמַלְכוּת** שהוא פרצוף נוקבא דז"א, **יֵשׁ בְּ**כל אחד מֵהֶם חלקים דמ"ה וב"ן. **וְעַל דֶּרֶךְ זֶה בְּכָל הָעֶשֶׂר סְפִירוֹת** כח"ב חג"ת נהי"מ **שֶׁבְּכָל פַּרְצוּף** יש בהם חלקים דמ"ה וב'ן, **וְעַל דֶּרֶךְ זֶה כָּל הַחֲמִשָּׁה פַרְצוּפִים** א"א או"א וזו"ן, **שֶׁבָּהֶם כְּלוּלִים** חלקים **מִמַּ"ה וּבַ"ן.**

וּבְעֵת [86] **אֲצִילוּת עוֹלָם הַנְּקוּדִים, יָצְאוּ** [87] **דֶּרֶךְ** [88] העין דא"ק **כָּל הַחֲמִשָּׁה פַּרְצוּפִים** שעומדים בעובי, הנקראים חמשה הנקודות הכוללים, **כָּל אֶחָד כָּלוּל מֵעֶשֶׂר סְפִירוֹת** פרטיות, **וְכוּלָם מִשֵּׁם בַּ"ן,** ואחר כך יצאו כנגדם עשר ספירות פרטיות דמ"ה דכל פרצוף ופרצוף **דֶּרֶךְ הַמֵּצַח** דא"ק, לכן כל ספירה וספירה שבכל פרצוף ופרצוף, יש בה שם ב"ן ושם מ"ה ◆

הרב ז"ל ביאר לעיל כי הנקודים הם משם ב"ן, והתיקון שלהם היה על ידי מ"ה. בשיעור [89] קומה דא"ק, הנקרא עסמ"ב דא"ק. שם ב"ן הוא [90] מבחינת המלכות דא"ק, ולכן **הוא שורש לעולם הנקודים** שיצא דרך העין דא"ק, ומתגלה [91]

לא בא לצרכו, רק לצורך שם ב"ן, ואם כן כפי מה שהיה בב"ן כן יהיה במ"ה, עד כאן לשונו. ומעתה מבואר גם שאלה זו, כי מאחר שאין שם מ"ה בונה במה לעצמו, רק בא לתקן את הב"ן, אם כן צריך להחזירו על סדרו הראשון, דעתיק וא"א יהיו זכרים, ואבא שלקח חכמה דב"ן נעשה זכר, ולא אזלינן בתר חצי בינה דמ"ה שבאבא, ואימא שלקחה בינה דב"ן נעשת נקבה, וכן העניין בזו"ן.
83

כרם שלמה ש"ט פ"ז אות א' – ולכן בפרצופי הזכרים יש בהם בחינת מ"ה וב"ן, ובפרצופי הנקבות יש בהם בחינת מ"ה וב"ן. וזהו שסיים ופירש איזה מהם פרצופי הזכרים, ואיזה מהם פרצופי הנקבות. **נמצא שהזכרים שבאצילות שהם כתר חכמה תפארת**. פירוש, חג"ת נה"י קורא אותם בחינת תפארת, כי ז"א נקרא תפארת. **והנקבות שבאצילות שהם בינה ומלכות**, יש בהם מ"ה וב"ן, וזהו בכללות, וכן בפרטות, וזהו שכתב - **ועל דרך זה בכל העשר ספירות שבכל פרצוף, וכן על דרך זה בכל החמשה פרצופים שבהם**. פרוש, שבאותו פרצוף כלולים ממ"ה ומב"ן, ופשוט.
84

הגהות וביאורים)יג(– עיין שער הקדמות דכ"ה ע"ב ד"ה אמר הכותב חיים.)ואז יבוא משיחא. מע"ה כתב - יש של החסד, בעל יסוד ושורש העבודה(.
85

תרשים ז – י"ב.
86

כרם שלמה ש"ט פ"ז אות ב' – מה שכתב ובעת אצילות עולם הנקודים יצאו כל החמשה פרצופים כל אחד כלול מעשר ספירות וכולם משם ב"ן. הוא גם כן ראייה על מה שכתב לעיל שבכל פרצופי באצילות יש בהם בחינת ב"ן, אפילו בפרצופי הזכרים. אלא די זה, אלא בכל העשר ספירות דכל פרצוף ופרצוף יש בהם בחינת ב"ן, והוא הואיל ובעת אצילותם היו כל החמשה פרצופים משם ב"ן, וכל אחד כלול מעשר ספירות. ואחר כך יצאו כנגדם ספירות דמ"ה, לכן כל ספירה וספירה יש בה שם ב"ן ושם מ"ה.
87

בית לחם יהודה ש"ט פ"ז דל"ב ע"א – יצאו כל החמשה פרצופים, כל אחד כלול מעשר ספירות. חמשה פרצופים הנזכרים, הם בחינת חמשה נקודות הכוללים, והכי נמי קרי להו בפרק ו' דלעיל, בשם חמשה פרצופים. ואף על פי ששני נקודות האחרונים, כתב בפרק ו' דלעיל - ואמנם יש הפרש וכו', הכא נקט כפי מאי דסוף דבר התם שכתב - אשר כל נקודה משתי בחינות האלו לבד כלולה מעשר ספירות, יעו"ש.
88

תרשים ז – י"ג.
89

מטבור דא"ק ולמטה. ושם מ"ה הוא בחינת ז"א דא"ק, **והוא שורש לתיקון** הנעשה על ידי שם מ"ה החדש, שיצא דרך המצח דא"ק, ומתחבר עם שם ב"ן מהטבור דא"ק ולמטה. ומלכות[92] דא"ק אחרי תיקון העולמות מתלבשת בעולם האצילות, **כדי לקשר את א"ק לעולם האצילות**, והיא מאירה בו. עם[93] כל זאת **חוזר הרב ז"ל ומבאר** כי שם ב"ן כלול

תרשים ז – י"ד.
90

ע"ח שי"ח פ"א מ"ת דפ"ה ע"ד – והנה מספר הניצוצין ההם היו **רפ"ח ניצוצין**, וזה סוד - והארץ היתה תהו ובהו, **שהם בחינת המלכים, הנקרא על שם המלכות דא"ק, הנקרא ארץ אדום**, אשר מתו ונשתברו, ונעשו תהו ובהו, ונשאר קצת ניצוצין, הנקרא רוח אלהי"ם מרחפת עליהון, ותיבת **מרחפת הוא מ"ת רפ"ח**, כי הרפ"ח ניצוצין היה תוך המתים הנזכרים לעיל.
91

ע"ח ש"ה פ"א מ"ב דכ"א ע"ג – נמצא כי עשר ספירות של עולם הנקודות, **היושב בחוץ מסבב לא"ק מטיבורו ולמטה**, ויש לו שתי מיני אורות, אחד מלמטה למעלה בפנימיות, מן הטיבור עד העינים, ומשם יוצא עיקר הארה לצורך הנקודים, **שהוא שם ב"ן נוקבא**, אבל נעשה מאור חוזר כנזכר לעיל. וגם יש לו אור ישר שהוא נוקב ועובר דרך העור ולמטה ומאיר בנקודים, דרך נקבי העור, ודרך פי היסוד, ודרך טבור, ודרך נקב האחור.
92

ע"ח ש"ג פ"א מ"ב דט"ז ע"ב – כי זה האדם כלול מעשר ספירות, וכולן נקרא א"ס בערך עולם האצילות שלמטה הימנו. וזה הא"ק נחלק לאלפים ולרבבות עולמות, ותחילת התחלקותו הם ארבעה עולמות, הנקרא ראיה שמיעה ריחא דיבור, הנזכר בתיקונים תיקון ע' דף קכ"א. ומהם מתחלקים עולמות לאין קץ, וכל אלו הבחינות נרמזו במאמר פקודי הנזכר לעיל למבין. וזה האדם נרמז בקוצו של יו"ד דשם הוי"ה, כי הוא בחינת הכתר של כללות העולמות, ואור א"ס בכח התלבשותו בחכמה דא"ק, האציל תחתיו עולם האצילות. וזה סוד - כולם בחכמה עשית, וחכמה הנזכרת לעיל **נתלבשה במלכות דא"ק, וזה המלכות ירדה ונתלבשה בסוד שבעה ספירות שלה תוך עשר ספירות דעולם האצילות**, והיה זה כדי **לקשר א"ק בעולם האצילות**, ועל דרך זה בכל עולם ועולם, כמו שנבאר בע"ה. וראש זו המלכות שהם ג"ר שבה נשארו במקומם, ושבעה תחתונות, שהם גופא דילה, של שבעה ימי בראשית, הם נתלבשו בעשר ספירות דאצילות. וזה הבחינה נקרא עתיק יומין, שהם שבעה ימים העתיקן **מן מלכות דא"ק**.
93

ע"ח ש"ט פ"ו מ"ב דמ"ה ע"ג – ואז נברא העולם במידת הדין, ויצאה בת מתחלה, שהיא **שם ב"ן** בפנים דא"ק. ואחר כך יצאו ענפיו לחוץ, דרך העין מטבורו דא"ק ולמטה, ולא נתקיימו הענפים שבחנוך. עד שחזרו להזדווג והולידו בן, שהוא **שם מ"ה** בפנים ובחוץ, והוא מידת הרחמים, ונתקיים העולם, כמו שאמרו רז"ל על הפסוק - ביום עשות הוי"ה אלהי"ם ארץ ושמים, והבן אמרם העולם, כי מציאת העולם הם השבעה תחתונות לבד, שהם זו"ן, **אלא בראשונה היו זו"ן נקבות**, מצד דין, שהוא שם ב"ן. ואחר כך **היו זו"ן זכרים, משם מ"ה**. כי כל מ"ה וב"ן נקרא בשם עולם.

ע"ח שי"ז פ"ג מ"ב דפ"ה ע"א – ודע כי המ"ה יש בו החו"ג, וכן בב"ן יש בו מ"ה וב"ן שהם החו"ג. כי כבר ידעת כי המ"ה דכללות שהוא הדר, כולל ע"ב ס"ג מ"ה ב"ן. וכן הב"ן דכללות כולל ע"ב ס"ג מ"ה ב"ן, שהם המלכים שמתו כנזכר לעיל.

רחובות הנהר ד"ה ע"ב – כל ספירה, וכל ניצוץ, כלול **ממ"ה וב"ן, מחוברים חיבור גמור**. אמנם כל צד המ"ה נקרא דכורא, יען הוא משפיע ומתקן לצד הב"ן, הנקרא נוקבא. וכל חסדים הם ממ"ה, וגבורות הם מב"ן.

ספר הזוהר, פרשת תזריע דמ"ג ע"ב עם תרגום וביאור - **תא חזי** בא וראה, **כל רוחין דעלמא כלילן דכר ונוקבא** כל הרוחות ר"ל הניצוצות שבעולם כלולים מזכר ונקבה, מ"ה וב"ן, **וכד נפקין** וכאשר יוצאות, **דכר ונוקבא נפקין** זכר ונקבה הם יוצאים, **ולבתר מתפרשן בארחייהו** ואחר כך נפרדים בדרכם, ר"ל הנקבה יוצאת לבד שהוא הב"ן, והזכר לבד שהוא המ"ה. **אי זכי בר נש** אם זוכה האדם, **לבתר מזדווגי כחדא** מזדווגים ביחד השמות דמ"ה וב"ן דאותו תיקון, **והיינו** עם **בת זוגו, ומתחברין בזוווגא חד בכלא** ומתחברים ביחד, **רוחא** שהוא מ"ה הנקרא רוח, **וגופא** שהוא ב"ן הנקרא גוף בערך שם מ"ה.

ממ"ה וב"ן, הנקראים מ"ה וב"ן דב"ן. וכן שם מ"ה כלול ממ"ה וב"ן, הנקראים מ"ה וב"ן דמ"ה. וכל[94] הבחינות האלו מרכבים את עולם האצילות[95] בי"ב פרצופים.

ונודע[96] **כי שֵׁם**[97] **ב"ן הכולל כל** עולם[98] **האצילות,** ושורשו **הוא** מ**מלכות** שהיא נוקבא **דא"ק, ושֵׁם מ"ה הזוֹהֵר הכולל כל** עולם **האצילות,** שורשו **הוא** מ**א מ"א דא"ק. ועל כן כל** עולם **הנְּקוֹדות נקראו מלכים** ר"ל לא רק השבעה תחתונות נקראים מלכים, גם הג"ר הם מבחינת המלכים, **כי כולם בבחינת שם ב"ן, שהיא מלכות הכוללת** דא"ק, כך[99] שזו"ן דא"ק הם שורש לעולם האצילות, ושורש לכל פרצופי האצילות, שהם א"א או"א וזו"ן, הנקראים מלכים לפני התיקון.◆

גמרא בבא בתרא דע"ד ע"ב – אמר רב יהודה, אמר רב, כל מה שברא הקדוש ברוך הוא בעולמו, **זכר ונקבה בראם.**
94

ע"ח שי"ט פ"ט דצ"ה ע"א – כלל העולה כי יש עתיק וא"א דמ"ה, ועתיק וא"א דב"ן, וכנגדן חמש אבא וישראל סבא דמ"ה, בינה ותבונה דב"ן, וכנגדן ממש ז"א ויעקב דמ"ה, רחל ולאה (סברא אחרת - רחל דב"ן. הרי)הם(שלוש בחינות)שהם ארבע ארבע ארבע(. כי כך הוא **א"א דכורא** לגבי **עתיק דכורא,** כמו **ישראל סבא** לגבי **אבא.** וכמו **יעקב** לגבי **ז"א.** וכן כך הוא **נוקבא דא"א** לגבי **נוקבא דעתיק.** כמו **תבונה** לגבי **בינה.** וכמו **רחל הקטנה** לגבי **רחל עילאה.** נמצא כי כשנחבר כל הבחינות, יהיה שלוש בחינות דזכר ונקבה. והם אחד - **עתיק ונוקבא,** ובהם נכללין א"א **ונוקבא.** שני - **או"א** ובהם נכללין **ישסו"ת.** שלישי - **זו"ן** ובהם נכללין **יעקב ורחל.** וכשתחברם באופן אחר, יהיה א"א ונוקבא דעת, הכולל חו"ג מכריע בין החו"ב, שהם עתיק ונוקבא. וכן ישסו"ת הם תפארת, מכריע בין או"א, שהם חסד וגבורה. וכן יעקב ורחל הם יסוד המכריע בין נצח הוד הוד נצח שהם זו"ן. כנודע דאיהו בנצח ואיהי בהוד. **והבן זה מאוד.**
95

תרשים ז – ט"ו.
96

בית לחם יהודה ש"ט פ"ז דל"ב ע"א – ונודע כי שם ב"ן הכולל כל האצילות. כלומר הכולל כל עולם הנקודות. כי גם עולם הנקודים הם נאצלו, ונקראים אצילות, כמו שכתב לעיל מזה, וכן לקמן בסמוך.
97

כרם שלמה ש"ט פ"ז אות ב' – ומה שכתב כי שם ב"ן הכולל כל האצילות. פירוש, אינו דוקא השם ב"ן הוא בחינת שבעה מלכים דזו"ן דאצילות, הנזכרים במקום אחר, אלא הוא מעורב וכלול בכל האצילות מראש עתיק עד סוף מלכות דאצילות. ונותן טעם לדבר למה נקראו **מלכים,** מפני שהם נאצלו מבחינת **המלכות דא"ק,** וכל מלכות בכל מקום לגבי כללות אותו פרצוף, שיש בו ארבעה שמות ע"ב ס"ג מ"ה ב"ן, **המלכות היא בחינת ב"ן.** ולכן נקראים בשם **מלכים,** על שם **המלכות שממנה נאצלו.** ואף על פי שאחר כך נתחברו עמהם שם מ"ה, והיה להם להקרא על שם המ"ה, כי הוא המתקן, על כל פנים הם נקראים על שם העיקר שממנה נאצלו, שהוא שם ב"ן, ולכן נקראו **מלכים.**
98

תרשים ז – ט"ז.
99

רחובות הנהר ד"ג ע"ב – הרי מבואר כי כל פרצופי כל העולמות הם זו"ן למה שלמעלה מהם, ושכל חמשה פרצופים דכל עולם, **הם זו"ן, שהם ו"ק, לחמשה פרצופים של עולם שלמעלה מהם,** כל פרצוף לפרצוף שכנגדו בעולם העליון. המשל בזה כי **חמשה פרצופי האצילות הם זו"ן, שהם ו"ק, לחמשה פרצופי א"ק.** וחמשה פרצופי א"ק, כל אחד נקרא או"א לפרצוף שכנגדו בחמשה פרצופי האצילות. וגם חמשה פרצופי א"ק, גם הם נקראו זו"ן, שהם ו"ק בערך הקודם אליו. וכמו שכתב הרב בשער ההקדמות בדרושי א"ק, וז"ל – ועתה יתבאר ענין אחד נמשך מן האמור, והוא כי הנה שם אדם אינו נקרא אלא הזכר והנקבה, שהם זו"ן, שהם מ"ה

אֲבָל אֵין הָכֵי נַמֵי, שֶׁיֵּשׁ בְּשֵׁם מ"ה הַכּוֹלֵל עשר ספירות פרטיות, כח"ב חג"ת נהי"ם, וחלק מהם הם מבחינת הזכר, וחלק מהם מבחינת הנקבה, **בְּזֹאת מַלְכוּת בִּפְרָטוֹת** דמ"ה, פרצוף נוקבא דמ"ה, **וּבְזֹאת בִּינָה פְּרָטִיּוֹת** דמ"ה, פרצוף אימא דמ"ה, **אַף עַל פִּי שֶׁהֵם נְקֵבוֹת** בפרטות, **וּמ"ה הוּא זָכָר** בכללות, הם נכללות בו. **וְכֵן יֵשׁ בְּשֵׁם ב"ן, אַף עַל פִּי שֶׁהִיא נְקֵבָה** בכללות, עם כל זאת **יֵשׁ בּוֹ** ר"ל בשם ב"ן הכללי **כֶּתֶר** שהוא פרצוף א"א, **וְחָכְמָה** שהוא פרצוף אבא, **וּפַרְצוּף א"א**, שהם פרצופים זְכָרִים. **עַל**[100] **דֶּרֶךְ הַנִּזְכָּר לְעֵיל שֶׁמ"ה וב"ן כּוֹלְלִים כָּל** שיעור הקומה דעולם **הָאֲצִילוּת, בְּכָל פְּרָטָיו.**

עד עכשיו נתבאר שיצאו **חֲמִשָּׁה נְקוּדוֹת בְּעוֹבִי** מהעין דא"ק, שהם א"א או"א וזו"ן. כאן מבאר הרב ז"ל כי יש עוד **פַרְצוּף בְּעוֹבִי, וְהוּא פַרְצוּף עַתִּיק,** וְגַם[101] פרצוף דעתיק כלול מעשר ספירות פרטיות. והסיבה שלא נזכר כמעט בכל מקום פרצוף עתיק, מִפְּנֵי[102] שהוא עולם עליון ונעלם.

וב"ן, ונמצא כי א"ק הוא בחינת זו"ן, מ"ה וב"ן, בערך הקודם אליו, ודי בזה. ויש בו כללות ע"ב ס"ג מ"ה ב"ן, וכן בחינת אורות היוצאים ממנו, כולם יחד הם זו"ן, כלול מע"ב ס"ג מ"ה ב"ן. **וְהִנֵּה מ"ה וב"ן שֶׁבָּהֶם, שֶׁהֵם נִקְרָא אַחֲרֵי הַתִּיקּוּן עוֹלָם הָאֲצִילוּת, הוּא בְּחִינַת זוּ"ן שֶׁל אֵלּוּ הַהֶאָרוֹת חִיצוֹנִיּוֹת,** ולכן נקרא אדם דאצילות. ולכן **אֵינוֹ מִתְפַּשֵּׁט אֶלָּא מֵהַטִּיבּוּר דא"ק וּלְמַטָּה.** וכן אדם זה דאצילות כולל ע"ב ס"ג מ"ה ב"ן, והמ"ה והב"ן שלו שהם זו"ן דאצילות, יוצא מהטיבור דא"א ודאו"א, משם ולמטה עד כאן לשונו. הרי נתבאר היטב מה שכתבנו, כי אפילו א"ק עצמו הוא זו"ן, שהם ר"ק, שהם מ"ה וב"ן בערך הקודם אליו, ואלו המ"ה וב"ן הכוללים שבו נפרטים לעסמ"ב, שהם עשר ספירות, שהם החמשה פרצופים שבו, כל זה בפנימיותו. וכן על דרך זה במ"ה וב"ן הכוללים בחיצוניותו שנפרטים לעסמ"ב, שהם עשר ספירות, שהם חמשה פרצופים שבו, **וְאוֹתָם הַמ"ה וב"ן הַפְּרָטִים שֶׁהֵם זוּ"ן, שֶׁהֵם הוּ"ק שֶׁבְּחִיצוֹנִיּוּתוֹ, הַמִּתְפַּשְׁטִים מֵהַטִּיבּוּר וּלְמַטָּה,** נפרטים גם הם לעסמ"ב, שהם עשר ספירות, **וְהֵם הֵם חֲמִשָּׁה פַּרְצוּפֵי הָאֲצִילוּת, הַמַּלְבִּישִׁים לא"ק מֵהַטִּיבּוּרָא דִּילֵיהּ וּלְתַתָּא, וְאֵינָם רַק זוּ"ן,** שהם שבעה קצוות, אלא שנפרטו לעשר ספירות, ומהם נעשו עתיק וא"א ואו"א וזו"ן דאצילות.
100

כרם שלמה ש"ט פ"ז אות ב' – וזהו בבחינת הכללות ששם ב"ן נקרא מלכים, והוא נקרא בחינת נקבה, ושם מ"ה נקרא ז"א ונקרא זכר. אבל בפרטות שבהם בכל אחד יש בו בחינת זכרים ונקבות, וגם הם נקראים בחינת מ"ה ובחינת ב"ן. דהיינו פרצוף הכתר וחכמה וז"א בם זכרים, בין שם ב"ן ובין שם מ"ה. וכן פרצופי הבינה ומלכות הם פרצופי הנקבות, בין בב"ן ובין משם מ"ה. וזהו שכתב – **אֲבָל אֵין הָכֵי נַמֵי שֶׁיֵּשׁ בְּשֵׁם מ"ה הַכּוֹלֵל בְּחִינַת מַלְכוּת בִּפְרָטוֹת וּבְחִינַת בִּינָה פְּרָטִיּוֹת, אַף עַל פִּי שֶׁהֵם נְקֵבוֹת, וּמ"ה הוּא זָכָר,** הם נחשבות בחינות נקבות דזכר. **וְכֵן יֵשׁ בְּשֵׁם ב"ן אַף עַל פִּי שֶׁהִיא נְקֵבָה, יֵשׁ בּוֹ כֶּתֶר וְחָכְמָה וז"א** זכרים, ופירוש זכרים דנקבות באשר הוא שם בכל פרצופי האצילות, יש בהם בחינת שם מ"ה ושם ב"ן, ואין באצילות זולת שתי שמות אלו שהם מ"ב וב"ן. ועיקר בנין פרצופי האצילות הם משתי שמות אלו שהם מ"ה וב"ן, כי הם מתפשטים מראש האצילות ועד סוף. וזהו שסיים **שֶׁמ"ה וב"ן כּוֹלְלִים כָּל הָאֲצִילוּת בְּכָל פְּרָטָיו.**
101

רחובות הנהר ד"ג ע"ב – ובתחילה יצא שם ב"ן, שהוא שבע קצוות זו"ן, שהם מ"ה וב"ן דא"ק, והם השבעה מלכים דב"ן דמיתו. **וְאֵינָם רַק שִׁבְעָה מְלָכִים, אֶלָּא נִפְרְטוּ לְעֶשֶׂר סְפִירוֹת, שֶׁהֵם עסמ"ב, וְהֵם עַתִּיק,** וא"א, ואו"א, וזו"ן דב"ן דאצילות.
102

לשם שבו ואחלמה, הקדמות ושערים ש"ז אות ה' דל"ד ע"ד – והנה הוא על דרך שאמרנו לעיל אות ד' בא"א, כי הנה הגם מעצמותו הוא משורש הגילוי הראשון, שאין לו תפיסה בשום אות ונקודה כלל, עם כל זה הא"א אשר כנגדו בהעולמות, הנה הוא יש לו תפיסה היטיב בקוצו של י'. כן הוא על דרך זה בענין הרדל"א, כי

וְהִנֵּה[103] **כַּאֲשֶׁר יָצְאוּ** בעובי **כָּל הָאֲצִילוּת** דנקודים **מִבְּזוֹזִינַת** שם ב"ן לבד, **וְהָיָה** עולם הנקודים **כּוֹלֵל**[104] בעובי את פרצוף **עַתִּיק**, ופרצוף **א"א**, ופרצופי **או"א**, ופרצופי **זו"ן** העומדים בעובי מהטבור דא"ק ולמטה, וכל[105] אחד ואחד מהנקודות אור[106] בערך הנקודה שלו, **וְאָז**[107] **יָצְאוּ תִזְכֶּה** בכל

הגם שהוא רמוז נגד אמיתתו הנעלמה יתברך שמו, אשר שם אין רשות להרהר כלל, עם כל זה בבחינתו הרמוז עליו בהעולמות, הנה מותר הדיבור בו גם כן. וכמו שמדבר האריז"ל הרבה בעניינו בכל שער עתיק כולו. **ואמנם הוא גבוה ונעלם מאד**, וכמו ששמו מוכיח עליו שנקרא רישא דלא אתיידע, וכן הוא נקרא גם כן בשם **אפס**. ועל שם הכתוב. ישעיה מ"ה - כי אפס בלעדי אני הוי"ה ואין עוד. כי הכל הוא ממנו, **והוא נעלם**, משום תפיסה והשגה לגמרי.
103

תורת חכם דקק"א ע"ב – כתב עוד מורי הרב ז"ל בשער ט', שער השבירה פרק ז' וז"ל - ואפילו זו"ן דכללות יצאו כל אחת בעשר ספירות שלימות, **והג"ר דכל אחד נתקיימו, והשבעה תחתונות דכל אחד נפלו לבי"ע**, וכמו שכתב מוהרח"ו ז"ל בספרו. מה שכתבת שכך היתה קבלתו מהרב ז"ל, שהמלכים הנזכרים בפרשת וישלח עם אחוריים דאו"א ואחורי נה"י דכתר, הכל הוא מדבר בז"א דכללות, והנזכר בדברי הימים הם דנוקבא דכללות. אבל המלכים הנזכרים בפרצופים הגבוהים מזו"ן לא נזכרו בתורה, כי גבהו מן התורה, שהיא הז"א, עד כאן לשונו. מכאן אנו לומדים כי כל אלו הפרצופים שאנו מתקנים על ידי התורה והמצוות, דהיינו א"ק, ועתיק, וא"א, ואו"א, והזו"ן הם דזו"ן דכללות, כי)אין(לנו אחיזה למעלה מהתורה,)עיין לעיל דף קי"ז ע"ב ד"ה עוד(. והנשים על ידי המצוות שלהם מתקנים המלכים והפרצוף של הנוקבא דכללות, שהם בחינת המלכים הנזכרים בדברי הימים. וזו היא הנוקבא הכוללת שכתב מורי הרב ז"ל בהקדמה.
104

בית לחם יהודה ש"ט פ"ז דל"ב ע"א – והיה כולל עתיק וא"א ואו"א וזו"ן. מזה מבואר דששה נקודות כוללים יצאו מעיני א"ק ומה שכתב במקום אחר כי רק חמשה נקודות כוללים יצאו מעיני א"ק, היינו לפי שעתיק הוא נחשב מעולם העליון, ועיין בפרק ו' דלעיל ד"ה וניח וכו'.
105

ע"ח ש"ט פ"ו דמ"ב ע"א – הוא כי בכל נקודה ונקודה יש מין אור אחד, **שוה לערך הנקודה ההוא**, ואז האור ההוא הג"ר יכולים לקבלו, והשבעה תחתונות שבו לא יכלו לקבלו. וכן על דרך זה בכל נקודה ונקודה, מהחמשה נקודות אירע כך.
106

מבוא שערים ש"ב ח"ב פ"א הגהה)ב(לצמח – והכל מבואר בספר הדרושים בדף קכ"ג, בדרוש הכולל מה שאמרתי מה נעשה מבירורי עתיק וא"א כו', שבכל אחד היו שבעה מלכים. נראה לי כי כמו שנעשה בכללות, נעשה בפרטות, כי מן הכללות מן המובחר נעשה אצילות ומן הנשאר בריאה כו', גם כן מן הפרטות מן המובחר, נעשה אצילות דאצילות. ומן המובחר מן הנשאר, נעשה בריאה דאצילות. ומן המובחר מהנשאר, יצירה דאצילות. ומן הנשאר, עשיה דאצילות. וזה בא"א וא"א, וכן בשאר המלכים, ושאר הפרצופים. כנודע כי כל עולם כלול מארבעה, ונזכר היטב בספר הדרושים דף קל"ז.
107

ע"ח ש"ח פ"ד מ"ת דל"ח ע"א – ונבאר עתה מציאות יציאתן לחוץ. הנה כאשר יצאו אלו הנקודות שהם מכתר עד מלכות היתה יציאתן היפך יציאת העקודים, כי שם ביציאת העקודים יצאת מלכות תחילה, וכתר באחרונה. וכאן בנקודים הוא להיפך, כי הכתר שלהם יצא בראשונה, ובו היו כלולים כל התשע אחרים, ואחר כך יצאה החכמה ובו כלולים כל השמונה, וכן על דרך זה יצאה אימא, ובה היו כלולים כל השבעה אורות, ואז היתה היא נקראת אם הבנים, ואחר כך הוציאה היא השבעה כולם כלולים בחסד, ואחר כך מתגלים בגבורה, וכן על דרך זה עד לסוף, עד שנמצאת שיוצאת המלכות באחרונה מכולם. עוד יש הפרש שני, והוא כי בעקודים תחלה יצאו האורות, ואחר כך נעשו הכלים כנזכר לעיל, **אבל בנקודים יצאו תחלה עשר כלים, זה למטה מזה**, ונעשה על ידי הסתכלות העינים בשלוש אורות של אח"פ כנזכר לעיל. **לכן אחר שיצאו העשר כלים והונחו במקומן, זה תחת זה**, כל אחד לבדו. אז יצא האור אחר כך.

נקודה ונקודה **דעובי הכלים שלהם** לאפוקי מהאורות, ועמדו הג"ר דכל נקודה דעובי בתלת קוין, והשבעה תחתונות דעובי עמדו **זה תזזת זה, עד סיום עולם האצילות,** והג"ר דכל נקודה שבעובי התקיימו, והשבעה תחתונות נשברו ומתו, וירדו לבי"ע דאותה נקודה דעובי•

צ̇מ̇ח̇• **צריך**[108] תירוץ למה נזכר ירידה בכלים דעתיק בבי"ע, מאחר שהכלים דמתו נשארו באצילות. ונראה לענינות דעתי כי לא ירדו רק שלוש בחינות של כלים, ולא הכלים עצמן, כי בודאי כל הכלים מחו"א ולמעלה נשארו באצילות, ולא ירדו הכלים לבריאה כו', כמו שכתב בשבעה כלים דזו"ן שמש ממש נפל הכלי שבדעת, בדעת דבריאה. ונראה לענינות דעתי כי כמו שכל הפרצופים הם חמשה לבושים זה לזה כנודע, גם אלו הבחינות שנפלו בפנימיות וחיצוניות וחיצוניות (נ"א וחיצוניות דחיצוניות) דחיצוניות דעתיק וח"א כו', הם לכסות נה"י דא"ק המתפשטים עד עגולי עתיק (נ"א רגלי עתיק) שמעל מטה כנזכר לעיל, או לכסות מלכות דא"ק אשר האלתו מתפשט בבי"ע, ועיין[109] בקונטרס אחר[110] כי בדרך הזה ירד מנה"י דא"ק, ועיין שם היטב. וגם שם כתב כי כל המלכים הם מאותו המלכות, ולכן הבחינות שירדו הם לכסות המלכות הנזכרת לעיל, כך נראה לענינות דעתי. וכן לקמן אמר שרגלים דא"ק מבריח עד סיום בי"ע[111]. ועיין להקמן כי הכלים מכסים אלו על אלו.

<hr>

108

בית לחם יהודה ש"ט פ"ז דל"ב ע"א – צמח. צריך תירוץ וכו'. אחרי נשיקת עפר רגליו, לא ידענא מאי קשיא ליה, משבעה תחתונות שבפרטות נקודת עתיק, שהם תחתונים מחו"ב שבפרטות שבו. גם בהגהה השניה שכתב שכלים שנשברו התחילו מבינה ולמטה, וכאן נאמר שנשברו כלים דעתיק, ודא"א, ודאבא, וכו', לא ידענא מאי קושיא איכא, וכי לא ידע מורינו הרב יעקב צמח ז"ל כי השבעה מלכים הם היו בפרטות כל נקודה ונקודה הכוללים.

109

הגהות וביאורים)ב(– ועיין במקום אחר. שער כ' פרק ג' ספר כתב יד.

110

הגהות וביאורים)ג(– כוונתו הוא על אותן הדברים הנאמר במבוא שערים שער ב' ח"א פ"ג אשר הובא בקצרה בהגהות השמ"ש בשער הנקודות ריש פרק ב'. ועיין במבוא שערים שם בדפוס שאלניקי מה שכתב שם הרב צמח שם כן בהגהתו שם. אמנם הנה הנה אחר נשיקות עפרות זהב אשר תחתיו, ובמחילה רבה מכבוד תורתו, כי אין ענין להדברים הנאמר בכאן להדברים הנאמר שם כלל וכלל, ומה גם כי שם הרי חזרו ועלו על ידי אורות העינים שהעלו אותם, כמבואר שם. וכן הוא בשער הקדמות דף י' ע"א. ועיקר הדברים דשם **הם עתיקים ועמוקים מאד**, ואין כאן מקום להאריך בזה, גם מה שכתב מורינו הרב צמח זלל"ה על כאן על שם, כי ירדו לכסות כו', אין טעם לדברים כלל, אמנם עיקר התירוץ על קושייתו הוא מה שפירש הקדוש מורינו הרב שלום שרעבי זלל"ה בהגהות השמ"ש, אשר למטה בסמוך המתחיל, ר"ל כי השבעה תחתונות דעתיק נפלו, למקום עתיק דבי"ע המתיחס אליו, וכן כל פרצוף לפרצוף שכנגדו כו', עיין שם. ובהגהות השמ"ש הקודמות, והבן היטב. הרב שב"ח.

111

הגהות וביאורים)ד(– עיין בשער עיגולים ענף ד', שכתב שרגלי א"ק מגיעים עד חצאי עיגולי עתיק ימין, וצריך עיון. אין מה להאריך יותר.

הרב ז"ל חוזר ומבאר את פרטי כניסת האורות דנקודים בכלים שלהם, בפרק ו' דשער זה נתבאר כי[112] חמשה נקודות
בכוללות דעובי יצאו מהעין דא"ק, כאן הרב ז"ל מבאר גם את הנקודה השישית, שהיא **נקודת עתיק**, העומדת בעובי,
וגם בה הג"ר נתקיימו, והשבעה תחתונות נשברו ומתו. כך[113] שהשבירה היתה בכל השישה פרצופים דעובי, בזו"ן
דפרטי דכל נקודה ונקודה, ולא בזו"ן דכללות. **עוד**[114] **חידוש** בדברי הרב ז"ל כאן שלא נתבאר בדבריו הקדושים עדיין
[**אח"י** - דברים אלו הובאו ונתבארו בפרקים הקודמים] עד עכשיו ביאר הרב ז"ל שהכלים שנשברו ומתו נפלו לבריאה,
וכאן מבאר הרב ז"ל כי[115] לכל כלי מהנקודים יש בעצם שלוש כלים **פנימי, אמצעי, וחיצון**. וכאשר[116] נשברו ומתו

112

ע"ח ש"ט פ"ו מ"ב דמ"ה ע"ג – אמנם כפי האמת הם חמשה בחינות, כי הכתר למעלה מהארבעה, הוא
ועמו **הם חמשה פרצופים הכוללים עשר ספירות**, כנודע והנה בכל אחד מאלו החמשה פרצופים יש בו עשר
ספירות גמורות.

113

כרם שלמה ש"ט פ"ז אות ג' – וכן משמיענו שהשבירה היתה גם כן בזו"ן דעתיק, ולא בזו"ן דכללות, **אלא
בזו"ן דפרטות, דהיינו בזו"ן פרצוף ופרצוף**. שהם בזו"ן דעתיק, ובזו"ן דא"א, ובזו"ן דאימא, ובזו"ן דז"א,
ובזו"ן דנוקבא. ולכן הצטרך לחזור ולהתחיל מן ההתחלה היכן נאצלו ומי נאצל קודם או
האורות. ולכן כתב - והיה כולל עתיק וא"א וכו'. כדי לומר שהשבירה היתה בזו"ן דעתיק גם כן, ודא"א וכו'.

114

כרם שלמה ש"ט פ"ז אות ג' – כאן בא לבאר **חידוש אחד**, אשר עד עכשיו לא ביארנו עדיין, והוא כי בכל
כלי וכלי שנשבר, היו בו שלוש בחינות **פנימיות, אמצעיות, וחיצוניות**. וכל אחד נפל לעולם אחר. דהיינו
הפנימיות לבריאה, והחיצוניות שהיא **האמצעיות** ליצירה, **וחיצוניות** הגמור הוא לעשיה.

115

רחובות הנהר ד"ב ע"ב – אמנם צריך להבין מה שכתב הרב ז"ל כי בכל פרצופי אבי"ע היה מקרה המלכים
ההוא, איך אפשר שהמקרה ההוא היה בב"ע, והלא שלוש עולמות בי"ע אינם עולמות גמורים, כמו עולם
האצילות, **כי אינם אלא התפשטות כוחות הנוקבא דאצילות וחייליה וצבאיה, וכולם בחינת נוקבא, ואין
בהם דכורא כלל**, כמו שכתב במבוא שערים ש"ב ח"ג פ"ח, וכמו שנתבאר בע"ה. וכל קיומם והעמדתם הוא
בכח שארית בירורי הכלים ורפ"ח אורות דמלכים דאצילות, וכשיושלמו להתברר כל הבירורים, אז נאמר -
הנה ישכיל עבדי ירום ונשא וגבה מאד, ואז - השמים כעשן נמלחו והארץ כבגד תבלה, כמו שמבואר בע"ח
שער ג' סוף פרק ב', עיין שם. ועוד כי אם היו בהם מלכים, היכן נפלו הכלים שלהם בעת מיתתם, **כי במלכי
האצילות נתבאר כי הכלים הפנימיים דמלכים נפלו לבריאה, והאמצעים ליצירה, והחיצונים לעשייה**,
אבל במלכי בי"ע לא נתבאר היכן נפלו, וכעת לא השמיענו הרב ז"ל כזאת להיכן נפלו, וכיוצא באלה שאלות
רבות. אמנם לפי מה שנודע מכמה מקומות, ובפרט בדרוש שביעי משער שלושים, כי אין כל פרצוף נקרא בשם
פרצוף, אלא עד שיהיה כלול מעשר ספירות, אשר כל ספירה מהם כלולה מאבי"ע. ונמצא כי כל פרצוף מפרטי
פרצופי אבי"ע הוא כלול מעשר ספירות כוללות, והם עשרה פרצופים מלבישים זה את זה בשווה, מתחילים
מטיבורא דא"ק עד סוף העשיה, וכמו שנתבאר לקמן בע"ה. וכל ספירה מאותם העשר ספירות דכל פרצוף יצא
מעינים דא"ק, וירדו דרך אח"פ, וקבלו הארתם, וירדו והלבישו לתנה"י דא"ק. **ובהגיע האור לגבול האצילות
אירע בהם ענין ביטול המלכים, ונפלו הכלים פנימי אמצע וחיצון, עם אורות דרפ"ח לבי"ע התחתונים
דאותה הספירה**, כמו שמבואר בדרושי הרב ז"ל, וכן היה בכל ספירה מעשר ספירות דכל פרצוף דכל פרטי
פרצופי אבי"ע, שבצאת הכלים והאור שלה מעיני א"ק, ובהגיע האור לגבול האצילות, היה בהם ביטול
המלכים באצילות שבהם, כסדר המפורש בדרושי הרב ז"ל, אבל לא בבי"ע התחתונים. באופן שכל דרושי
הרב אינם מדברים אלא בפרצופי אבי"ע דספירה אחת מעשר ספירות דכל פרטי פרצופי אבי"ע. הרי
איך היה ביטול המלכים בבי"ע, ואיך אינו אלא באצילות שבהם כנזכר לעיל.

נהר שלום דכ"ד ע"ד – והנה ידוע כי מיתת המלכים היתה בזו"ן דפרטות, ר"ל בזו"ן דעתיק, ובזו"ן דא"א,
ובזו"ן דאבא, ובזו"ן דאימא, ובזו"ן דז"א, ובזו"ן דנוקבא, וכל פרצוף מאלו הפרצופים כלול מכל הפרצופים
הנזכרים. וזה היה בפרט האחרון דפרטי פרטות, וכמבואר לעיל בהקדמה, וזה היה בפנימיות וחיצוניות
דפנימיות, ובחיצוניות ופנימיות דחיצוניות, דפנים ודאחור. **והכלים עם הרפ"ח ניצוצות דמלכים דעתיק נפלו
לעתיק דבי"ע**. ודא"א לא"א דבי"ע. ודאו"א לאו"א דבי"ע. ודזו"ן לזו"ן דבי"ע. ובאופן זה כי **הכלים
הפנימיים דמלכים הנזכרים נפלו לפרצופי הבריאה. והכלים האמצעים ליצירה. וכלים החיצוניים שלהם**

הכלים דשבעה תחתונות הפרטים דאותה נקודה כללית, שברי **הכלי הפנימי**, נפלו לבריאה. שברי **הכלי האמצעי**, נפלו ליצירה. ושברי **הכלי החיצוני**, נפלו לעשיה. **כך שבעצם ששברי הכלים דכל נקודה נפלו לבי"ע דאותה נקודה.**

עוד צריך לדעת כי בסוגיה זאת מבוארים הנקודות דכללות בשמות **הפרצופים**, ולא כמו בפרק ו' דשער זה שהנקודות דכללות בשמות[117] הספירות.

ואזור כך[118] ר"ל אחרי[119] שיצאו הכלים דנקודים, דכל ששה הנקודות הכלליות, **יצאו** עשרה **אורות דב"ן כל פרטי** ששה פרצופי **האצילות** העומדים בעובי. **ויצא תוזלה** האור **דכתר** [דמ"ו ע"ג

לעשיה. ונתבאר בשער השמות ובכמה מקומות כי כדי לברור הכלים ושארית הרפ"ח דכל פרט, יורדים כל הפרצופים העליונים דאצילות בימי החול, בסוד גלות השכינה, ומתלבשים בפרצופים שכנגדם למטה בבי"ע. עתיק דאצילות בעתיק דבי"ע, וא"א בא"א, ואו"א באו"א, וזו"ן בזו"ן. **כלים פנימיים שלהם בבריאה, ואמצעיים ביצירה, וחיצוניים בעשיה.** ובי"ע הנזכרים מתלבשים בבי"ע דחול, וזה לצורך שארית בירורי כלים ואורות דמלכים דזו"ן דעתיק, וא"א, ואו"א, וזו"ן דאצילות שנפלו לבי"ע, על סדר הנזכר. **כי הכלים הפנימים של מלכי עתיק, וא"א, ואו"א, וזו"ן דאצילות, נפלו לבריאה, וכלים האמצעיים של המלכים הנזכרים ליצירה, וכלים החיצוניים שלהם לעשיה כנודע.** ועל כן בימי החול יורדים הכלים דפרצופים העליונים דאצילות על דרך הנזכר לעיל לברר בחינותיהם שנשארו בבי"ע, **וזה בסיוע ישראל, כי העליונים צריכים לתחתונים, והתחתונים צריכים לעליונים.**

116

תרשים ז – י"ז

117

ע"ח ש"ט פ"ו מ"ב דמ"ה ע"ג – והנה בראשונה יצאה נקודה ראשונה דב"ן, **והוא הכתר דב"ן**, והיא כלולה מעשר ספירות, ויצאו כל העשר ספירות שבה כלולים בכלי הכתר שבה, שהיא הכתר דכתר.... אחר כך יצאה הנקודה השניה, **שהיא חכמה דב"ן**, וגם היא כלולה מעשר ספירות ואירע לה כמקרה כתר.... אחר כך יצאה נקודה שלישית, **שהיא בינה דב"ן**, וגם היא כלולה מעשר ספירות ואירע לה כמקרה ראשונה.... ואחר כך יצאו שבעה נקודות דב"ן, שהם כללות שתי נקודות לבד כנודע, **שהם זו"ן דב"ן** אשר כל נקודה משתי בחינות האלו לבד כלולה מעשר ספירות.

118

השמ"ש [א] – נ"ב. מפני שמה שכתב הרב לעיל בפרקים שעברו, ענין וסדר שבירת הכלים, הוא בכללות, אמנם עתה בשני פרקים אלו הודיענו שכל אותו ענין)וסדר(שבירת הכלים הנזכר בפרקים שעברו, שהכלים ירדו לב"ע, ואחורי נה"י דכתר ואחוריים דאו"א נשארו באצילות. **כל זה בפרטות בכל אחד מהששה פרצופים**, עתיק יומין, וא"א, או"א, וזו"ן. שאחורי נה"י דכתר ואחוריים דאו"א דכל אחד מהם נשארו באצילות, והכלים דשבעה תחתונות דכל אחד מהם נפלו לבי"ע. ואי קשיא לך, איך נתקיימו התחתונות אחר שבירת העליונות, כבר תירץ הרב לעיל בסוף פרק ו', שלכל פרצוף היה מין אור שוה לערך הפרצוף ההוא, עיין שם. ואפילו זו"ן)א(דכללות יצאו כל אחד בעשר ספירות שלמות, והג"ר דכל אחד נתקיימו, והשבעה תחתונות דכל אחד נפלו לבי"ע. וכמו שביאר הרב מהרח"ו ז"ל בספר מבוא שערים שכך היתה קבלתו מהרב ז"ל, שהמלכים הנזכר בפרשת וישלח עם אחוריים דאו"א ואחורי נה"י דכתר, הכל הוא מדבר בז"א דכללות, והנזכר בדברי הימים הם דנוקבא דכללות. אבל המלכים הנזכר בפרצופים הגבוהים מזו"ן לא נזכרו בתורה, כי גבהו מהתורה, שהיא הז"א עד כאן תוכן דבריו, ודי בזה. כי כן אמיתות הענין, ולא כמו שכתוב לעיל בפרק ו' ודו"ק. וכן לקמן בפרק זה, ומה שכתב לקמן שער י"א, ובכמה מקומות כמה טעמים למה יצא הז"א ו"ק, ונוקביה נקודה אחת, היינו בזו"ן דכל אחד מהששה פרצופים, שהם בזו"ן דפרטות ולא בזו"ן דכללות. באופן שאחר התיקון היה בכל אחד מהששה פרצופים שהם, עתיק יומין, וא"א, וזו"ן דכללות. שנים עשר פרצופים, עתיק ונוקבא, א"א ונוקבא, או"א, וזו"ן **]אח"**י - הם ישראל ולאה הגדולה], יעקב ולאה **]אח"**י - הם יעקב ורחל הקטנים, והם עטרת היסוד דז"א]. באופן שכל מה שכתב הרב בספר עץ חיים, ובספר הכוונות, הוא בכללות פרצוף אחד מהששה פרצופים אצילות דכללות. וכן על דרך זה ממש כל

42

וְנקודת **עַתִּיק דַּאֲצִילוּת** שהיא הנקודה הכללית הראשונה דעובי, ובכלי[120] **שֶׁבּוֹ** ר"ל בכתר דעתיק 92
נִכללין כל הָאורות תשע התחתונים שהם חו"ב חג"ת נהי"מ דנקודת עתיק, **וְנִתקיים** כלי הכתר
דעתיק, כי[121] הכתר דכל נקודה היה ביכולתו לסבול את האורות התחתונים, ונשאר אור הכתר דעתיק בכלי הכתר
דעתיק.

ואחר כך יָצָאה אור וְחכמה דְּעָתִּיק מכלי הכתר דעתיק, ונתלבש[122] **בכלי שֶׁלוֹ, ובו היו**
כלולים כל שְׁאָר הָאורות שמונה התחתונים, שהם בינה חג"ת נהי"מ, **וְנִתקיים** כלי[123] החכמה
דעתיק, ונשאר אור החכמה דעתיק בכלי החכמה דעתיק.

ואחר כך יָצָאה אור הבִּינָה דְעָתִּיק מכלי החכמה דעתיק, ונתלבש בכלי הבינה דעתיק, **וּבּוֹ**[124]
כלולין כל שְׁאָר הָאורות שבעה התחתונים, שהם חג"ת נהי"מ, **וְנִתקיים** כלי הבינה דעתיק, ונשאר
אור הבינה דעתיק בכלי הבינה דעתיק.

אחד מהששה פרצופים, ולפי שבחינת תיקונם שוה בכולם, לפיכך כתב הרב סתם בכללות, ולא פרט, וסמך על
מה שכתב בכאן, ודי למבין. כי הענין זה נפרט לעניינים רבים, ואין מקום להאריך כו'.
הגהות וביאורים)א(הגה"ה על השמ"ש – עיין תורת חכם דף קכ"א ע"ב.
119

כרם שלמה ש"ט פ"ז אות ג' – ולכן כתב - **ואז יצאו תחילה כל הכלים שלהם זה תחת זה.** והוא על דרך
מה שכתב לעיל על זו"ן דאצילות בכללות. והוצרך לגלות כאן על זו"ן דעתיק ודכולם, ועל ג"ר דעתיק,
ובכולם, גם כן כך היתה אצילותם, שתחילה נאצלו הכלים, ואחר כך באו האורות ונכנסו בתוכם. ומונה אותם
על הסדר, שתחילה יצאו כל האורות דעשר ספירות דעתיק, ונכנסו בכלי ה**כתר** שלו, ונתקיים, מפני שהכלי
שלו חזק, והיה בו כח לסבול כל האורות יחד, ולא נשבר. וזהו שכתב **ויצא תחילה כתר דעתיק דאצילות.**
פירוש **אור** הכתר דעתיק, **שבו נכללין כל האורות, ונתקיים.** פירוש, בעת שנכנסו בכלי הכתר דעתיק,
נתקיים הכלי דכתר, ולא נשבר ח"ו.
120

תרשים ז – י"ח.
121

ע"ח ש"ח פ"ד מ"ת דל"ח ע"ג – אבל דע כי כאשר אור הכתר נכנס תחלה בכלי שלו, היו שאר האורות
בטלים בו, בערכו שהוא גדול מכולם יחד, **ולכן היה יכולת בכלי שלו לסובלו, ולסבול תשע אורות האחרים,**
ולא נשבר.
122

תרשים ז – י"ט.
123

ע"ח ש"ח פ"ד מ"ת דל"ח ע"ג – וכן כאשר יצאה אור החכמה ונכנס בכלי שלו, היו השמונה אורות כלולים
בו. וכן בצאת אור הבינה כלולה משבעה אורות, ונכנסים בכלי שלה, היו הכלים יכולים לסבול, ולא נשברו, כי
כולם הם בטלים בערך או"א, דמיון הבנים שבתחילה עומדים כלולים במוח אביהם, בסוד טיפת מוח, וכן
בהיות בנים בסוד עיבור במעי אמן, יכולין להיות שם, והיא יכולה לסובלם.
124

תרשים ז – כ.

ואחר[125] כך יצאו שבעה האורות התחתונות דעתיק (נ"א דדעת) מכלי הבינה דעתיק,
ונתלבשו[126] בכלי הדעת דעתיק למטה, כל אחד כלול בכלי שלו, ובו ר"ל בכלי הדעת
דעתיק כלולים כל שאר האורות שהם חג"ת נהי"מ דעתיק, ובגלל[127] ריבוי האורות היה כלי הדעת
דעתיק נשבר, וירד[128] פנימיות הכלי דדעת דעתיק לעולם הבריאה[129], וחיצוניות שהוא
הכלי האמצעי דדעת דעתיק ירד בעולם היצירה, וחיצוניות[130] של זחיצוניות שהוא כלי החיצוני
דדעת דעתיק, בעולם העשייה.

125

ע"ח ש"ח פ"ד מ"ת דל"ח ע"ג – אמנם בצאת משם השבעה תחתונות, שהם השבעה מלכים שמלכו בארץ
אדום, ורצו להיכנס בכלים שלהם, ולא יכלו הכלים לסבול ונשברו ומתו, כמו שנבאר בע"ה. ולכן נבאר תחלה
סדר שבעה מלכים אלו, כי הנה הם מהדעת ולמטה, דעת ראשון, חסד שני, גבורה שלישי, תפארת רביעי, נצח
הוד הם תרי פלגי גופא והם חמישי, יסוד ששי, מלכות שביעי.... ודע כי כל אלו הם ענין המלכים הנזכר
בפרשת וישלח ואלה המלכים אשר מלכו בארץ אדום.

126

תרשים ז – כ"א.

127

כרם שלמה ש"ט פ"ז אות ג' – ומה שכתב והיה נשבר וירד. פירוש, מפני שבו כלולים כל שאר האורות,
לכן לא היה כח לסבול אורו, וכל שאר האורות שתחתיו גם כן עמו. לכן נשבר וירד. אבל אם היה אורו לבדו
בו היה אפשר להתקיים.

128

ע"ח ח"ב שמ"ד פרק א' מ"ת דצ"ו ע"ג – ודע כי הנה הנוקבא דז"א דאצילות, יש בה עשר ספירות, ובכל
ספירה יש שלוש מדרגות, **פנים ואחור ואמצעי**. וכל אלו הם **בחינת הגוף של נוקבא דז"א דאצילות.** כי הם
עשר תוך עשר, ועשר אחרים בתוכם. והם שלושה לבושים, כל אחד כלול מעשר. והנה שלוש מדרגות אלו
שאמרנו הם שלושים שמות שיש אל נוקבא דז"א, שהם גוף שלה, כמו שנבאר בע"ה. והנה אלו שלוש מדרגות
הנזכרים לעיל הם מתלבשין בבי"ע)והענין הוא מיעוט הירח(. פירוש, כי כאשר נטרידה השכינה וירידה למטה
להיות ראש לשועלים, שהם בשלוש עולמות אלו, הנקרא בי"ע, הנה הלבוש **הפנימי** שהם עשר ספירות
הפנימי של נוקבא דז"א דאצילות, הם ירדו ונכנסו ונתלבשו תוך עשר ספירות הבריאה, והיו נשמה להם,
לעשר ספירות דנוקבא דבריאה. ועשר ספירות **אמצעים** שלה, ירדו ונתלבשו תוך עשר ספירות דנוקבא דז"א
דיצירה. ולבוש **החיצון** שהם עשר ספירות אחור שלה, ירדו ונתלבשו תוך עשר ספירות דנוקבא דעשיה, והיו
נשמה להם. ואחר כך יש בחינת רוחין ונפשין, כמו שנבאר בע"ה.

129

השמ"ש]א[– נ"ב. ר"ל בדעת דבריאה, וכן בדעת דיצירה, ובדעת דעשיה, וכן על דרך זה כולם על סדר מה
שנתבאר לעיל בפרק ג', כן היה ממש בכל שבעה תחתונות לכל פרצוף משושה פרצופי האצילות, שהפנימיות
ירד לבריאה, על הסדר ההוא. וחיצוניותם ליצירה, על הסדר ההוא. וחיצוניות חיצוניותם לעשיה, על הסדר
ההוא. אמנם צריך עיון היכן עמדו הכלים דשבעה תחתונות דא"א כשנפלו לבי"ע, וכן דאו"א, וזו"ן, שהרי כבר
לקח מקומם עתיק. **ואפשר לומר שהשבעה תחתונות דעתיק נפלו למקום עתיק דבי"ע המתייחס אליו, וכן
כל פרצוף לפרצוף שכנגדו בבי"ע המתייחס אליו**, וכמו שכתוב בשער השמות עיין שם.

130

בית לחם יהודה ש"ט פ"ז דל"ב ע"א – והחיצוניות של החיצוניות בעשיה. נראה לעניות דעתי, היינו שעובי
הכלי נחלק לשלוש חלקים. אמנם הרב יפה שעה בפרק א' דשער ל' ד"ה דע וכו', כתב שכל פרצוף היה כלול
משלושה כלים, וכמבואר בריש פרק ו' דשער מ', יעו"ש.

וְאַחַר כָּךְ הָאוֹר הַהוּא כדעת דעתיק **נִשְׁאַר בְּלִי כֵּלִי** בעולם האצילות, **וְשָׁאר**[131] **הָאוֹרוֹת** חג"ת נהי"מ **יָרְדוּ בַּכֵּלִי הַשֵּׁנִי** שהוא כלי החסד דנקודת עתיק דעובי **שֶׁל הַשִּׁבְעָה** הכלים **תַּחְתּוֹנוֹת** דפרצוף עתיק. **וְגַם הוּא** ר"ל כלי החסד דעתיק **נִשְׁבַּר** בגלל ריבוי האור **עַל דֶּרֶךְ הַנִּזְכָּר לְעֵיל** בכלי הדעת דעתיק (נ"א **נִשְׁאַר עַל דֶּרֶךְ הַנִּזְכָּר לְעֵיל**), ונשבר כלי החסד דעתיק, ושברי כלי החסד ירדו לבי"ע דנקודת עתיק שבעובי, **וְהָאוֹר שֶׁלוֹ** ר"ל אור החסד דעתיק **נִשְׁאַר בְּלִי לְבוּשׁ** באצילות דנקודת עתיק דעובי.

וְשָׁאר[132] **הָאוֹרוֹת** שהם אור הגבורה תנהי"מ **יָרְדוּ לַכֵּלִי** הגבורה דעתיק דעובי, **שֶׁהוּא לְמַטָּה מִמֶּנּוּ**, ולא סבל כלי הגבורה את האורות בתוכו, ונשבר, ושברי כלי דיליה ירדו לבי"ע דעתיק, ואור הגבורה נשאר בלי לבוש באצילות דעתיק.

וְכֵן עַל דֶּרֶךְ זֶה עַד שֶׁנִּגְמְרוּ שִׁבְעָה תַּחְתּוֹנוֹת שֶׁלוֹ, ר"ל והאורות[133] של התפארת נהי"מ דנקודת עתיק נתלבשו בכלי **הַתִּפְאֶרֶת** דעתיק דעובי, וגם כלי התפארת דעתיק לא סבל את האורות, ונשבר, וירד לבי"ע דעתיק, והאור שלו נשאר בלי לבוש האצילות.

וְשָׁאר[134] האורות דנהי"מ ירדו לכלי שלמטה ממנו, שהוא כלי **הַנֶּצַח הוֹד** דנקודת עתיק דעובי, ולא סבל כלי הנצח הוד דעתיק את האורות, ונשבר כלי הנצח הוד דעתיק, וירד לבי"ע דעתיק, והאור שלו נשאר בלי לבוש באצילות דעתיק.

וְיָרְדוּ[135] האורות דיסוד והמלכות דעתיק לכלי **הַיְסוֹד** דעתיק דעובי, וגם הוא נשבר בגלל ריבוי האור, והכלי שלו ירד לבי"ע דנקודת עתיק, והאור דיסוד דעתיק נשאר בלי לבוש באצילות דעתיק.

וְיָרַד[136] אור המלכות דנקודת עתיק לכלי **דְּמַלְכוּת** דעתיק, **וְגַם**[137] כלי המלכות דעתיק נשבר, מסיבת חולשת כלי המלכות דעתיק, הנקראת[138] עניה דלית לה מגרמה כלום, וגם נקראת **אַסְפַּקְלַרְיָא דְּלָא נַהֲרָא**, וירד כלי המלכות לבי"ע, ואור

131

תרשים ז – כ"ב.

132

תרשים ז – כ"ג.

133

תרשים ז – כ"ד.

134

תרשים ז – כ"ה.

135

תרשים ז – כ"ו.

136

תרשים ז – כ"ז.

137

ע"ח ש"ו פ"ו מ"ת דכ"ח ע"ב – אמנם אור המלכות אינו מניח רשימו בכלי שלה, רק מן הרשימו שמשאיר אור היסוד בכלי שלו, משם נמשך הארה אל כלי של המלכות, אחר הסתלקות האור שלה וזה סיבה אחרת למה נקרא מלכות **עניה דלית לה מגרמה כלום, וגם נקרא אַסְפַּקְלַרְיָא דְּלָא נַהֲרָא**. והטעם הוא כי הכלי שלה בהעלותה, והסתלק האור ממנה לא נהרא כלום כי לא נשאר בה שום אור, אפילו בבחינת רשימו, ואפילו חיות הכלי ההוא אינו מבחינת אור שלה, רק מבחינת הרשימו שנשאר בכלי יסוד כנזכר לעיל. ומשם מחיה ומאיר בכלי המלכות, וזה אומרו **דלית לה מגרמה כלום.**

המלכות דעתיק נשאר באצילות, כך[139] שכל הכלים דשבעה תחתונות דנקודת עתיק דעובי נשברו ומתו, והכלים שלהם ירדו לבי"ע דעתיק.

ואזור כך בנקודה השניה הכללית דעובי, שהיא נקודת א"א, **נכנס הכתר דאריך אנפין בכלי שלו, ובו כללין שאר האורות, על דרך הנזכר בנקודת עתיק** דעובי, ר"ל שקרה אותו מקרה לנקודת א"א דעובי כמו נקודת עתיק דעובי, שהג"ר נתקיימו, ושבעה תחתונות לא יכלו לסבול את האורות בתוכם, ונשברו, והכלים שלהם נפלו לבי"ע דנקודת א"א, והאורות שלהם נשארו בנקודת האצילות דא"א.

ואזור כך[140] בנקודה השלישית הכללית דעובי, שהיא נקודת אבא, **נכנס** אור **הכתר דאבא בכלי שלו** שהוא כלי הכתר דאבא דעובי, **ובו כללים שאר האורות** תשעה שתחתיו, והם חו"ב חג"ת נהי"מ, **ונתקיים** כלי הכתר דאבא, ולא נשבר, ונשאר בכלי הכתר דאבא אור הכתר דאבא.

וירדו שאר האורות שמונה שתחתיו, והם בינה חג"ת נהי"מ עם אור החכמה, ונתלבשו **בכלי החכמה שלו, ונתקיים** כלי החכמה דאבא דעובי, ונשאר בו אור החכמה דאבא.

ושאר האורות שבעה שתחתיו, שהם חג"ת נהי"מ יחד עם אור הבינה דאבא דעובי **ירדו בכלי בינה דאבא** דעובי, **ונתקיים** כלי הבינה דאבא דעובי, ונשאר בו אור הבינה דאבא בכלי הבינה דאבא דעובי.

אזור כך ירדו האורות של שבעה תחתונות דחג"ת נהי"מ דאבא, כל אחד **בכלי אזור שלהם, ונשברו** אחד אחרי השני, כמו בנקודת הדעת דנקודת עתיק וא"א דעובי, והכלים שלהם נשברו ומתו **וירדו בבי"ע** דנקודת אבא דעובי, והאורות שלהם נשארו באצילות דאבא

כך שהאורות נתלבשו בכלי הדעת דאבא דעובי, ונשבר מת כלי הדעת דנקודת אבא בעובי, שהוא הכלי הראשון משבעת המלכים דמיתו, וירדו לבי"ע דנקודת אבא דעובי, האור הדעת נשאר באצילות דנקודת אבא.

138

ע"ח ש"ח פ"ה מ"ת דט"ל ע"א – וכשבא אור המלכות, לא בא אלא הוא לבדו, ועם כל זאת לא היה יכול לסבול ונשבר גם הוא וירד. וטעם הדבר כמו שהודעתיך למעלה, כי העקודים כאשר חזרו האורות שנית להכנס בכלים שלהם, לא נכנסו ממש בכליהם, רק בכתר נכנס אור החכמה וכו', ובכלי היסוד נכנס אור המלכות. ונשאר כלי המלכות ריקם, אשר לסיבה זאת נקרא המלכות **אספקלריא דלא נהרא דלית לה מגרמה כלום,** ונקרא עניה ודלה, (וכל זה) כי האור שנכנס אחר כך בכלי של המלכות אינה אור שלה, **רק אור חדש מזווג או"א,** כמבואר אצלינו. וזה ענין מה שכתוב לעיל - **אספקלריא דלא נהרא דלית לה מגרמה כלום,** רק האור שלה הוא ממקום אחר, **וזכור ענין זה.** והנה כיון שכל אלו הכלים של הנקודים נעשים בהסתכלות העין בעקודים כנזכר לעיל, לכן כיון ששם (נ"א שכאן) היה חסר בחינת אור המלכות מן הכלי שלה, **גם זה הכלי של המלכות דנקודים היה חסר,** ולא יכלה לקבל אור שלה **ונשברה.**
139

תרשים ז – כ"ח.
140

בית לחם יהודה ש"ט פ"ז דל"ב ע"א – ואחר כך נכנס הכתר דאבא בכלי שלו. אבא הנזכר הוא נקודה השלישית הכללית, שיצאה מעיני א"ק.

וּשְׁאָר הָאוֹרוֹת נִכְנְסוּ לְכְלִי שֶׁנִי דְּשִׁבְעָה תַחְתּוֹנוֹת, שהוא כלי החסד של אבא דעובי, נשבר ומת כלי החסד דאבא, וירד לבי"ע דנקודת אבא, והאור נשאר באצילות דנקודת אבא בעובי, **וכן הוא** בשאר המלכים, שהם הגבורה, תפארת, נצח הוד, יסוד ומלכות, שמלכו בכלים שלהם דנקודת אבא דעובי, ומתו **וְנִשְׁבְּרוּ, וירדו** הכלים שלהם **לבי"ע** דנקודת אבא דעובי **וכו', עַל דֶּרֶךְ הַנִּזְכָּר לְעֵיל** בנקודת עתיק וא"א דעובי, **עַד תּוֹם כָּל הַשִּׁבְעָה** כלים דנקודת אבא דעובי, והאורות שלהם נשארו האצילות דנקודת אבא דעובי.

וכן הוא בנקודה הרביעית לפי הסוגיה בפרקין, נקודת **אִימָא** דעובי. ובנקודה החמישית, נקודת **ז"א** דעובי. ובנקודה השישית, נקודת **הנּוּקְבָא** דעובי. לכולם קרה אותו מקרה כמו לנקודת עתיק וא"א ואבא דעובי, שהג"ר שלהם נתקיימו, והשבעה תחתונות נשברו ומתו וירדו לאותה נקודה של כל אחד מהם שבעובי, והאורות נשארו באצילות דאותה נקודה דעובי.

צֹמֶז. בַדַּף הַנִּזְכָּר לְעֵיל כָתַב שֶׁכֵּלִיס הִתְחִילוּ מִבִּינָה וּלְמַטָּה, וְכָאן נֶאֱמַר שֶׁנִּשְׁבְּרוּ כֵּלִיס דְעַתִּיק וָא"א וָאַבָּא. וְאֶפְשָׁר לוֹמַר כִּי כָאן מְדַבֵּר בְּרוֹשֶׁם הַכֵּלִיס הָהֵם, וְהוּא הָרְשִׁימוּ (נ"ח השורש) לְבַד, וְלֹא כֵּלִיס מַמָּשׁ. וְזֶהוּ תי"ו רְשִׁיס רְשִׁימוּ דְעַתִּיק יוּמִין הַנִּזְכָּר בָּאַדְרָא [אַחֲ"רִי־ בָא] דַף קכ"ח ע"ב, וְנִרְאֶה לְעִנְיוֹת דְּעַתִּי שֶׁהָרְשִׁימוּ לְאוֹתִיּוֹת שֶׁהֵם הַכֵּלִיס, נִרְשָׁמִים שָׁם.

ידוע כי[141] בחינת היחידה שבנרנח"י, היא[142] בחינת שורש לנרנ"ח, וכוללת את כולם **בְּלִי הִיכָּר.** ונגדה בספירות הוא **הכתר,** ובפרצופים פרצופי **עַתִּיק וָא"א.** ואין מדברים על בחינת היחידה מרוב מעלתה, כן הוא בבחינת הכתר ובפרצופי עתיק וא"א ממעטים בדיבור במקומות גבוהים אלו, אלא[143] **הַמַּשְׂכִּיל יָבִין רֵאשִׁית**[144] **דבר מאחריתו.** ואף על פי שהרב ז"ל כבר ביאר את נקודת העתיק ונקודת א"א בפרטות, בפרקין ולעיל בפרק ו', עם כל זאת כאן מבאר הרב ז"ל מנקודת אבא דעובי ולמטה, שהיא בחינת חיה, וספירת החכמה. **עִם**[145] **כָּל זֹאת** מובן שלכל ששה הנקודות דעובי מקרה אחד.

141

נְהַר שָׁלוֹם דכ"ה ע"ב – הנה נודע כי כללות ארבעה בחינות נרנ"ח כוללים כל הנמצאים, וכל אחד כלול ומורכב מכולם. כי הנרנ"ח דחיה, היא בחינת החיה שבכל אחד מנרנ"ח. וכן הנרנ"ח דנשמה, הוא בחינת הנשמה שבכל אחד מנרנ"ח. וכן הרוח, הוא הרוח שבכולם. והנפש. היא הנפש דכולם. **אֲבָל הַיְּחִידָה הִיא כּוֹלֶלֶת כּוּלָם בְּלִי הִיכָּר.**

142

תרשים ז – כ"ט.

143

ע"ח ש"א עֲנַף ב' מ"ת דִי"ב ע"ד – ואין לנו רשות לדבר יותר במקום גבוה כזה, **וְהַמַּשְׂכִּיל יָבִין רֵאשִׁית דָּבָר מֵאַחֲרִיתוֹ,** כמו שנבאר בע"ה בדרושים אחרים הבאים לפנינו.

144

קהלת ז' ח' – טוב **אַחֲרִית דָּבָר מֵרֵאשִׁיתוֹ** טוב אֶרֶךְ רוּחַ מִגְּבַהּ רוּחַ.

145

ע"ח שי"א פ"א מ"ת דנ"ב ע"ד הַגָּהָה הַשְׁמ"ש [אַ] – נ"ב)עיין תורת חכם דף קי"א סוף ע"א(וז"ל – ודאי שהם א"א וא"א שבכל פרצוף משה פרצופי האצילות, אותם אשר לא היתה בהם שבירת הכלים כנזכר לעיל בפרק ז', משער שבירת הכלים. **אֲבָל בזו"ן שבכל פרצוף ופרצוף מהם, אֲשֶׁר הַשְּׁבִירָה בָּהֶם, הָיְתָה שָׁוֶה וכולן, נפלו לבי"ע כנזכר, הַפְּגָם מַגִּיעַ בָּהֶם ח"ו.** וכן כל המעשים טובים שעושים התחתונים, פועלים בהם כולם בשוה, וכל הכוונות הנזכר בתפלות ובמעשה המצות, כולם שוים בהם, ואין חילוק ביניהם כלל, **כִּי הַשְּׁבִירָה הָיְתָה בָּהֶם בְּשָׁוֶה,** ומכל זו"ן וזו"ן נשארו רפ"ח ניצוצין, ועל ידי התפלות והמצות כל זו"ן וזו"ן מעלה מהרפ"ח שלו מספר שלם בכולם כו'.

כבר ידוע כי השבעה מלכים שנשברו ומתו, וירדו לבי"ע נפרטים[146] לעשר ספירות בכל עולם מעולמות בי"ע, בסוד[147] ההיכלות[148], וכל זה נעשה מכח נתינת מוחין דא"א וא"א בשבעה תחתונות.

ודע'[149] **כי למעלה** בפרצופים הגבוהים, שהם **ב**פרצופי **עתיק**[150] **וא"א** העומדים בעובי, או באורך, **לא הרשינו לדבר** כי אין זה מדרך הכבוד להזכיר שבירה בכתר, שהוא בחינת פרצופי עתיק וא"א. **אבל**[151] **נדבר כאן ב**הנקודה השלישית דעובי, שהיא נקודת **אבא ולמטה**, ונאמר כי אזר

146

ע"ח שי"ז פ"ג מ"ב דפ"ה ע"א – ונראה לעניות דעתי, **ודאי שיצאו עשר דמ"ה**, אלא כיון שעיקר התיקון הוא אל שבעה מלכים דב"ן לבד, לכן נזכרו בשם שבע. אבל ודאי היו כלולים מעשר ספירות, **כי גם ג"ר, שהם עתיק וא"א ואו"א, נתקנו על ידי שם מ"ה** כנזכר לעיל.

ע"ח ח"ב שט"ל דרוש א' מ"ב דס"ה ע"ב – אשר אחר כך בעת התיקון, בירר הטוב מתוך הפסולת, והסיר הפסולת מתוך המחשבה ההיא. **ואף על פי שהם שבעה מלכים, עם כל זאת הם עשרה**. אלא שהם על דרך שבעה היכלות אשר נזכר בפרשת פקודי, שהם שבעה היכלות, והם עשרה. כי היכל העליון כולל שלוש היכלות, ותחתון כלול משתים. וכן הענין בכאן שהם שבעה מלכים, והם עשרה על דרך הנזכר לעיל.

רחובות הנהר ד"ג ע"ב – וכן מבואר בדרוש א' משער מ"ד ומ"ן, כי לא יצאו רק שבעה מלכים, **אלא שנפרטים לעשרה**, על דרך שבעה היכלות, שהיכל העליון כולל לשלוש, והאחרון כלול משנים. וכן נתבאר בפרק ח' משער מוחין דצלם, כי שם ב"ן שהם השבעה מלכים לבד)עם שהם שבעה מלכים לבד, ספר כתב יד(, יש בהם רפ"ח, שהם עסמ"ב, והוא לסיבת כי הו"ק נעשו עשר ספירות גמורות, עיין שם.

147

תרשים ז – ל.

148

גמרא חגיגה ע"יב ד"ב – אמר רבי יהודה שני רקיעים הן שנאמר - הן להוי"ה אלהי"ך השמים ושמי השמים. ריש לקיש אמר שבעה ואלו הן: וילון, רקיע, שחקים, זבול, מעון, מכון, ערבות. **וילון –)עטרת היסוד(** אינו משמש כלום אלא נכנס שחרית ויוצא ערבית, ומחדש בכל יום מעשה בראשית, שנאמר - הנוטה כדוק שמים וימתחם כאהל לשבת. **רקיע –)יסוד(** שבו חמה ולבנה כוכבים ומזלות קבועין, שנאמר - ויתן אותם אלהי"ם ברקיע השמים. **שחקים –)נצח הוד(** שבו רחים עומדות וטוחנות מן לצדיקים, שנאמר - ויצו שחקים ממעל ודלתי שמים פתח וימטר עליהם מן לאכול וגו'. **זבול –)תפארת(** שבו ירושלים ובית המקדש ומזבח בנוי, ומיכאל השר הגדול עומד ומקריב עליו קרבן, שנאמר - בנה בניתי בית זבול לך מכון לשבתך עולמים, ומנלן דאיקרי שמים דכתיב - הבט משמים וראה מזבול קדשך ותפארתך. **מעון –)חסד(** שבו כיתות של מלאכי השרת שאומרות שירה בלילה, וחשות ביום, מפני כבודן של ישראל, שנאמר - יומם יצוה הוי"ה חסדו ובלילה שירה עמי, **מכון –)גבורה(** דכתיב - ואתה תשמע השמים מכון שבתך. **ערבות –)קודשים קדשים כחב"ד(** אתה כוונתה שם אופנים, ושרפים, וחיות הקדש, ומלאכי השרת, וכסא הכבוד, מלך א"ל חי רם ונשא שוכן עליהם בערבות, שנאמר - סולו לרוכב בערבות ביה שמו.

149

כרם שלמה ש"ט פ"ז אות ד' – מה שכתב כי בעתיק וא"א לא הרשינו לדבר. פירוש, אף על פי שהשבירה של שבעה תחתונות, והירידה של אחוריים של הג"ר, בכולם היתה שוה בין בעתיק בין בא"א, ובאו"א וזו"ן. **אף על פי כי אין מדרך הכבוד להזכיר ירידה באחוריים דג"ר דעתיק וא"א, מפני שהם בחינת הכתר,** ולכן אין רשות לזכור שם בחינת ירידה. אבל נדבר באבא ואימא וזו"ן, ומשם תבין לכאן.

150

ע"ח פי"ז פ"ג מ"ב דפ"ה ע"ה – וכן היה בעתיק שהוא למעלה מחמשה פרצופים, **ואינו נכנס במנינם כנודע, כי הוא שורש הכל.**

151

יָרְדוּ כָּל הַשִּׁבְעָה תַחְתּוֹנוֹת שֶׁבּוֹ ר"ל דנקודת אבא בעובי, שהיו[152] מעלים מ"ן לחו"ב וישסו"ת דנקודת אבא, שהם בחינת **הַפָּנִים** הנקראת[154] תיכונה - חג"ת **וְאֵזוֹר** הנקראת חיצונה - נהי"מ, והם נשברו[153] ומתו, וירדו **בבי"ע** דנקודת אבא. וירידת שבעה המלכים לבי"ע גרמה לאי העלאת מ"ן לאו"א וישסו"ת דנקודת אבא שבעובי, לכן **גַּם[155] הָאֵזוֹרַיִים לְבַד דִזוּ"ב** וישסו"ת **שֶׁבּוֹ** ר"ל בנקודת אבא דעובי, **וְלֹא הַפָּנִים** דחו"ב דנקודת אבא **יָרְדוּ[156]** בגבול הָ**אֲצִילוּת עַצְמוֹ**]דמ"ו ע"ד 92 **בְּסוֹפוֹ** ר"ל במקום הזו"ן

שמן ששון ש"ט פ"ז אות ז' דכ"ג ע"א – אבל נדבר כאן מאבא ולמטה ונאמר כו'. הצמ"ח וכו'. הנה בהגה הצמ"ח זה אחר היותך לומד דברי הרב שר שלום בהגה הנזכרת, יבא לך הכל על נכון, ואין צורך לבאר, והוא פשוט.
152

ע"ח ש"ט פ"א מ"ת ד"מ ע"א – ובעת צאת המלכים אלו אם לא מתו, היו מעמידין לאו"א פנים בפנים, אפילו שיצאו למטה והיו מועילין למ"ן שלהם. אמנם יען שנשברו ומתו, לכן גם או"א האחוריים שלהם, המעמדת אותם פנים בפנים ירדו למטה, ואז חזרו להם אחור באחור, כי כבר אין להם מי שיעלה להם מ"ן, ומקיים חזרתן פנים בפנים. והנה פשוט הוא שלא נגמרו אחוריים דאו"א לירד עד כלות שבירת שבעת כלים, שכל בחינת שבירת מלך אחד היה גורם ירידת קצת מאחוריים דאו"א, וזהו ביאור הענין. הנה כאשר נעריך מציאות השבעת מלכים אלו בארבעה פרצופים של חו"ב ישראל סבא ותבונה כנזכר לעיל, נמצא כי עד שליש ספירת תפארת שהוא המלך הרביעי, אז נגמרו לירד אחוריים דאו"א עלאין, וכאשר נשברו כל השבעה מלכים, אז ירדו גם אחוריים דישראל סבא ותבונה.
153

ע"ח ח"ב ש"ל דרוש א' מ"ב דכ"ו ע"ד – גם תבין כי פרצוף האמצעי אף כי נקרא אחור בערך השלישי הפנימי מכולם, **אמנם לפעמים נקרא פנימי בערך החיצון שבכולם**. ובזה תבין מה שנתבאר אצלינו כי בעת מיתת המלכים של ז"א היה בו אחור ופנים, והוא לסבת היות בו תמיד נה"י חג"ת, ו"ק, שהם פרצוף החיצון ואמצעי כנזכר לעיל, **ואז החיצון נקרא אחור, ואמצעי פנימי בערך החיצון**, והבן זה.
154

ע"ח ש"ט פ"ח מ"ב דמ"ז ע"א – ודע כי באצילות המלכים לא יצאו בזו"ן רק השבעה מלכות **שבשתי בחינות, החיצונה והתיכונה, והם המלכות דנה"י חג"ת**, ולכן נקרא המלכים נקודות, כי נקודה היא מלכות כנזכר לקמן.
155

ע"ח ש"ח פ"ב מ"ת דל"ו ע"ג – אמנם השבעה מלכים תתאין מתו, לפי שכליהם נעשו מהסתכלות עין בחוטם פה לבד, והיה חסר מהם אור האזן העליונה. והנה גם בג"ר עצמם יש בהם חילוק בין זו לזו, והוא)ב"א והנה(כי מן הכתר לא ירד ממנו אפילו האחוריים, אלא האחוריים של נה"י בלבד. **אבל באו"א של הנקודים ירדו האחוריים שלהם לבד, ונשארו הפנים במקומה**. וטעם הדבר הוא כי אלו האורות שנמשכים עד שבולת הזקן נחלקו לשלושה, כי הכתר לקח מבחינת האזן עצמה, ממה שהראייה שואבת בהסתכלות באור האזן, ומכל שכן שנכללים בו שתי אורות אחרים, ומזה נעשה כלי לכתר נקודים. **ואבא לקח ממה שהראייה שואבת מאורות החוטם, וגם אור הפה נכלל בו**. והנה הכתר שלקח מן האזן הארתו גדולה מאד, לא נשבר כלי שלו, **אבל או"א שאין לוקחין רק מן החוטם ופה, נשברו האחוריים של כליהם**.
156

כרם שלמה ש"ט פ"ז אות ד' – ומה שכתב ירדו **באצילות עצמו בסופו**. פירוש, האחוריים לבד דחו"ב, אלו דאו"א וישסו"ת שנפלו למקום זו"ן, אלא ששם בפרק א' משער זה היינו מבינים שהרב ז"ל מדבר על זו"ן ואו"א דכללות האצילות, וכאן השמיענו שמדבר בפרטות, דהיינו בזו"ן ודאו"א דכל פרצוף ופרצוף, בין דאבא, בין דאימא, בין דז"א, ובין דנוקבא. אבל בעתיק וא"ך אף על פי שהסדר הוא כן גם כן, אבל לא הרשינו לדבר עליהם, מפני שהוא מקום עליון.

דאצילות דנקודת אבא, **אבל**[157] האחוריים דחו"ב וישסו"ת **לא** ירדו **בבריאה** יצירה עשיה דנקודת אבא, **ולכן אין בהם** ר"ל באחוריים דחו"ב וישסו"ת **מיתה, רק ירידה** וביטול[158], ונשארו בגבול[159] עולם האצילות דנקודת אבא שבעובי.

ואז[160] **ירדו גם נה"י דאזור דכתר** דנקודת **אבא** דעובי, שהם נה"י דכתר של נקודת אבא דעובי, **המתלבשים בחכמה ובינה דאבא** העומד בעובי, בסוד[161] המוחין, **וירדו** אחורי הנה"י של הכתר דנקודת אבא דעובי, עם כל זאת הם נשארו **באצילות** דנקודת אבא דעובי **גם הם** ר"ל כמו החו"ב דאבא דעובי, **ולכן אין בהם מיתה** כלל, רק[162] פגם בעלמא.

157

כרם שלמה ש"ט פ"ז אות ד' – מה שכתב **אבל לא בבריאה.** פירוש, כי לא נפלו בבריאה, כי אם הזו"ן לבד. אבל באחוריים דאו"א לא יפול עליהם שם **מיתה,** כי אם **ירידה** ממקום למקום, באותו עולם עצמו.

158

ע"ח ש"ט פ"ב מ"ת דמ"א ע"א – עוד יש טעם אחר, **והוא כי אינו נקרא מיתה רק מי שהולך מעולם לעולם, ונבדל מעולמו,** ולכן שבעה מלכים שהיו באצילות, וירדו אל הבריאה, יקרא מיתה ממש, כמו שכתוב באדרא קל"ה - לא תימא דמיתו, אלא כל מאן דנחית מדרגא קדמאה דהוי ביה, קרי ביה מיתה. כמו שכתוב - וימת מלך מצרים. **אמנם אחורי או"א אף על פי שנפלו, לא ירדו בבריאה,** אלא נשארו בעולם האצילות עצמו, לכן להיותן שלא במקומן, **יקרא ביטול אבל לא יקרא מיתה.**

159

תרשים ז – ל"א.

160

ע"ח ש"ח פ"ו מ"ת דט"ל ע"ג – וכבר ביארנו לעיל כי או"א לוקחים שתי אורות של חוטם פה, ולא חסר מהם רק אור אור אזן, אשר על כן לא ירדו מהם רק בחינת אחוריים, וכנגד אותו אור שחסר מהם, אנו מתייגים תג אחד על כל אות, מהם כנגד אותו אור הפרטי שחסר מהם. וכבר ביארנו כי מה שיורד מאו"א הוא נקרא אחור, וגם נקרא פנים, כי להיותו חסר אור אזן העליונה מן שתי אורות אחרים, לכן החסרון הנמשך מצדו הוא גדול, כי הוא הבחינה העושה אותו פנים בפנים. **והנה מוחין אלו שהם חו"ג, הם נמשכין לאו"א עם הכלים דנה"י דא"א,** דוגמת מוחין דז"א שבאים עם נה"י דאו"א. **וגם נה"י אלו ירדו למטה ובערך שבאו מא"א,** נמצא **כי זה נקרא חסרון בא"א עצמו.** וכבר ביארנו הטעם כי מה שגרם לו ענין זה, הוא לסיבת לקיחתו אור האזן בסופו לא בתחילה. ואמנם בערך שכבר לקחו או"א לא יקרא חסרון זה חסרון דא"א, אלא חסרון דאו"א עצמן.

161

ע"ח ש"ח פ"ג מ"ת דל"ז ע"ג – כי גם מן הכתר היה בו **קצת פגם,** כמו שנבאר לקמן בע"ה. והוא בחינת נה"י שלו שנכנסו, **והיו בסוד מוחין לאו"א,** וגם הם נשברו.

162

ע"ח ש"ט פ"ב מ"ת ד"מ ע"ד – והענין כי מן האדרא זוטא נראה שלא ירדו רק השבעה מלכים בלבד, וממדרשים אחרים בספר הזוהר משמע כי גם באו"א יש ביטול ופגם, **וכמעט אפילו בכתר.** ואמנם הענין הוא כי ודאי שמכל עשר נקודות נפלו מהם בחינות, ובכולם היה בו ביטול. רק זו"ן נפלו כולם בין בבחינת היותן אחור באחור, ובין בבחינת היותן פנים בפנים, **והנה זו נקרא מיתה,** כי הכל ירד לגמרי. אבל אבא ואימא שלא ירד מהם רק בחינת אחוריים, **יקרא ביטול,** ולא מיתה. וכתר שלא נפלו ממנו רק בחינת נצח הוד יסוד שלו, שנכנסו בסוד מוחין דאבא ואימא כנזכר לעיל, אשר אין בחינת זו נכנסה אפילו בערך אחוריים, לכן לא נקרא ביטול בכתר, **רק פגם בעלמא.**

וְעַל [163] דרך זה היה בעֶשֶׂר ספירות דְנקודת **אימא** שהיא הנקודה הרביעית, **ככל הנזכר** בְנקודת **אבא** הנקודה השלישית **מבוֹשֶׂ**, ר"ל שהאחוריים דג"ר שלה הם ירדו בעלמא במקום הזו"ן שלה באצילות עצמו. והזו"ן שלה פנים ואחור דכלים שלהם ירדו באימא דבי"ע, ובהם יקרא **מיתה.**

את הסוגיה הזאת אפשר ללמוד על פי הפשט, לפי השמועה השניה[164], **וזאת דעת** רבינו הבל"י בפרקין, שמדובר על השמועה השניה בפרק ו' דשער זה. והיא[165] על הנקודה דז"א דכללות, ועל הנקודה דנוקבא דכללות, שיצאו חסרים, וחלקיהם נשארו בנקודת דאימא דכללות, עיין בדברי קודשו. **עם כל זאת** דרכו של הרב ז"ל בקודש, הוא **לערבב את** הסוגיות. עד כאן הרב ז"ל ביאר את הנקודות דכללות של עתיק א"א ואו"א העומדים בעובי, **כאן נראה** שהרב ז"ל ממשיך לבאר גם את נקודת ז"א ונוקבא דכללות העומדים בעובי, **כהמשך** לנקודות דעתיק א"א ואו"א שעומדים בעובי. **עם**[166] **כל זאת** למשכיל מובן שמדובר כאן בז"א ובנוקבא הפרטיים דכל נקודה. כאן הביאור לפי השמועה הראשונה[167], ודעת[168] מרן הרש"ש.

163

כרם שלמה ש"ט פ"ז אות ד' – וכל זה בעשר ספירות **דאבא**, שהשבעה תחתונות שלו ירדו באבא דבי"ע, והאחוריים דג"ר שלו ירדו באצילות עצמו, במקום הזו"ן דאבא. וכן הוא הדין, והוא הסדר בעשר ספירות דאימא גם כן הוא על דרך זה, שהאחוריים דג"ר שלה הם ירדו בעלמא במקום הזו"ן שלה באצילות עצמו, ואחר שגמרו הזו"ן שלה לירד באימא דבי"ע. והזו"ן שלה פנים ואחור דכלים שלהם ירדו באימא דבי"ע, ויקרא בהם **מיתה**, מפני שירדו מעולם לעולם אחרת, שהוא עולם הבריאה. וזהו שכתב - **ועל דרך זה היה בעשר ספירות דאימא, ככל הנזכר באבא ממש.** ממש דייקא, ואין להאריך במקום, שמובן הדבר מעצמו.

164

ע"ח ש"ט פ"ו דמ"ו ע"א – אמנם שתי נקודות תחתונים, שהם כללות שבעה תחתונות דב"ן כנודע, לא יצאו כל אחד בבחינת עשר ספירות כמו השלוש נקודות ראשונים, **אמנם הנקודה הרביעית שהוא כנגד ז"א דב"ן**, נשארו ג"ר שבו וכן העשירית שבו, בנקודה שלישית דב"ן, שהיא בחינת אימא דכללות דב"ן, והיא שורש הבנים. ומנקודה החמישית שהיא מלכות דב"ן, נשארו כל התשע אחרונות שבה למעלה, כדרך ז"א, ולא יצאתה רק כתר שבה לבד.

165

תרשים ז – ל"ב.

166

כרם שלמה ש"ט פ"ז אות ד' – ומוכרח לומר כי הרב ז"ל כאן מדבר על הזו"ן דפרטות דזו"ן דכללות, ולא על הזו"ן דכללות האצילות. כי זו"ן דכללות האצילות כבר יצאו בעשר ספירות שלמות, וממילא שגם הג"ר שלהם יצאו, ואיך אומר בכאן שלא יצאו הג"ר שלהם ונשארו באימא, והלא בהדייא כתב לעיל בפירקין וז"ל - **ובעת אצילות עולם הנקודים, יצאו כל החמשה פרצופים, כל אחד כלול מעשר ספירות, וכולם משם ב"ן.** נמצא שגם הז"א, וגם הנוקבא יצאו כל אחד מעשר ספירות. ואיך אומר כאן שלא יצאו בז"א הג"ר, ולא תשע דנוקבא. אלא מוכרח כמו שביאר הרש"ש ז"ל לעיל בפרק ו', ולקמן בשער י"א שער המלכים פרק ה'. **שכאן מדבר על הזו"ן דפרטות דכל פרצוף**, שהם הם לא יצאו הג"ר דז"א, ולא תשע אחרונות דנוקבא. אבל הז"א והנוקבא דכללות האצילות, כל אחד יצא בעשר ספירות שלימות שלהם.

167

ע"ח ש"ט פ"ו מ"ב דמ"ה ע"ג – הם חמשה פרצופים הכוללים עשר ספירות כנודע. **והנה בכל אחד מאלו החמשה פרצופים, יש בו עשר ספירות גמורות.**

168

רחובות הנהר ד"ב ע"א – ידוע כי חמשה נקודות יצאו מעינים דא"ק מבחינת ב"ן, **וכולן יצאו שלימות**, כל אחת שלימה בכל חלקי הנקודה ההיא. באופן שכל אחת ואחת כוללת חמשה פרצופים, עתיק, וא"א ואו"א וזו"ן. וסדר שבירת הכלים היה בכל נקודה ונקודה מהם, **דכל אחד ואחד מהם הג"ר עתיק וא"א ואו"א שבו נתקיימו, ושבעה תחתונות זו"ן שבו נשבר**, כמבואר כל זה באורך בעץ חיים שער ט' פרק ו' ופרק

51

אזור[169] כך **בז"א** דפרטות דכל נקודה ונקודה דכללות העומדים בעובי **לא יצאו הג"ר**[170] **שבו,** **אלא נשארו כלולים תוך אימא** הפרטית דאותה נקודה, שהיא ספירת הבינה, **ויצאו** מאימא דאותה נקודה דכללות **שבעה**[171] האורות **התחתונות** דאותה נקודה דכללות. שהם שבעה הנקודות הפרטיות דכל נקודה דכללות, **ב**ספירת ה**דעת ולמטה בלבד,** והם אורות דדעת חג"ת נהי"מ דאותה נקודה דכללות.

וכולם יצאו[172] **מן בינה דז"א הכלולה תוך**[173] **אימא**[174] **עילאה**[175] דאותה נקודה

ג' משער י"ז, ובכמה מקומות משער הלקוטים, ומשער מאמרי הרשב"י ע"ה, וכן במבוא שערים ש"ב ח"ג פ"ו, יעו"ש.
169

בית לחם יהודה ש"ט פ"ט דל"ז ע"א – אחר כך בז"א לא יצאו הג"ר שבו. ז"א הנזכר היא נקודה חמישית הכללית, לפי חשבון פרקין, והג"ר שבו הם א"א ואו"א שבו, והכא סביר ליה כפרק ו' דלעיל דג' רז"א דז"א נשארו בנקודת אימא הכללית, והיינו דקאמר "כנזכר לעיל", ר"ל כנזכר לעיל בפרק ו', שכתב אמנם הנקודה הרביעית שהיא כנגד ז"א דב"ן, נשאר ג"ר שבו, וכן העשירית שבו בנקודה השלישית דב"ן, שהיא בחינת אימא דכללות דב"ן, יעו"ש.
170

השמ"ש [ב] – עיין לעיל מה שכתבנו בפרק ו' ופרק ז' משער זה.
171

ע"ח שי"א פ"ה מ"ב דנ"ב ע"ב הגהת השמ"ש [א] – נ"ב (עיין תורת חכם דקי"ה ע"ב בסופו) כן כתב לעיל בפרק ו' משער שבירת הכלים. כי ג"ר דז"א ותשע תחתונות דנוקביה נשארו בבינה, אם הבנים דכללות. אומנם זו"ן דפרטות (צריך לגרוס **הג"ר דזו"ן דפרטות.** הרב רבי שב"ח (דעתיק יומין וא"א ואו"א נשארו בבינה דפרטות שלהם. אבל בספר מבוא שערים כתב שגם זו"ן דכללות יצאו כל אחד מעשר ספירות, והג"ר דזו"ן שבהם נשארו בבינה דפרטות שלהם, וכו'.
172

תורת חכם דקי"א ע"א – ובזה מתיישב מה שכתב מורי הרב ז"ל [אח]י - מרן הרש"ש] שער י"ז שער ז"א פ"א, וז"ל - כי מה שנתבאר (לעיל) (כי תיקון כל האצילות על ידי עיבור די"ב חדש וכו'. וזהו כפי הספק השני שנסתפק מוהרח"ו ז"ל בשער התיקון סוף פרק א', שהי"ב חודש הם לצורך כל הי"ב פרצופים דאצילות. חודש אחד לכל פרצוף ופרצוף. וצריך עיון, כי שם הסכים לספק הראשון, שי"ב חודש הם לכל פרצוף ופרצוף, עד כאן לשונו. ועם האמור מתיישב, שהעיבור דכללות כל העולמות, ודכללות כל עולם מאבי"ע הוא עיבור אחד, כולל די"ב חודשים, ומגיע חודש אחד לכל פרצוף ופרצוף, אבל היה כן גם עיבור פרטי לכל פרצוף ופרצוף די"ב חודשים, כי גם כל פרצוף ופרצוף יש בו י"ב פרצופים פרטיים, כי התיקון הנזכר לעיל בא"ק נעשה גם כן בכללות כל עולם מאבי"ע, וכן בכל פרצוף מא"ק ואבי"ע, שהנה כשנתקנו כללות א"ק ואבי"ע, ניתוספו באצילות י"א פרצופים כוללים, כי לא היה בו כי אם פרצוף קודם התיקון, וכן על דרך זה בבי"ע ובא"ק, אבל עדיין היו אלו הי"ב פרצופים הכוללים, היו חסרי התיקון, כי לא היה כי אם פרצוף אחד, והוצרכו להתקן, וניתוסף ככל אחד ואחד מהם י"א פרצופים כוללים, כל אחד כלול מי"ב פרצופים. הרי נתקן כללות האצילות מי"ב פרצופים כוללים, כל אחד כלול מי"ב פרצופים. ואחר כך הוצרכו להתקן, שיהיה כל אחד מהי"ב פרצופים דכל פרצוף שיהיה בו י"ב פרצופים, זהו בכל פרטי א"ק ואבי"ע, יש בו כלל גדול, וכלל בנוני ופרט, כאמור.
173

תורת חכם דקי"ט ע"א – והנה מה שכתב שג"ר דז"א הכולל, נשארו באימא דכללות, **נוכל לומר שהם ג"ר** **דז"א הכולל,** הם שנשארו באימא דכללות. או נוכל לומר שלא נשאר ממנו באימא דכללות שום דבר, אלא כיון שנקרא ז"א דכללות בחינת ו"ק בערך או"א דכללות, אם כן נקרא חסר ג"ר דכללות בערכם, ואו"א עצמם הם הם הג"ר דז"א דכללות, שנשארו באו"א דכללות. וכשיעלה הז"א ויקח כל בחינת או"א דכללות נקרא שהוא שלם הג"ר. וכן על דרך זה כולם, שכולם נקראים ז"א דכללות בערך העליון מהם. ומה שכתב שג"ר דז"א דכללות לא יצאו, ונשארו באימא דכללות, **ר"ל שלעולם יצאו לאויר העולם, אלא כיון שעדיין** **לא לקחם הז"א דכללות, נקראים שלא יצאו, ונשארו באימא דכללות,** שהוא בפרצוף א"א ונוקבא

דכללות, **כנזכר לעיל שלא**[176] **יצאה, ואז כל השבעה** הכלים דכל נקודה דכללות, נשברו **מתו הפנים ואזור** שהם חג"ת נהי"מ, **וירדו** הכלים **בבי"ע** דאותה נקודה דכללות, והאורות דשבעה המלכים חזרו למעי אימא דאותה נקודה דכללות, עד זמן התיקון. ◆

לעיל[177] בפרק ו' דשער זה ביאר הרב ז"ל כי במלכות הפרטית דכל נקודה יצא הכתר שבה, כאן מבאר הרב ז"ל בנקודת המלכות יצאה המלכות שבה. כך שיש שתי שמועות בדברי הרב ז"ל בכמה מקומות, מרן הרש"ש כותב[178] כי השמועה דשער זה שנקודת **המלכות היא שיצאה**, ולא נקודת הכתר דמלכות. וכן הוא במספר[179] מקומות בע"ח, ובדרוש[180]

---

174 — שנקראים אימא דכללות בערך זה, כי אין להשגיח על הפשטות שכתב הרב ז"ל, **כי אם להבין כוונתו, כי הוא מכוין להעלים העניינים**, וסומך על המעיין כנודע.

175 — **בית לחם יהודה ש"ט פ"ז דל"ב ע"א** – תוך אימא עילאה. היא נקודה הרביעית הכללית לפי חשבון פרקין.

176 — **השמ"ש [ג]** – עיין לקמן מה שכתבנו בגליון, ר"ל במה שמבואר פרק ו' משער המלכים.

177 — **בית לחם יהודה ש"ט פ"ז דל"ב ע"ב** – שלא יצאה. קאי על הבינה דז"א, שלא יצאה מאימא עילאה.

178 — **ע"ח ש"ט פ"ו דמ"ב ע"א** – ומנקודה החמשית שהיא מלכות דב"ן, נשארו כל התשע אחרונות שבה למעלה, כדרך ז"א. ולא יצאתה רק **כתר שבה לבד**.

179 — **רחובות הנהר ד"ב ע"ב ע"ג** – ונמצא כי כל מקום שכתב הרב דג"ר יצאו שלימות, וז"א יצא בששה חלקי הנקודה לבד, **ונוקבא בחלק אחד, מלכות שבה לבד**, היינו בג"ר ובזו"ן דכל אחד ואחד מחמשה נקודות הכוללות דכל פרצוף. אבל החמשה נקודות כוללות דאותו פרצוף יצאו שלימות וכמבואר בפ"ו משער שבירת הכלים וז"ל - ואל תתמה אם יצאו התחתונות אחר שבירת העליונות וגם איך כל ג"ר שבכל נקודה של חמשה נקודות לא נשברו, והשבעה תחתונות דנקודות ראשונות נשברו. התשובה היא כי בכל נקודה ונקודה יש מין אור אחד שוה לערך הנקודה ההיא, ואז האור שלהם של הג"ר יוכלו לקבל, ושבעה תחתונות שבו לא יכלו לקבל. וכן על דרך זה בכל נקודה ונקודה מחמשה נקודות נקודות אירע כך, עד כאן. באופן דכל דרושי הרב המדברים בפרצופי עתיק וא"א ואו"א וזו"ן אינו מדבר על הכוללים כי אם בחמשה פרצופים דנקודה אחת דעשר ספירות דפרצוף אחד מפרצופי אבי"ע, וממנה נקיש אל השאר.

180 — **ע"ח ש"ג פ"ג מ"ב די"ז ע"ב** – ודע כי כל בחינת זו"ן שיש בעולמות כולם נקרא שבעה קצוות [נ"א ששה קצוות] של גוף של אותו עולם, כי כן יצאו בעת אצילות הראשון שנאצלו חסרים ג"ר לז"א, ותשעה ראשונות לנוקבא, ואלו השתים צריכים שלוש זמנים, שהם עיבור יניקה ומוחין להשלימם.

ע"ח ש"י פ"ה ד"נ ע"א – ונתוספו **תשעה כלים הראשונים בנוקבא, זולת כלי מלכות שבה, שכבר היה בה מעיקרא**, וגם נתלבשו אלו באלו, וגם נתלבשו כל כלים דעתיק ודא"א ודאו"א וז"א, בתוך כלים שלה.

נהר שלום, דרוש הדעת דמ"א ע"ב – דע כי אף על פי שהוזכר תמיד היותם עשר ספירות, אינם רק חמש ספירות, וכל ספירה הוא פרצוף אחד, וכולל עשר מדות, והם א"א ואו"א וזו"ן. וזה פרטם, כי ספירת **הכתר כוללת עשר מדות, ונקראת א"א**. וספירת **החכמה כוללות עשר מדות, ונקראת אבא**. וספירת **בינה כוללת עשר מדות, ונקרא אימא**. וספירת הדעת **דחסדים כוללת עשר מדות, ונקראת זעיר**, אך כשנאצל לא היו בו רק שש מדות, חג"ת נה"י שבדעת, והם הם החג"ת נה"י הנקרא אצלינו מכלל העשר ספירות, אבל אינם רק מדות, ולא ספירות כמו השלוש ספירות הראשונים. וספירת הדעת **דגבורה כוללת עשר מדות, ונקרא נוקבא דזעיר**, אך כשנאצלה לא היה בה רק מדה אחת לבד, העשירית, והיא מלכות שבדעת הנזכר. והיא היא המלכות הנקראת אצלינו מכלל העשר ספירות, אבל אינה רק מדה אחת, ולא ספירה, ואלו החמשה פרצופים נרמזו בשם ההוי"ה, בקוצו של יו"ד ובארבעה אותיותיו, ולפי שהכתר אינו מכלל העשר ספירות, והושם ספירת

הדעת. עם כל זאת הרב כרם שלמה גורס כאן שמדובר הכתר דנוקבא. כאן הביאור לפי דברי הרש"ש שמדובר[181] בנקודת המלכות שבמלכות דכל שיעור קומה העומד בעובי.

ואזור[182] **כך** בכל נקודה ונקודה שבעובי דכללות **יצאה הנוקבא דו"א,** שהיא בחינת **המלכות**[183] **עשירית**[184] **לבד שבה** ר"ל המלכות שבמלכות דכל נקודה דכללות, **וגם הכלי דיליה נשברה ומתה** וירדה בבי"ע דאותה נקודה דכללות, והאור שלה חזר לבינה הפרטית דאותה נקודה דכללות.

ואזור[185] **כך** בזמן[186] התיקון **יצאה**[187] **שם מ"ה** החדש דרך המצח דא"ק, ושורשו[188] הוא מז"א דא"ק, **ונתחבר עם ב"ן** שם ב"ן שרשו[189] ממלכות דא"ק, **בכל ספירה וספירה** מכל העשר ספירות

הדעת במקומו, לכן נרמז בקוץ היו"ד, ולא באות ממש. ונמצא כי עיקר הפרצופים הם ארבעה, או"א וזו"ן, והם ארבעה אותיות ההוי"ה, והם נכללות בשלוש ספירות בלבד, שהם חב"ד, ודעת כלול משתי עיטרין.
181

תרשים ז – ל"ד.
182

בית לחם יהודה ש"ט פ"ז דל"ב ע"ב – ואחר כך יצאה הנוקבא דז"א. לאו דווקא אחר כך יצאה, אלא שניהם יצאו ביחד, כמו שכתב בפרק ו' דלעיל בד"ה ולא יצא וכו'.
183

בית לחם יהודה ש"ט פ"ז דל"ב ע"ב – המלכות עשירית לבד. הנה בפרק ו' דלעיל כתב שיצא הכתר שבה, ולא המלכות שבה. ועיין בדברינו בפרק י"א דשער כ' ד"ה תחילה וכו', שהם שלוש שמועות, יעו"ש.
184

כרם שלמה ש"ט פ"ז אות ד' – ומה שכתב כל על המלכות, שיצאה העשירית שבה לבד. פירוש היינו **הכתר שבה, שהוא נקודה עשירית מעשר ספירות שבה,** אבל לא המלכות שבה.
185

כרם שלמה ש"ט פ"ז אות ד' – ומה שכתב ואחר כך יצא שם מ"ה, ונתחבר עם ב"ן בכל ספירה וספירה כנזכר לעיל, בכל הפרטים. ר"ל כשיצא שם **מ"ה** יצא כנגד **כל הפרטים** דכל האצילות, דהיינו מראש עתיק עד סוף מלכות דאצילות. אבל לא יצא כנגד השבעה תחתונות לבד דכל פרצוף שנשברו, אלא יצא כנגד כל העשר ספירות **דעתיק,** ונתחבר עם עשר ספירות **דב"ן** דעתיק. וכן כנגד כל העשר ספירות דא"א, ונתחבר כנגד כל העשר ספירות דא"א. וכן העשר ספירות דאו"א וזו"ן. ואז נעשו העשר ספירות דעתיק וא"א מכתר שלהם, עד המלכות שבהם, כולם כלולים **ממ"ה ומב"ן,** אף על פי שבהג"ר שלהם לא היה בהם ירידה ומיתה ח"ו, על כל פנים כשיצא שם **מ"ה** יצא בשלמות. וכן או"א וישסו"ת וזו"ן, כולם כלולים משם **מ"ה וב"ן,** מכתר שלהם עד מלכות שבהם.
186

מבוא שערים ש"ב ח"ב פ"ג שי"א ע"ד – ואז נזדווגו הטעמים דס"ג הנזכרים בע"ב דא"ק, שהם דכורא, גם כן בבחינת פנימיותיו, שהם המוחין שלו. **ואז על ידי זיווגם הולידו אור חדש,** והוא שם **מ"ה דא"ק, והאור הזה יצא מבחינת מצח דא"ק.** כי הנקודים יצאו תחלה מן העינים, וזה האור חדש נמשך מן המצח שלו. וכבר נתבאר בש"א ח"ד כי האוזן וחוטם והפה היוצא מהם הבל הנרגש, ומהעין יצא ההסתכלות עם שאינו הבל ממש כנזכר בש"ב ח"א פ"א. אמנם מן המצח אינו יוצא לא הבל ולא ההסתכלות, **רק הארה בלבד.** וזהו מה שכתוב בזוהר עילאה מתגלה, שאין בו רק גילוי הארה בלבד. וזהו מחמת רוב האור בתכלית אשר שהוא בו, כי הרי מבפנים כנגד המצח שם ע"ב שהם המוחין דא"ק, ושם היה מקום הזיווג שנזדווגו ע"ב עם הטעמים דס"ג. ולכן מן המצח עצמן יצא אור מ"ה הזה, וזהו מה שכתוב בזוהר - כד סליק ברעותא למברי עלמא וכולי. ר"ל כשעלו מ"ן במצח הרצון, דתרגום רצון - רעותא, למברי עלמא - הם השבעה מלכים הנקראים מלכים.
187

דחמשה פרצופי העובי **כנזכר לעיל**[190] ותקנם כל אחד בבחינת פרצוף, **בכל הפרטים** ופרטי הפרטים

דכל בחינה ובחינה וניצוץ[191].

בתחילת דרוש זה כתב הרב ז"ל - **ודע כי למעלה בעתיק וא"א לא הרשינו לדבר אבל נדבר כאן ולמטה...** ואפילו שביאר לעיל, ויבאר לקמן הרב ז"ל את פרצוף עתיק וא"א, עם[192] כל זאת עיקר פרצופי האצילות שאפשר לדבר בם הם מאבא ולמטה, והם כלולים ממ"ה וב', אפילו שגם פרצופי עתיק וא"א כלולים ממ"ה וב"ן, עם כל זאת אין להם נוקבא נפרדת, והיא חלק מעצמותם. מפרצוף אבא ולמטה לכל פרצוף ופרצוף יש נוקבא נפרדת ממנו, וכל אחד מהם

ע"ח ש"י פ"ב מ"ת דמ"ח ע"ב – והנה אור **שם מ"ה החדש הזה היוצא מן המצח דא"ק**, הוא אחרון מכולם, לכן אין בו לא בחינת הבל כמו השלושה, ולא בחינת הסתכלות כמו נקודת העין, ואין בו רק בחינת הארה לבד. וזו שנזכר תמיד בזוהר באדרא זוטא - במצחי אתגלי כו', כי אין בה רק גילוי הארה לחוד, גם זה מה שכתוב בזוהר במקומות רבים - כד סליק ברעותיה למברי עלמא דאצילות. פירוש, כי מצח הרצון דא"ק, סליק ברעותיה למברי עולם האצילות, **על ידי אור מ"ה חדש היוצא ממנו אשר**, על ידו נתקן כל האצילות כמו שנבאר בע"ה. ונמצא כי פירוש רעותא הוא סוד מצח הרצון הנזכר, כי תרגום רצון רעותא. והנה לפי בחינת ע"ב הוא בראש א"ק, שהם בחינת המוחין, ומקומם הנזכר הוא מבפנים, **כנגד מקום המצח**, ושם נזדווגו המוחין שהם בחינת ע"ב עם בחינת ס"ג, שהם אח"פ, הטעמים דס"ג, שהם למטה מהמוחין בסוף הראש, ולכן מרוב האור שיש שם בזה המצח על ידי הזיווג הנזכר לעיל, **יצא אור חדש ממנו ולמטה, שהוא שם מ"ה החדש.**
188

ע"ח ש"ט פ"ז מ"ב דמ"ו ע"ב – ושם מ"ה החדש הכולל כל האצילות, הוא ז"א דא"ק.
189

ע"ח ש"ט פ"ז מ"ב דמ"ו ע"ב – ונודע כי שם ב"ן הכולל כל האצילות, הוא **מלכות דא"ק**.
190

רחובות הנהר ד"ב ע"ג – גם נודע כי המלכים יצאו בתחילה בבחינת כלים דנפש לבד, שהם המלכות דכל מלך, וכל מלכות כלולה מעשר, וגם הג"ר יצאו בבחינת כלים דנפש, אלא שכל אחת מהג"ר כלולה מעשר מלכיות, וכל מלכות כלולה מעשר, אמנם זה הכללות שהיה בהם עדיין לא היה מבורר ומתוקן כראוי. עד שיצא שם מ"ה החדש, **ותיקנם בבחינת פרצוף כראוי**, כמו שנבאר בע"ה.
191

רחובות הנהר ד"ה ע"ב – כל ספירה, וכל ניצוץ, **כלול ממ"ה וב'ן, מחוברים חיבור גמור**. אמנם כל צד המ"ה נקרא דכורא, יען הוא משפיע ומתקן לצד הב'ן, הנקרא נוקבא. וכל חסדים הם ממ"ה, וגבורות הם מב'ן.
192

ע"ח שי'ט פ'ה מ"ב דצ"ב ע"א – הנה כל האצילות, שהם חמשה פרצופין, נעשין משתי בחינות שהם שם מ"ה וב'ן, שהיה נקרא תחלה שם ס'ג, ולהיותה בחינת נקודות דשם ס'ג, לכן נקרא שם ב"ן עולם הנקודות, וזכור זה. **ושם מ"ה זכר, ושם ב"ן נוקבא, וזה רוח, וזה נפש**. והנה עתיק יש בו שם מ"ה דכורא שבו, וב"ן נוקבא שבו. וכן א"א מ"ה דכורא, וב"ן נוקבא. **אך משם ואילך לא היה כך**, והיו שם שני שינוים, ושניהן אחד. והענין כי בא"א ועתיק היה הזכר והנקבה שבכל פרצוף מהם, מחוברים יחד בפרצוף אחד, כי עתיק הוא ונוקבא פרצוף אחד, לכן הזכר היה מ'ה לבדו, והנוקבא דב"ן לבדו. וכן הענין בא"א. **אך משם ואילך נפרדו הזכרים מהנקבות**, כי אבא זכר, ואימא נקבה, ואינם מחוברים כמו עתיק וא"א. אמנם הם נפרדין בשתי פרצופים, זכר לעצמו, ונקבה לעצמה, וגם בזה גרם שינוי אחר, כי כיון שהם נפרדין, אם יהיה הזכר ממ"ה לבדו, והנוקבא מב"ן לבדה, יהיה פירוד גמור ביניהן, ואין שם מתוק הדינין, ולכן מוכרח שיהיה **הזכר כלול ממ"ה וב"ן**, חסד דין. וכן **הנוקבא כלולה ממ"ה וב"ן**, חסד דין. ועם זה יהיה בין הזכר ובין הנקבה קצת חיבור, אף על פי שאינן חיבור גמור בזכר ונקבה, כמו פרצוף עתיק או בפרצוף א"א. וכן הענין בזו"ן.

כלול ממ"ה וב"ן. **צריך לדעת** כי[193] ישראל סבא הוא בחינת עטרת היסוד דאבא, ר"ל המלכות דאבא, והתבונה[194] היא בחינת עטרת היסוד דאימא, מלכות דאימא.

נמצא[195] **כי יש ב**פרצוף **אבא** ובפרצוף **ישראל סבא** יש את הבחינות ד**מ"ה וב"ן, בכל אזוד מהם**. **וכן ב**פרצוף **אימא. וכן ב**פרצוף **התבונה**[197] יש את הבחינות דמ"ה וב"ן, בכל אחד מהם.

וכן[198] **ב**פרצוף[199] **ז"א** בכללותו יש[200] את בחינת מ"ה וב"ן, הנקראים זו"ן הגדולים. כאשר בחינת המ"ה נקרא ישראל ונקרא ו"ק דמ"ה, **ונוקביה** שהיא **רזל עילאה** נקראת[201] רחל הגדולה, (**שהיא**[202] נקראת גם

193

ע"ח ש"כ פרק ה' מ"ב דצ"ז ע"ג — ואמנם דע כי כשאנו אומרים שלוקחין כולם **באמצעית תבונה, ר"ל וגם מישראל סבא.** וכן כשאנו אומרים **שלוקחין על ידי הבינה,** ר"ל וגם **מאבא עילאה.**

194

ע"ח שי"ד פ"ט מ"ב דע"ד ע"א — ודע כי הבינה היא בחינת תשע ספירות הראשונים, **והתבונה היא בחינת המלכות של הבינה** הנזכרת לעיל.

ספר הלקוטים, שמות דקל"ט ע"ב — ויאמר מלך מצרים למילדות. דע כי המילדות העבריות הם סוד בינה ותבונה. ולפי שפעמים הם כלולים זו בזו, ולכן כתיב חסר, ולפי שהם בחינת אם ובת, **כי תבונה היא סוד מלכות דבינה,** ולכן יוכבד ומרים הם היו אימא וברתא, וכן יוכבד גימטריא מ"ב ע"ה, סוד אימא עילאה, ומרים סוד תבונה, ובה דיניין חקיפין. וזה סוד מה שכתוב בספר הזוהר - מינה דיניין מתערין. דהיינו מבחינת תבונה, ולא מן בינה. ולק היא הוי"ה בניקוד אלהי"ם, כי היא גופא רחמים, אך תבונה היא דינים, ולכן מרים גופא היא דינים.

קהלת יעקב ערך תב, ב' — המלכות מצד הבינה, נקרא גם כן תבונה.

195

כרם שלמה ש"ט פ"ז אות ה' — מה שכתב כי באבא וישראל סבא מ"ה וב"ן בכל אחד מהם. ר"ל אף על פי שאבא וישראל סבא הם בחינת זכרים, והיה ראוי שלא להיות בהם כי אם בחינת **מ"ה** לבד. אבל הואיל ואין קיום ל**ב"ן בלתי מ"ה,** לכן נתערב ה**מ"ה וב"ן** בכל פרצוף ופרצוף כדי לקיים את זה, ואין לך ניצוץ באצילות שאין בה מ"ה וב"ן.

196

בית לחם יהודה ש"ט פ"ז דל"ב ע"ב — נמצא כי יש באבא וישראל סבא מ"ה וב"ן בכל אחד מהם. עיין בפרק ה' דשער י"ט ד"ה ולכן מוכרח וכו', מה שכתב שם באורך.

197

תרשים ז – ל"ה.

198

בית לחם יהודה ש"ט פ"ז דל"ב ע"ב — וכן בז"א ונוקביה, שהיא רחל עילאה פנימאה הנקראת לאה. כן הוא בע"ח כתב יד, ור"ל רחל שהיא לאה, הנעשית מאחורייים דמלכות דאימא, כמבואר בפרק ב' דשער ל"ז, שנקראת גם כן רחל, לפי שמתלבשת בפנימיות רחל, כמבואר בריש פרק ז' דשער י"ט, ובפרק א' דשער כ"ט, יעו"ש. ומשום הכי קרי לה פנימאה.

199

רחובות הנהר ד"ז ע"ד — ונתחברו ו"ק שהם ז"א דמ"ה, עם ו"ק שהם ז"א דב"ן, ונכללו אלו באלו, ונתלבשו אלו באלו, והלבישו לתנה"י דא"א, מהטיבור ולמטה מכל צדדיו פנים ואחור. **ונקראים זו"ן הגדולים,** כי ו"ק דב"ן נקראת רחל הגדולה, מלכות שבגופו, ולפעמים נקראת בשם לאה, ובכללותם נקרא ז"א. וו"ק דמ"ה נקרא אותיות עצמם ממש, וו"ק דב"ן נקרא בחינת חשבון דאותיות דז"א. וכן נתחברו מלכות נוקבא דזעיר אנפין דמ"ה, עם מלכות נוקבא דז"א דב"ן, ונכללו אלו באלו, ונתלבשו אלו באלו, והלבישו לתנה"י דזו"ן הגדולים, ואלו נקראים יעקב ורחל, ובכללותם נקראים נוקבא דז"א

200

56

לאה הגדולה, ו"ק דב"ן) והיא המלכות שבגופו, וכן בעטרות היסוד דז"א הנקראים יעקב ורחל הקטנים יש את

הבחינות דמ"ה וב"ן בכל אחד מהם.

הרב ז"ל מבאר את בחינת יעקב ורחל. לפי[203] הפשט מדובר ביעקב ורחל הנמצאים מחוץ לז"א, רחל עומדת מאחורי ז"א אחור באחור, ויעקב עומד לפני ז"א, כאשר הפנים דז"א הם באחורי יעקב, ושתי הפרצופים האלה עומדים מהמחזה דז"א עד סיום קרקע האצילות. **בעומק דברי קודשו** של הרב ז"ל מדובר כאן[204] על יעקב **ורחל שהם עטרת היסוד דז"א**, ר"ל המלכות דז"א, **הנקראים יעקב ורחל הקטנים**, או[205] מלכויות דמ"ה ו"ק דו"ן דז"א, שהם בחינת המלכות עטרת[206] היסוד דז"א[207] הכללי, הנקראת[208] עטרה בראש הצדיק.

תרשים ז – ל"ו.
201

נהר שלום, דרוש הדעת דמ"ג ע"א – גם דע כי זיווג יעקב העליון בג"ר, הוא רוחא ברוחא, בסוד נשיקין שבפה. וזווג יעקב תחתון, הוא גופא בגופא ממש, ביסוד תחתון שבו. עוד יש זווג אחר של יעקב ודור המדבר, והם אורות יוצאים מחוץ אל יעקב הנקרא גופא דז"א הכולל, וכמו כן יש בלאה היוצאת לחוץ מיעקב עליון. והיא זולת **רחל הגדולה**, כגודל זעיר ורחל הקטנה, מחזה דזעיר ולמטה, ולפעמים אוזיפת מנהא לאה לרחל העליונה, או להיפך. וכן העניין בקטנה.
202

אח"י – הגהה זאת היא בספר עץ חיים כתב יד למרן הרש"ש.
203

תרשים ז – ל"ז.
204

רחובות הנהר ד"ז ע"ד – וכשנמשכים צלמי המוחין מאו"א לזו"ן, הנה הצלם דמוחין דאבא נמשך ומתפשט **בו"ק דמ"ה, הנקרא ז"א דכורא**, והם בחינת אותיות עצמם. וצלם דמוחין דאימא נמשך ומתפשט **בו"ק דב"ן, הנקרא נוקבא דז"א**, והם בחינת מספר וחשבון דאותיות דז"א, וזה בערך ו"ק דמ"ה, אמנם בערך מלכות דב"ן, נקראים גם הם בחינת אותיות ממש. ואחר כך יוצא הארת הבינות והגבורות מוחין שנתפשטו בזו"ן, ובונים ומתקנים את יעקב ורחל, כמו שנתבאר בכוונת ברכת אבות בע"ה, **ואלו יעקב ורחל הם המלכויות, הנקראים עטרת דיסוד דו"ן דמ"ה וב"ן דזו"ן הגדולים עצמם**. לא המלכויות דמ"ה וב"ן הנזכרים לעיל, שהם המלך השביעי, כי אותם יש להם בחינת אותיות ומספר, וכמו שכתוב בפרק ז' משער י"ד, שער או"א, עיין שם. והם דוגמת בינות דאו"א, וכל אלו **הזו"ן הגדולים**, עם הנוקבא שהם יעקב ורחל הגדולים, **עם הקטנים** [**אח"י** - יעקב ורחל הקטנים, המלכויות דזו"ן הגדולים] כולם **תיקונם וזיווגם נתקן ונעשה על ידי האנשים לבד, וכולם נקראים בחינת דכורא**, בערך הנוקבא הכוללת, הנתקנת על ידי הנשים, אשר יש בה כל הפרטות הנזכר לעיל. **ועיין מאד להבין עניין זה היטב**. וכל אלו הפרצופים דזו"ן ויעקב ורחל, שהם השבעה תחתונות דמ"ה וב"י, נקאים נה"י, גופא דזעיר ונוקביה, ונקראים נר"ן דנפש.
205

רחובות הנהר ד"ח ע"א – אלו נה"י, נצח והוד נקראים זו"ן הגדולים, שהם ו"ק דמ"ה, ו"ק דב"ן, **ויסוד נקרא יעקב ורחל, ואלו יעקב ורחל הם דגופא דז"א עצמו**, כי היסוד הוא מכלל הו"ק. וגם המלכות דמ"ה וב"ן נקרא יעקב ורחל, וכללותם נקראים נר"ן דנפש.
206

ע"ח שי"ט פ"ט דצ"ה ע"א – וכשתחברם באופן אחר, יהיה א"א ונוקבא דעת, הכולל חו"ג מכריע בין החו"ב, שהם עתיק ונוקבא. וכן ישסו"ת הם תפארת, מכריע בין או"א, שהם חסד וגבורה. **וכן יעקב ורחל הם יסוד המכריע בין נצח הוד שהם זו"ב**. כנודע דאיהו בנצח ואיהי בהוד, **והבן זה מאד**.
207

תרשים ז – ל"ח.
208

וְיַעֲקֹב[209] וְנוּקְבָּא, שהם יעקב רֹזֵל תתאה הנקראים יעקב ורחל הקטנים, והם בחינת המלכויות דיסוד דז"א, עטרת היסוד דז"א, העומדים מהחזוֹה דז"א וּלְמַטָּה, הנקראים גם מלכויות דמ"ה וב"ן דו"ק. נמצא[210] שיש בחינות דמ"ה וב"ן בכל אזור מהארבעה פרצופים אלו, שהם[211] או"א הכוללים את בחינת עטרת היסוד שלהם, הנקראים ישסו"ת, וז"א שהוא בעצם זו"ן הגדולים, ישראל ולאה הגדולה, הכולל את עטרת היסוד שלו, הנקראים יעקב ורחל הקטנים.

אחרי שהרב ז"ל ביאר את הפרצופים התחתונים, שהם או"א, שסו"ת, זו"ן הגדולים, ויעקב ורחל הקטנים, מבאר כאן את פרצוף א"א והנוקבא שלו, ואת ההבדל בין פרצוף זה לפרצופי או"א וזו"ן. לפי[212] הנראה מספר הזוהר הקדוש כי

ע"ח ש"א ענף ה מ"ב די"ד ע"ג – רצוני בענף זה להקדים קצת הקדמות, אל כל הבא למלאות את ידו ולהתעסק בחכמה זאת. והוא כי כבר ביארנו לעיל כי פרצוף אדם כלול מרמ"ח אברים, בעשר ספירות פרטיות שבו, באופן זה כי כתר הוא גולגלתא, וחב"ד הם שלוש מוחין, וחג"ת הם שתי דרועין וגופא, ונה"י שתי שוקין ואמה, ומלכות היא נקבה שלו. אמנם אם תרצה לחלק ולפרט אלו העשר ספירות הכלליות בפרטים רבים, הנה אינם נחלקות רק לחמשה בחינות לבד, אשר כל בחינה מהם הוא פרצוף אחד שלם כמראה אדם. וזה סדרן. הנה הכתר הוא פרצוף אחד שלם מעשר ספירות, ונקרא א"א. וחכמה הוא גם כן פרצוף אחד מעשר ספירות, ונקרא אבא. ובינה היא גם כן פרצוף אחד מעשר ספירות, ונקרא אימא. והו"ק מחסד עד היסוד, הוא פרצוף אחד מעשר ספירות, ונקרא ז"א. וספירה עשירית שהיא מלכות, היא פרצוף אחד מעשר ספירות, ונקרא נוקבא דז"א. עוד צריך לדעת, כי בחינת המלכות שבכל פרצוף ופרצוף, מאלו החמשה פרצופים הוא באופן זה, כי מלכות אשר בפרצוף זכר, כגון אבא וז"א, הנה המלכות שבו הוא בחינת עטרה שעל הצדיק, הנקרא יסוד. בסוד - ברכות לראש צדיק, הנזכר בספר הזוהר פשת ויצא דף קס"ב, וז"ל - רבי ייסא זוטא הוה שכיח קמיה דרבי שמעון, אמר ליה מהו דכתיב ברכות לראש צדיק, לצדיק מבעי ליה וכו'. ואם הוא מלכות בפרצוף נוקבא, כגון אימא ונוקבא דז"א, הנה המלכות שבה הוא גם כן בחינת עטרת היסוד שבה, כי היסוד הוא הרחם, והעטרה שבה הוא בחינת הבשר התפוח שעליה, הנקרא בדברי חז"ל שפולי מעיים, בעניני סימני איילונות כנודע.
209

בית לחם יהודה ש"ט פ"ז דל"ב ע"ב – ויעקב ונוקבא רחל תתאה. יעקב הנזכר הוא הנעשה מאחוריים דאבא, כמו לאה הנעשית מאחוריים דאימא, כנזכר בפרק ב' דשער ל"ז. ורחל תתאה היא רחל העיקרית, הנקראת עקרת הבית.
210

כרם שלמה ש"ט פ"ז אות ה' – אבל מה שחשב לאבא וישראל סבא וכן השאר לשנים שנים, מפני שרוצה להראות לי רבותא כי באלו העמים יש בהם בכל אחד מ"ה וב"ן.
211

כרם שלמה ש"ט פ"ז אות ה' – ומה שכתב מהארבעה פרצופים, מפני שאבא וישראל סבא היו פרצוף אחד, כי ישראל סבא ענף דאבא. וכן תבונה ענף דאימא. וכן יעקב ענף דז"א. וכן רחל תתאה ענף דנוקבא דז"א, דהיינו דרחל עילאה.
212

ע"ח שי"ב פ"ב מ"ת דנ"ז ע"א – והנה מצינו ראינו בהרבה מקומות בזוהר, ובאדרא רבא דף קמ"א ע"ב - בהאי דיוקנא דאדם שארי ותקין כללא דכר ונוקבא, מה שאין כך בעתיקא. וכן בהרבה מקומות מצינו שלא התחיל בחינת זכר ונקבה אלא מאו"א ולמטה, כנזכר באדרא זוטא דף ר"צ ע"א - האי חכמתא אתפשט ואשתכח דכר ונוקבא, שהוא חכמה אב, בינה אם, ובגינייהו כולא אתקיים בדכר ונקבא וכו'. אם כן איך אנו אומרים שאפילו בעתיק וא"א יש בחינת נוקבא, והנה מצינו היפך זה בהרבה מקומות, ובפרט בספר הזוהר פרשת בראשית דף ב"ך ע"ב - דעילת כל העילות אמר האי קרא - ראו עתה כי אני אני הוא ואין אלהי"ם עמדי וגו', דאית אחד בשתוף כגון דכר ונוקבא, ואתמר בהון - כי אחד קראתיו, אבל איהו חד, ולא בחושבן, ולא בשתוף. ובגם כן אמר - ואין אלהי"ם עמדי, שהיא בחינת הנוקבא, הנקרא אלהי"ם, שהיא דין.

בבחינת הכתר אין נקבה, וכולו זכר, בסוד[213] - אני אני הוא ואין אלהי"ם עמדי, ובסוד[214] - כי אחד קראתיו. **צריך לדעת** כי כמו כל בחינה ובחינה מהנאצלים, מורכבת ממ"ה וב"ן, גם פרצופי א"א ועתיק מורכבים ממ"ה וב"ן, כאשר הזכר והנקבה שלהם מחוברים יחד, והם פרצוף אחד. אך[215] משם ולמטה, ר"ל מפרצופי[216] או"א נתחלקו הפרצופים, זכר לחוד ונקבה לחוד, לכן הם שתי פרצופים שונים ומחולקים בניהם, כאשר לכל בחינה מהם יש מ"ה וב"ן, וכן הוא בפרצופי זו"ן. אבל[217] כאן בפרצוף א"א, מבאר הרב ז"ל כי הנוקבא דיליה לא נפרדת מהזכר, אלא[218] צד הימין דא"א הוא זכר, וצד השמאל הוא נקבה, לכן[219] פרצוף א"א הוא **אחד**, אבל גם הוא מורכב[220] מבחינות דמ"ה וב"ן.

213

דברים ל"ב ט"ל - ראו עתה כי **אני אני הוא ואין אלהי"ם עמדי** אני אמית ואחיה מחצתי ואני ארפא ואין מידי מציל.
214

ישעיהו נ"א ב' - הביטו אל אברהם אביכם ואל שרה תחוללכם **כי אחד קראתיו** ואברכהו וארבהו.
215

ע"ח שי"ט פ"ה מ"ב דצ"ב ע"ב - והענין כי בא"א ועתיק, היה הזכר והנקבה שבכל פרצוף מהם, מחוברים יחד בפרצוף אחד, כי עתיק הוא ונוקבא פרצוף אחד, לכן הזכר היה ממ"ה לבדו, והנוקבא דב"ן לבדו, וכן הענין בא"א. **אך משם ואילך נפרדו הזכרים מהנקבות**, כי אבא זכר, ואימא נקבה, ואינם מחוברים כמו עתיק וא"א, אמנם הם נפרדין בשתי פרצופים, זכר לעצמו, ונקבה לעצמה, וגם בזה גרם שינוי אחר, כי כיון שהם נפרדין אם יהיה הזכר ממ"ה לבדו והנוקבא מב"ן לבדה, יהיה פירוד גמור ביניהן, ואין שם מתוק הדינין, **ולכן מוכרח שיהיה הזכר כלול ממ"ה וב"ן, חסד דין, וכן הנוקבא כלולה ממ"ה וב"ן, חסד דין**. ועם זה יהיה בין הזכר ובין הנקבה קצת חיבור, אף על פי שאינן חיבור גמור בזכר ונקבה, כמו פרצוף עתיק, או בפרצוף א"א, וכן הענין בזו"ן.
216

כרם שלמה שי"ט פ"ז אות ה' - הוא מה שכתב אמנם הא"א לא היה ב"ן, יען לא היה לו נוקבא נפרדת, לכן כל צד ימין היה מ"ה לבד, וכל צד שמאל היה ב"ן. ר"ל כי בשאר הפרצופים הואיל והפרצוף של הזכר לבד, ופרצוף הנוקבא לבד, ואין קיום **לב"ן** בלתי התחברות ה**מ"ה** עמו, לכן בפרצוף הזכר היה **מ"ה וב"ן**, ופרצוף הנוקבא גם כן היה **מ"ה וב"ן**, כדי לקיים זה את זה.
217

כרם שלמה שי"ט פ"ז אות ה' - אבל בא"א ועתיק, הואיל והזכר והנוקבא של כל אחד ואחד היו שניהם פרצוף אחד. **לכן אין צריך להיות מ"ה וב"ן בזכר, ומ"ה וב"ן בנוקבא**. לכן בא"א שצד הזכר שלו בצד ימין שלו, **לכן כל צד ימין שלו היה בחינת מ"ה לבד**, והנוקבא שלו שהייתה בצד שמאל, **לכן כל צד שמאל שלה הייתה בחינת ב"ן לבד.**
218

ע"ח שי"ד פ"א מ"ת דס"ט ע"ד - והנה נתבאר לעיל כי גם א"א כלול מזכר ונקבה בחד פרצוף. **הזכר בקו ימין, והנקבה בקו שמאל.** ולסיבה זו כאשר באו או"א להלביש את א"א, אבא הלביש את קו ימין דא"א, ואימא את קו שמאלו, כמו שנבאר. והענין הוא באופן זה, כי שתי כתרים דאו"א הלבישו את הגרון דא"א, זה ימין, וזה משמאל, ושאר הפרצוף של אבא ושל אמא הלבישו את א"א, מהגרון ולמטה עד הטבור של א"א. **אבא מימינא, ואימא משמאלא. זה בזרוע החסד, וזה בזרוע גבורה.** וגם זה פירוש שני במה שמבואר לעיל, שנזכר בזוהר - דאבא אחיד ותלייא בחסד, ואימא אחיד ותלייא בגבורה.
219

ע"ח שי"ב פ"ב מ"ת דנ"ז ע"ב - ונודע כי בנה"י של הכתר דנקודים היה קצת ביטול, כאשר ירדו להעשות (כלים) מוחין לאו"א. ולכן גם בו היה בחינת זו"ן, אלא שנתוסף להם תיקון וחיבור נוסף, **והוא ששניהן היו פרצוף אחד, הזכר ונקבה שבו, באופן זה כי בחינת שם מ"ה שבו נתון בכל צד ימין, ובחינת שם ב"ן שבו היה בצד שמאלי שבו, ושניהם דבוקים יחד בבחינת פרצוף אחד.** וזהו ענין מה שכתוב בזוהר שהכתר הוא זכר לחוד בלי נוקבא, ר"ל **בלי נוקבא נפרדת ממנו**, ומה שאנו אומרים שיש זכר ונוקבא **נמצאים בו שתי בחינות אלו של מ"ה וב"ן בימינו ובשמאלו**, אשר הם בחינת זכר ונקבה בכל מקום. אבל

אמנם[221] בפרצוף א"א[222] דכל נקודה דכללות **לא היה כן** כמו פרצופי או"א וזו"ן, **יען אין לו נוקבא נפרדת, לכן כל צד ימין** שלו **היה**[223] מבחינת שם מ"ה לבד, וכל צד

לא שיש בו זו"ן נפרדין בשתי פרצופים, **והבן זה מאד**. ובזה תבין איך או"א מלבישין לא"א, זה לימינו, וזה לשמאלו, **כי כן הדבר בא"א עצמו, צד ימין שבו הוא מ"ה דכורא, וצד שמאל הוא ב"ן נוקבא.**
220

תרשים ז – ט"ל.
221

שפת אמת ש"ט פ"ז אות א' די"ג ע"ג – ואמנם בא"א לא היה כן יען אין לו נוקבא נפרדת, לכן כל צד ימין היה מ"ה לבד, וכל צד שמאל ב"ן לבד, או אפשר מצד ימין כלול ממ"ה וב"ן, והם זכרים, וצד שמאל מ"ה וב"ן, ושניהם נקבות, וצריך עיון. וכן על דרך זה בעתיק דכורא ונוקבא בבחינת פנים ואחור כנזכר במקומו וכו'. כתב מורנו הרב יעקב צמח בהגה"ה וז"ל - צמח. מ"ה וב"ן שניהם זכרים, משמע ב"ן דמ"ה וב"ן שניהם נקבות, משמע מ"ה דב"ן, עד כאן לשונו ואחרי נשיקת ידי ורגלי קודשו, נראה הפירוש זה הכא לא יכון, דהרי לעיל מזה תוך כדי דיבור כתב רז"ל בספק הראשון - לכן כל צד ימין היה מ"ה לבד, וכל צד שמאל היה ב"ן, והיינו מ"ה דכללות שהוא מ"ה וב"ן דמ"ה, וב"ן דכללות שהוא מ"ה וב"ן דב"ן. ואם כן מאי קאמר או אפשר מצד ימין וכו', דאם פירוש דברי רז"ל כדברי הרב יעקב צמח ז"ל, היינו הך דספק הראשון, ולא שייך למימר הא דקאמר הרב יעקב צמח שניהם זכרים, משמע ב"ן דמ"ה, רצונו לומר ב"ן דמ"ה לחוד, ומה שכתב שניהם נקבות, משמע מ"ה דב"ן, ר"ל מ"ה דב"ן לחוד זה לא ניתן ליאמר כלל. דהא קאמר רז"ל או אפשר שצד ימין כלול ממ"ה וב"ן והם זכרים, וצד שמאל מ"ה וב"ן ושניהם נקבות, משמע בהדיא דבכל צד יש בו מ"ה וב"ן, אלא ודאי משמע מ"ה וב"ן בכל צד ימין ושמאל. ולא אצטריך הרב יעקב צמח ז"ל לאשמעינן דבר הפשוט, לכן כתב שניהם זכרים, משמע ב"ן דמ"ה, ואין צריך לומר מ"ה דמ"ה, ומ"ה וב"ן שניהם נקבות. משמע מ"ה דב"ן ואין צריך לומר ב"ן דב"ן. ואם כן הדרא קושיא לדוכתא, לפי פירושו ספק הראשון כמו ספק השני. ולעניות דעתי נראה לומר מ"ה ב"ן שניהם זכרים, היינו מ"ה דמ"ה ומ"ה דב"ן בימין, ושמאל דאריך אנפין ב"ן דמ"ה וב"ן דב"ן, וכן על דרך זה בעתיק בבחינת פנים ואחור א"ה. ודבר הוי"ה בפינו אמת שכן הוא בעץ חיים. פירוש בלשון הרב צמח ז"ל(. **ועוד** כתב מהרב יעקב צמח ז"ל בזה, וז"ל - וסדר זה הוא בעתיק לבד כנודע, ואולי כי ההפרש הוא שבעתיק הב"ן שבו הוא דמ"ה, ובא"א המ"ה שבו הוא דב"ן, ובזה יש מעלה יתירה לעתיק שכולו מ"ה, וא"א כולו הב"ן, עד כאן לשונו. ודברים אלו דברי הרב יעקב צמח ז"ל, צריך עיון, דהא בכולי דרוש זה מיירי רז"ל דשם מ"ה החדש מתערב עם שם ב"ן בכל פרצוף ופרצוף, וגדול מזה דאפילו בכל ספירה וספירה דפרטי פרטות, בכולם מהערב שם מ"ה החדש עם שם ב"ן דנקודות. ואם כן מאי קאמר הכא בעתיק הב"ן שבו הוא דמ"ה, דהיינו ב"ן דמ"ה, כאילו לא היה בו משם ב"ן דנקודים. ועוד כולי ספרי דבי רב ז"ל מלאים שגם בעתיק בירר משם ב"ן דנקודות לבחינת נוקבא שלו, ועוד הא קאמר הכא רז"ל כמו שבא"א יש בו מ"ה וב"ן, ושניהם זכרים, והוא בימין שלו וכו', כן על דרך זה בעתיק, בבחינת פנים ואחור הרי משמע בהדייא שגם בעתיק יש בי בחינת מ"ה וב"ן הכוללים. והיכי קאמר דכולו מ"ה וב"ן לבד, ועוד מאי האי דקאמר ובזה יש מעלה וכו', וא'א כולי ב"ן, והלא תוך כדי דיבור אמר רז"ל - אמנם בא"א וכו', ומשמע שיש בו בחינת מ"ה גם כן. והיכי קאמר הכא הרב עקב צמח ז"ל שכולו בחינת ב"ן. ואפילו שמדברים שיש ערבוב ובלבול בחכמה זו, הוא זה אם אם נקבות דכל פרצופי האצילות נעשו מב"ן לבד, והזכרים ממ"ה לבד, או אם בכל פרצוף ופרצוף בן זכרים בן נקבות יש בהם מ"ה וב"ן, שאין קיום לב"ן בלא המ"ה כנודע. ויש כמה בקיאיות סותרות זו את זו, מכל מקום הכא בדרוש זה מיירי רז"ל שיש מ"ה וב"ן בין בזכרים, בין בנקבות, באופן שדבריו לא צריך עיון. **ואחר** העיון)וכן פירש הרב השמ"ש זלה"ה, ועדיין לא הגיע ליד המחבר בכותבו זה(נראה לי פירוש דברי מהרב יעקב צמח ז"ל, האי דקאמר ואולי כי יש ההפרש הוא שבעתיק הב"ן שבו הוא דמ"ה, רצונו לומר מה שיש בו משם ב"ן הוא דמ"ה, ר"ל מ"ה דב"ן, והוא בחינת הנוקבא שבו שבאחוריו, ומ"ה לצד הזכר שבו, שהוא בחינת הפנים. ובא"א המ"ה שלו הוא דב"ן, ר"ל מה שיש בו משם מ"ה החדש הוא ב"ן, ר"ל ב"ן דמ"ה, והוא לצד ימין שהוא זכר, וב"ן דב"ן הוא לצד שמאל, שהוא נוקבא, וכזה יש מעלה יתירה לעתיק שכולו מ"ה, ר"ל מ"ה דמ"ה ומ"ה דב"ן. וא"א כולו בחינת ב"ן דהיינו ב"ן דמ"ה וב"ן דב"ן. ולפי פירוש זה הרי בעתיק יש בו בחינת שהמ"ה החדש וב"ן דנקודים, וכן בא"א, וכן נראה לעניות דעתי

שֹמֹאל שלו **היה** מבחינת שם ב"ן. **או** [224] [225] **אפשֹר** לומר שֹ'כל צֹד ימֹין כלול מֹ'ה וֹב"ן,
הנקראים מה וב"ן דמ"ה, **ושֹׁנֹיהם זכרים. וצֹד שֹמֹאל** כלול מֹ'ה וֹב"ן, הנקראים מ"ה וב"ן דב"ן,

---

לפרש דבריו ז"ל. **אמנם** אכתי קשיא, דהא צריך להיות בא"א בין בצד ימין שבו בין בצד שמאל שבו, מ"ה
וב"ן בכל אחד מהם, וכן בעתיק בבחינת פנים ואחור כדרך כל שאר פרצופי האצילות, זכר ונקבה, שיש בהם
מ"ה וב"ן בכל אחד מהם, כמו שביאר רז"ל. או אפשר שצד ימין כלול וכו', והוכחנו לעיל שארבעה בחינות
אלו נמצאו בין בא"א, בין בעתיק, והם מ"ה וב"ן דמ"ה, ומ"ה וב"ן דב"ן. והיותר נראה לעניות דעתי, הפרש
שביניהם הוא כתבו רז"ל בפירוש לקמן בשער עתיק, בפירוש שא"א יש בו פנים ואחור, אבל עתיק כולו
בחינת פנים, פירוש כי כן מצד ימינו, ובין מצד שמאלו, יש בו בחינת מ"ה מצד פנים, ובחינת ב"ן מצד אחור,
והם דבוקים אחור דמ"ה באחור בב"ן, והפנים דמ"ה מצד זה, והפנים דב"ן מצד זה. ואם שגיתי איתי תלין
משוגתי.
222

בית לחם יהודה ש"ט פ"ז דל"ב ע"ב – אמנם בא"א לא היה כן. פירוש, לא היה מ"ה וב"ן בזכר, ומ"ה וב"ן
בנוקבא, שאם כן תהיה הנוקבא נפרדת ממנו. לכן כל צד ימין שהוא חח"ן, וחצי תפארת וחצי היסוד הם מ"ה
לבד. וכל צד שמאל שהם בג"ה, וחצי תפארת וחצי היסוד הם ב"ן לבד. כך כתוב במבוא שערים דף י"ח ע"ד.
223

הגהות וביאורים)ה(– א"ה, עיין לקמן שער י"ב פרק ב'.
224

בית לחם יהודה ש"ט פ"ז דל"ב ע"ב – או אפשר שצד ימין כלול מ"ה וב"ן ושניהם זכרים, וצד שמאל מ"ה
וב"ן ושניהם נוקבין. ושניהם נוקבין פירוש, שהם מ"ה וב"ן דמ"ה. ושניהם זכרים פירוש, שהם מ"ה וב"ן
דב"ן. וכמו שכתב בהרב צמח, ודלא כמו שהשיגהו בדבריו, כפי פירוש הרב דברי שלום דף ט"ל ע"ב, ובהנדפס
מחדש הוא דף ל"ה ע"ב, דפירש שהזכרים הם מ"ה דמ"ה ומ"ה דב"ן, והנקבות הם ב"ן דמ"ה וב"ן דב"ן,
יעו"ש. דהא בריש פרק ד' דשער י"ז בפירוש השני כתב רז"ל שהזכרים הם מ"ה וב"ן דמ"ה, שהם אבא
וישראל סבא, והנקבות הם מ"ה וב"ן דב"ן שהם אימא ותבונה. וכדפירש שם הרב שמן ששון משם רבו,
יעו"ש. ועיין עוד בדברינו דהתם, וכך כתב ברחובות הנהר דף ז' ריש ע"ג ד"ה וא"א, יעו"ש. ומוכרח לפרש
הכי יען שכל כוונת רז"ל באו אפשר וכו' לומר שגם א"א הוא כשאר הפרצופים, שבחינת דכורא שבו הוא
כלול ממ"ה וב"ן, ובחינת נוקבא שבו הוא כלולה ממ"ה וב"ן, וכדי שלא תקשה, אם כן אמאי לא היו שני
פרצופים נפרדים, כמו או"א, וכמו ישראל ישסו"ת וזו"ן, לכן אמר דמ"ה וב"ן דדכורא דא"א שניהם זכרים, שאינם כל
אחד פרטות המ"ה עצמו, והמ"ה והב"ן דנוקבא דא"א שניהם נקבות, שאינם כל אחד פרטות הב"ן עצמו, ולכן
אין לו נוקבא נפרדת ממנו. מה שאין כן באו"א וישסו"ת, לסברת פרקין שכל אחד מהם היא כלול ממ"ה וב"ן,
כמו שכתב לעיל בסמוך, וכמבואר סדר לקיחתם בפרק י' דשער כ', יעו"ש. וזה דלא כמו שכתב בפרק ד' דשער
י"ד הנזכר בפירוש השני, דאבא וישראל סבא זה מ"ה דמ"ה לבד, וזה ב"ן דמ"ה לבד. וכן אימא ותבונה, זו
מ"ה דב"ן לבד, וזו ב"ן דב"ן. כלל העולה כי לפירוש ראשון כל צד ימין דא"א, שהם חח"ן, וחצי קו האמצעי
דצד ימין, שהם חצי כתר, וחצי דעת, וחצי תפארת, וחצי יסוד, כולם נתקנו ממ"ה, שהיא חכמה דמ"ה הכללי.
וצד שמאל דא"א שהם בג"ה, וחצי קו האמצעי דשמאל דא"א כולם נתקנו מב"ן, שהם חמשה תחתונות דכתר
דב"ן. וזהו כדמיון שנתחלקה הבינה דמ"ה לארכה בין או"א, דאבא לקח חצי הימין דבינה, ואימא לקחה חצי
השמאל דבינה דמ"ה, כמבואר בפרק ה' דשער י"ט. כן נחלק א"א בארכו למ"ה וב"ן. ולפי פירוש או אפשר
וכו', היה בא"א עשר ספירות גמורות בצד ימין, וכולם דמ"ה. ועשר ספירות גמורות בצד שמאל, וכולם דב"ן.
רק שספירות הזכרים שהם עשר דמ"ה, וחכמה וו"ק דמ"ה, נקראים מ"ה דמ"ה, וספירות הנקבות שהם בינה ומלכות
דמ"ה, נקראים ב"ן דמ"ה. וכן הסדר במ"ה וב"ן דב"ן שבשמאל א"א, וכמו שמבואר בהרב יפה שעה ז"ל
בריש פרק ו' דשער י"ט, שכתב שצריך להניח בהנחה יחד בל תמוט דמ"ה וב"ן דב"ן, הוא שחכמה נקראת מ"ה
דב"ן, ובינה נקראת ב"ן דב"ן, וכללותם ב"ן. וחכמה דמ"ה הזכרים שבה שהם כתר חכמה וו"ק דמ"ה.
ונקבות שבה שהם בינה ומלכות, הם ב"ן ומ"ה, וכללותם מ"ה, יעו"ש. וכן נראה ממה שביאר רז"ל לעיל מזה,
וז"ל – אבל אין הכי נמי שיש בשם מ"ה הכולל בחינת מלכות בפרטות, ובחינת בינה פרטיות, אף על פי שהם
נקבות וכו', כלומר שהם ב"ן דמ"ה.

וְשֵׁנִיהֶם נֻוקְבָא דאריך, **וְצָרִיךְ עִיּוּן** אם צריך לחלק את בחינת מ"ה דא"א למ"ה ומ"ן דמ"ה, ואת בחינת ב"ן דא"א למ"ה ומ"ן דב"ן, ומסקנת[226] מרן הרש"ש שבחינות דמ"ה ומ"ן דא"א התחלקו כל אחד מהם למ"ה ומ"ן, וכן בהגהת הרב יעקב צמח בפרקין.

צָמַח. מ"ה ומ"ן שְׁנֵיהֶם זכרים, משמע ב"ן דמ"ה (מ"ה דב"ן) מ"ה דמ"ה הנקראים מ"ה ומ"ן דמ"ה, **וּשְׁנֵיהֶן נקבות,** משמע מ"ה דב"ן (ב"ן דמ"ה) וב"ן דב"ן הנקראים מ"ה ומ"ן דב"ן.

וְכֵן[227] **עַל דֶּרֶךְ זֶה** בפרצוף[228] **עַתִּיק** דכל נקודה, **דוכרא ונוקבא** שלו , שהם בחינות דמ"ה ומ"ן בתכלית החיבור, שהם עומדים **בבזינת פָּנִים ואָחור כנודע**[229] **במקומו** וכמבואר בחיבור[230]

225

בית לחם יהודה ש"ט פ"ז דל"ב ע"ג – או אפשר שצד ימין כלול מ"ה וב"ן. ואם תאמר והלא לא לקח א"א כי אם חכמה דמ"ה, וחמשה אחרונות דכתר דב"ן, ושני בחינות אלו הם ס"ג דמ"ה, וע"ב וב"ן, ואין בהם בחינת מ"ה וב"ן דמ"ה, ומ"ה וב"ן דב"ן. יש לומר כי בזמן התיקון מוכרח שיהיה פרצוף הדכורא דא"א כולל עשר ספירות, וכולו יתוקן מעשר ספירות דפרטות החכמה דמ"ה. ופרצוף הנוקבא דא"א יהיה כלול מעשר ספירות, וכולו יתוקן מחמשה תחתונות דכתר דב"ן, וגם מתשע ספירות וחצי שנתוספו בב"ן, כמבואר בפרק ה' דשער התיקון, ובנהר שלום דף ה' ריש ע"ג ד"ה וא"א, יעו"ש. ונמצא שיש במ"ה עשר ספירות, וב"ן עשר ספירות. ועוד עיין בדברינו בריש פרק א' דאו"א ד"ה - כי שני כתרים וכו', ובפרק ט' ושער ט"ל - והנה כל המלכים וכו' משמן ששון.

226

רחובות הנהר ד"ז ע"ג – וא"א ונוקבא נתקנו, ונעשו מעשר ספירות דחכמה דמ"ה, ומחצי התחתון דכתר דב"ן, ונתוספו לו עוד חצי עליון דכתר, ותשע ספירות אחרות להשלים עשר ספירות דכתר דב"ן. **הדכורא ממ"ה וב"ן דמ"ה, ועומד בצד ימין. והנוקבא ממ"ה וב"ן דב"ן, ועומד בצד שמאל.** ונכללו אלו באלו, ונתלבשו אלו באלו, והלבישו לחג"ת ונהי"ם דיושר דעתיק, עד סוף האצילות.

227

בית לחם יהודה ש"ט פ"ז דל"ב ע"ג – וכן על דרך זה בעתיק דכורא ונוקבא שבו. קאי על מה שכתב לעיל - אמנם בא"א לא היה כן וכו'. ועל זה קאמר וכן על דרך זה בעתיק וכו'. כלומר שלא היה מ"ה וב"ן בדכורא, ומ"ה וב"ן בנוקבא.

228

גמרא בבא קמא דצ"ז ע"ב – תנו רבנן, איזהו מטבע של ירושלים, דוד ושלמה מצד אחד, וירושלים עיר הקודש מצד אחר. ואיזהו מטבע של אברהם אבינו, **זקן וזקנה מצד אחד**, ובחור ובתולה מצד **אחר.**

229

בית לחם יהודה ש"ט פ"ז דל"ב ע"ג – כמבואר במקומו. הוא בפרק ב' דשער עתיק.

230

ע"ח שי"ב פ"ב מ"ת דנ"ז ע"ג – אבל בעתיק יומין צד ימין שבו כלול ממ"ה וב"ן, וכן בצד שמאל. אם כן שוין הם, ואין הפרש בין ימינו לשמאלו. **אמנם בחינת הנקבה והזכר שבו הוא באופן אחר,** והוא שהם שתי בחינות פנים ואחור. פירוש, כי בין צד ימינו ובין צד שמאלו, יש בו בחינת מ"ה מצד פנים, ובחינת ב"ן מצד אחור, **ובזה הוא חיבור נפלא גדול מאד.** ובזה תבין כי לא תמצא שיש בעתיק פנים ואחור, כמו שיש בכל השאר ממנו ולמטה. והענין כי **העתיק מצד אחד יש לו מ"ה, ומצד השני יש ב"ן,** והוא באופן זה כי ודאי שבשם מ"ה יש פנים ואחור, וכן בשם ב"ן יש פנים ואחור, **והם דבוקים אחור דמ"ה באחור דב"ן, והפנים דמ"ה מצד זה, ופנים דב"ן מצד זה.** ונמצא שמצד זה ניכרים ונראין פני מ"ה, ומצד זה פני ב"ן, והאחוריים דשניהם דמ"ה וב"ן מכוסים זה לזה מבפנים, תוך שתי בחינות פנים. **אם כן אין מתגלה בעתיק בחינת אחור כלל, ולכן כולו נקרא פנים.** אבל א"א אשר שם מ"ה עומד לבדו לימינו, הפנים מצד זה, ואחור מצד זה, וכן בשמאלו פנים דב"ן מצד זה, והאחוריים מצד זה. נמצא שתי הפנים של מ"ה וב"ן, הם מצד אחד, ושתי

נפלא, והוא[231] שמצד אחד הוא שם מ"ה, ומצד השני כולו משם ב"ן, **נמצא שכל פרצוף עתיק הוא בחינת פנים**, עם כל זאת בחינת מ"ה נקרא פנים, בערך לבחינת ב"ן הנקרא אחור, **ובעומק דברי הרב ז"ל גם**[232] המ"ה וב"ן דעתיק מתחלקים ממ"ה וב"ן, ומ"ה וב"ן דב"ן. כאשר[233] כל צד אחד של הפנים הוא שם מ"ה דמ"ה, והצד השני הוא בחינת מ"ה דב"ן. והאחוריים של הבחינות דמ"ה וב"ן, שהם ב"ן דמ"ה וב"ן דב"ן עומדים ודבוקים אחור באחור, בסוד הפסוק[234] - וכל אחריהם ביתה.

צב"ז. סדר הזה הוא בעתיק לבד כנודע, ואולי כי ההפרש הוא[235] כי בעתיק הב"ן שבו הוא דמ"ה, ובא"א המ"ה שלו הוא דב"ן, ובזה יש מעלה יתירה לעתיק שכולו דמ"ה, וא"א כולו דב"ן. (נ"א המ"ה וב"ן שלו הוא, ועיין לקמן[236]).

אחוריים של מ"ה וב"ן, מצד האחר. ולכן יצדק בו בחינת פנים ואחור. ואמנם מה שאנו אומרים לפעמים גם בעתיק בחינת פנים ואחור, **הכוונה על שתי בחינות של מ"ה ושל ב"ן, כי בחינת ב"ן ואפילו הפנים שלו**, יקרא אחור בערך המ"ה, העומד בצד אחר. ונמצא כי הפנים דמ"ה שמצד זה, נקרא פנים, ובחינת הפנים דב"ן העומדים מצד אחר, נקרא אחור בערך שם מ"ה.
231

כרם שלמה ש"ט פ"ז אות ה' - וכן מה שכתב אחר כך כאן, וכן על דרך זה בעתיק דוכרא ונוקבא בבחינת פנים ואחור כנודע במקומו. כי הדוכרא ונוקבא **דא"א** הוא כנזכר לעיל, דהיינו הזכר שלו הוא צד **ימין**, כולו בין צד הפנים דימין, ובין צד האחור דימין, הוא בחינת **זכר**. וכן **צד השמאל** כולו הוא בחינת **נוקבא**, דהיינו בין צד הפנים דשמאל, ובין צד האחור דשמאל, הם בחינת נוקבא. **אבל בעתיק** לא כך היו, אלא כל צד **הפנים בין בחינת ימין שלו ובין בחינת השמאל**, כולו הוא בחינת **הזכר דפרצוף עתיק**. וכל **האחוריים שלו, בין צד הימין שלו ובין צד השמאל שלו**, שם הוא בחינת **הנוקבא דפרצוף עתיק**.
232

רחובות הנהר ד"ז ע"ב - והנה עתיק נתקן ונעשה מעשר ספירות דכתר דמ"ה, ומבירור חצי עליון דכתר דב"ן, וניתוספו לו מחדש חצי תחתון דכתר, ותשע ספירות אחרות להשלים עשר ספירות לכתר דב"ן. וגם לקח ג"ר דחכמה דב"ן, וארבעה ראשונות דבינה דב"ן, ושבעה כתרים דשבעה תחתונות דב"ן. וכל אלו שלקח הם מאותן התשע ספירות דכל פרצוף שיצאו מחדש, אשר לא היתה בהם שבירה, ומכל אלו נעשו **דכר ונוקביה דעתיק, הדכורא ממ"ה וב"ן דמ"ה, ועומד בצד הפנים. והנוקבא ממ"ה וב"ן דב"ן, ועומד בצד האחור**. ופני שניהם לחוץ, וכל אחוריהם ביתה, **מחוברים חיבור נפלא, ונכללו אלו באלו**, ונתלבשו אלו באלו, והלבישו לתפארת נצח הוד יסוד דיושר דאדם קדמון, עד קרוב לסיום רגלי אדם קדמון, כנזכר לקמן.
233

תרשים ז - מ.
234

מלכים א' ז' כ"ה - עמד על שני עשר בקר שלשה פנים צפונה ושלשה פנים ימה ושלשה פנים נגבה ושלשה פנים מזרחה והים עליהם מלמעלה **וכל אחריהם ביתה. מפרש הרב מצודות דוד** - וכל אחוריהם, **אחורי הבקר היו לצד פנים אחוריו של זה מול אחוריו של זה.**
235

השמ"ש [ד]ו( ) - נ"ב - שר"ל כי עתיק נעשה ממ"ה דמ"ה וממ"ה דב"ן. וא"א מב"ן דמ"ה ומב"ן דב"ן. דאי לא תימא הכי, איך אפשר לעלות על הדעת כי הרב יעקב צמח יסבור כי עתיק נעשה דכורא ונוקבא שבו כולו ממ"ה, וא"א דכורא ונוקבא שבו הכל מב"ן, הפך כל הדרושים של הרב ז"ל.
הגהות וביאורים)ו(הגה"ה על השמ"ש - עיין תורת חכם דף קל"ב ע"א.
236

תורת חכם דקל"ב ע"א - כתב עוד מורי הרב ז"ל על מה שכתב בפרק ד' דשער י"ד, שער או"א, וז"ל - נסתפק לי בענין או"א שכל אחד מהם לוקח מ"ה וב"ן, ואחר כך נחלקו לארבעה פרצופים וכו'. איני יודע מה מקום לספיקות אלו, שכבר כתב בכמה מקומות סתם בפשוט בלי ספק, כמו כאן לשוני. והנה

הרב ז"ל מבאר כאן את ענין פ"ר הדינין, ושכ"ה ניצוצין באופן כללי ביותר. **כבר** נתבאר כי כל נקודה ונקודה מהחמשה נקודות דכללות שיצאו מהעין דא"ק, ועמדו בעובי מהטבור דיליה ולמטה יצאו[237] כלולים מעשר ספירות. בסוגיה זאת מניח הרב ז"ל את הבחינות דג"ר דכל נקודה, ומבאר את הבחינות של שבעה המלכים דכל נקודה דעובי. **עוד** מבאר הרב ז"ל את בחינת פנים ואחור בכלים ובאורות, וזה[238] הפך מה שנתבאר לעיל, כי בכלים יש את בחינת פנים ואחור, ובאור לא שייך פנים ואחור, אלא באורות יש את בחינת התפשטות והסתלקות, או אור ישר ואור חוזר, ואור[239] פנימי ואור מקיף, ר"ל[240] האור המתלבש בתוך הכלי נקרא **אור פנימי**, והאור שלא יכול להתלבש בתוך הכלי נקרא **אור מקיף**.]**אח**"י - נראה לעניות דעתי שהאור שמתלבש בכלים דחג"ת, נקרא פנים. והאור שמתלבש בכלים דנהי"מ נקרא אחור, ואשאת"מ[.

ונמצא[241] שלמדנו כל נקודה דעובי יש[242] עשר ספירות פרטיות, הכוללות ג"ר ושבעה תחתונות, ולמדנו **כי כל השבעה תחתונות שבכל פרצוף ופרצוף, דחמשה פרצופים** שהם עתיק וא"א או"א

בשער ט', שער השבירה פרק ז' כתב שא"א מ"ה בימינו, וב"ן בשמאלו, וכתב מוהרח"ו ז"ל כל צד ימין לא"א הוא מ"ה לבד, וכל צד שמאל הוא ב"ן לבד. או אפשר שצד ימין כלול ממ"ה וב"ן, ושניהם זכרים, וצד שמאל כלול ממ"ה וב"ן, ושניהם נקבות, עד כאן לשונו. ופירש מורי הרב ז"ל שר"ל **שמ"ה וב"ן דימין הם שניהם זכרים, שהם מ"ה וב"ן דמ"ה, וצד שמאל דא"א שניהם נקבות, מ"ה וב"ן דב"ן.** וכן הוא האמת כי כן כתב בשער י"ז, שער ז"א פרק ג' בטעם חילוף המוחין, כי ב"ן דמ"ה הוא דכורא, נמצא שלפי פשט דברי הרב שכתב שצד ימין דא"א הוא בחינת מ"ה לבד, **ר"ל מ"ה דמ"ה ומ"ה דב"ן, וצד שמאל ב"ן דמ"ה וב"ן דב"ן,** ונסתפק מוהרח"ו ז"ל שאפשר שצד ימין כלול ממ"ה וב"ן דמ"ה, וצד שמאל ממ"ה וב"ן דב"ן, עד כאן לשון מורי הרב ז"ל.
237

ע"ח ש"ט פ"ו מ"ב דמ"ה ע"ג – הנה גם בשם ב"ן כלולים מארבעתן, וכבר ידעת כי ארבעה אלו כלולין מעשר ספירות, ונמצא כי שם ב"ן נחלק לעשר נקודות, ולארבעה בחינות. **אמנם כפי האמת הם חמשה בחינות,** כי הכתר למעלה מהארבעה הוא, **ועמו הם חמשה פרצופים הכוללים עשר ספירות כנודע.** והנה בכל **אחד מאלו החמשה פרצופים, יש בו עשר ספירות גמורות.**
238

ע"ח ש"ו פ"ח מ"ב דכ"ט ע"ב – והנה צריך להבין מאוד אמיתות הענין פנים ואחור, **כי באורות יקראו התפשטות והסתלקות, ונקרא יושר וחוזר. ובכלים נקרא פנים ואחור.** דהיינו **שבאור לא שייך פנים ואחור שהכל פנימית.** אמנם ודאי שהוא כולל דין ורחמים, ובהיותו מתפשט ויורד למטה, ונכנס במקום הראוי לו, נקרא אור יושר, כי הוא מאיר בבחינת הרחמים שבו, וכשהוא חוזר לעלות אז מאיר במקומו בהיותו שם למעלה בבחינת דינין שבו, הנקרא אור חוזר, ואז הכלי לא יקרא כלי דפנים, כמו בהיותו מקבל אור יושר, רק יקרא כלי דאחור.
239

ע"ח ש"ב ענף ג' מ"ב דט"ו ע"ד – ואחר שביארנו ענין שתי בחינות הנזכרות לעיל, שהם אורות וכלים, צריך לבאר עוד פרטים אחרים דרך קצרה. והוא כי בחינת האורות, שהם עצמות הנשמה הפנימית, שבתוך הכלים כנזכר לעיל, הנה אלו האורות מתחלקים לשתי בחינות, והם **אור פנימי ואור מקיף.** והענין הוא, כי הנה האור המחיה והמאירה בתוך העשר ספירות הנקרא כלים, הנה יש בו בחינה המתלבשת תוך הכלים, כדמיון נשמה הנכנסת תוך אברי הגוף, ומתלבשת תוך איברי האדם, ומחיה אותם, ומאיר בהם בפנימיותם, **וזה יקרא אור פנימי.** אמנם אור זה ממועט להיותו יכול להתצמצם ולהתלבש תוך הכלים. ויש בחינה שניה, אור גדול ממנו, אשר אין כח בכלים לסובלו ולהגבילו תוך פנימיותם, **ונשאר בבחינת אור מקיף עליהם מבחוץ,** ומאיר להם בהיותו אור מקיף עליהם. וגם ענין זה הוא באדם התחתון, כמו שנתבאר במקומו בע"ה. **כי אין לך שום אור שבכל העולמות כולם, שאין בו שתי בחינות אלו, שהם בחינת אור פנימי קטן, ואור מקיף גדול, זה בפנימיות הכלי, וזה מקיף סביב מבחוץ לכלי.**
240

תרשים ז – מ"א.
241

וזו"ן **שׁבשׁם ב"ן** העומדים בעובי, **והם שׁבעה מלכים** שנשברו ומתו, ונפלו לבי"ע דאותה נקודה, **באופן**[243] **שׁהם זזמשׁה פרצופים** דכללות העומדים בעובי, שיש בכל אחד מהם **שׁבעה מלכים**, וכל[244] **בזזינה מאלו** דשבעה המלכים יש[245] **פנים ואזזור** שהם חג"ת **בכלים** שלהם שנשברו ומתו, **וכן באור** המתלבש בכלים האלו, כאשר האור המתלבש בכלים דחג"ת נקרא

פנים, והאור המתלבש בכלים דנהי"מ נקרא אחור.

הרב ז"ל מבאר כאן כי[246] לכל ספירה וספירה מהשבעה הספירות התחתונות, שהם[247] בחינת מלכות דאותה ספירה, **יש שיעור קומה של עשר ספירות פרטיות**. שהם נרמזות בארבעה אותיות הוי"ה, שהם נגד הספירות חב"ת, שהם חו"ב

כרם שלמה ש"ט פ"ז אות ו' – מה שכתב **ונמצא** וכו', **שבכל פרצוף מהחמשה פרצופים**. הוא חוזר ומבאר דבריו דלעיל, שכתב שדין שבעה מלכים שנשברו הם נוהגים בכל החמשה פרצופים דאצילות. דהיינו בעתיק וא"א, שהם שניהם בחינת כתר דאצילות, ולכן נקראים בחינת פרצוף אחד. ושתי פרצופי דאו"א, ושתי פרצופי דז"א ונוקבא. וזהו **לאפוקי** שלא תבין כי השבעה מלכים הם אינם נוהגים כי אם בזו"ן לבד, ושהם בזו"ן דכללות האצילות, **אלא בזו"ן דכל פרצוף ופרצוף מהחמשה פרצופים דאצילות**, שהם עתיק וא"א פרצוף אחד, ופרצופי או"א וזו"ן. וזהו שכתב **באופן שהם חמשה פרצופים שבעה מלכים**.
242

תרשים ז – מ"ב.
243

בית לחם יהודה ש"ט פ"ז דל"ב ע"ג – באופן שהם חמשה פעמים שבע. לאו דוקא חמשה פעמים שבע, אלא ארבעה פעמים שבע. כי שני נקודות האחרונות הכוללים מכללות שניהם, יצא פעם אחת שבע, כי מז"א לא יצאו כי אם ו"ק בלבד, ומהנוקבא לא יצא כי אם המלכות בלבד, כמו שכתב רז"ל לעיל מזה בסמוך. ואפשר דחשיב גם לשבעה מלכים דעתיק. או אפשר שמכאן ואילך התחיל לחזור מסברתו הראשונה, וכתב כפי האמת שגם שתי האחרונים כל אחד מהם יצאה בעשר ספירות גמורים, והשבעה תחתונות שבכל אחד מהם נשברו. וכן נראה גם כן מסוף דרוש שכתב - נמצא כי פ"ר אלהי"ם יש בשבעה מלכים דנוקבא וכו'.
244

בית לחם יהודה ש"ט פ"ז דל"ב ע"ג – וכל בחינה מאלו יש פנים ואחור בכלים, וכן באור. מבואר בסוף ענף ג' דשער ב', ועיין עוד בפרק ח' דעקודים.
245

ע"ח ח"ב ש"ל דרוש א' מ"ב דכ"ו ע"ד – גם תבין כי פרצוף האמצעי אף כי נקרא אחור בערך השלישי הפנימי מכולם, **אמנם לפעמים נקרא פנימי בערך החיצון שבכולם**. ובזה תבין מה שנתבאר אצלינו כי בעת מיתת המלכים של ז"א היה בו אחור ופנים, והוא לסבת היות בו תמיד נה"י חג"ת, ו"ק, שהם פרצוף החיצון ואמצעי כנזכר לעיל, **ואז החיצון נקרא אחור, ואמצעי פנימי בערך החיצון**, והבן זה.

ע"ח ש"ט פ"ח מ"ב דמ"ז ע"א – ודע כי באצילות המלכים לא יצאו בזו"ן רק השבעה מלכיות בחינות, **החיצונה והתיכונה**, והם **המלכות דנה"י חג"ת**, ולכן נקרא המלכים נקודות, כי נקודה היא מלכות כנזכר לקמן.
246

תרשים ז – מ"ג.
247

מבוא שערים ש"ב ח"ב פ"י די"א ע"ב – ובזה תבין מה שאנו אומרים כי המלכות מתמעטת, ונשארת בסוד נקודה לבד. **וסוד אותה נקודה בודאי שהיא כלולה מעשר**, והיא בחינת המדרגה הראשונה הנשארת באצילות, **שהם ארבעה אותיות הוי"ה** בצורתן. וכל שאר המדרגות נתמעטו וירדו לבריאה, **ושמור כלל זה בידך**, כי תצטרך אליו פעמים רבות.

וזו"ן, והם נרנ"ח, שהם בעצם ארבעה פרצופים שבאותה ספירה, את[248] בחינת הקוץ של היו"ד דהוי"ה, שהוא בחינת הכתר, ופרצוף א"א דאותה ספירה פרטית, ובחינת[249] **יחידה** הרב ז"ל לא מבאר כאן, כי הם בחינת שורש לכל הבחינות.

והכל[250] ר"ל וכולם, גם הכלים וגם האורות הם **מבחינת** שם **ב"ן** שהוא עולם הנקודים, **וכל**[250] **מלך**[251] ומלך **מאלו** השבעה מלכים שבכל פרצוף ופרצוף העומד בעובי **כלול**[252] **מעשר**[253] **ספירות** פרטיות[254]

248

נהר שלום, דרוש הדעת דמ"א ע"ב – דע כי אף על פי שהוזכר תמיד היותם עשר ספירות, אינם רק חמשה ספירות, וכל ספירה הוא פרצוף אחד, וכולל עשר מדות, והם א"א, ואו"א, וזו"ן. וזה פרטם כי ספירת הכתר כוללת עשר מדות, ונקרא א"א. וספירת החכמה כוללות עשר מדות, ונקרא אבא. וספירת בינה כוללת עשר מדות, ונקרא אימא. וספירת הדעת דחסדים כוללת עשר מדות, ונקרא זעיר, אך כשנאצל לא היו בו רק שש מדות, חג"ת נה"י שבדעת, והם הם החג"ת נה"י הנקרא אצלינו מכלל העשר ספירות, אבל אינם רק מדות, ולא ספירות כמו השלוש ספירות הראשונים. וספירת הדעת דגבורה, כוללת עשר מדות, ונקרא נוקבא דזעיר, אך כשנאצלה לא היה בה רק מדה אחת לבד, העשירית, והיא מלכות שבדעת הנזכר, והיא היא המלכות הנקראת אצלינו מכלל העשר ספירות, אבל אינה רק מדה אחת ולא ספירה. ואלו החמשה פרצופים נרמזו בשם ההוי"ה, בקוצו של יו"ד, ובארבעה אותיותיו, **ולפי שהכתר אינו מכלל העשר ספירות, והושם ספירת הדעת במקומו, לכן נרמז בקוץ היו"ד, ולא באות ממש. ונמצא כי עיקר הפרצופים הם ארבעה, או"א וזו"ן,** והם ארבעה אותיות ההוי"ה.

249

נהר שלום דכ"ה ע"א – הנה נודע כי כללות ארבעה בחינות נרנ"ח כוללים כל הנמצאים, וכל אחד כלול ומורכב מכולם, כי הנרנ"ח דחיה, היא בחינת החיה שבכל אחד מנרנ"ח, וכן הנרנ"ח דנשמה, הוא בחינת הנשמה שבכל אחד מנרנ"ח, וכן הרוח, הוא הרוח שבכולם, והנפש היא הנפש שבכולם. **אבל היחידה היא כוללת כולם בלי היכר,** וארבעה בחינות אלו הם בחינת ארבעה אותיות הוי"ה, והם בחינת **חבת"ם**, והם בחינת אבי"ע, והם בחינת ארמ"ע, והם בחינת דצח"ם, והם **שבכללות ושבפרטות,** וכל בחינה **נפרטת** לאין קץ.

250

בית לחם יהודה ש"ט פ"ז דל"ב ע"ג – וכל מלך מאלו כלול מעשר ספירות. כלומר וכל כלי וכלי מאלו הוא כלול מעשרה אורות, וכמו שמבואר בדברינו בריש פרק ה' דלעיל, ובפרק ה' דשער התיקון, יעו"ש. ותדע שכן הוא, שהרי מפרש בסמוך דעשר ספירות הנזכרים הם בחינת הפ"ר ניצוצות, ונודע שהניצוצות הם בחינת האורות, ולא בחינת הכלים. ולעשרה אורות הנזכרים קרי להו בשם עשר ספירות, אף על פי שאינם כי אם עשרה נקודות לבד, ואינם בבחינת ספירות, וכמבואר בדברינו בפרק א' דשער ז' ד"ה היא נכללת, יעו"ש.

251

כרם שלמה ש"ט פ"ז אות ו' – ומה שכתב וכל מלך מאלו כלול מעשר ספירות. פירוש, כל מלך ומלך משבעה מלכים של כל פרצוף ופרצוף מהחמשה פרצופים הוא כלול מעשר ספירות.

252

רחובות הנהר ד"ב ע"ג – גם נודע כי המלכים יצאו בתחילה בבחינת כלים דנפש לבד, שהם המלכות דכל מלך, **וכל מלכות כלולה מעשר,** וגם הג"ר יצאו בבחינת כלים דנפש, אלא שכל אחת מהג"ר כלולה מעשר מלכויות, **וכל מלכות כלולה מעשר,** אמנם זה הכללות שהיה בהם עדיין לא היה מבורר ומתוקן כראוי. **עד שיצא שם מ"ה החדש, ותיקנם בבחינת פרצוף כראוי,** כמו שנבאר בע"ה.

253

השמ"ש [ה]ן – נ"ב. ואף על פי שלקמן כתב שהמלכיות לבד הם שיצאו, ולא כל העשר ספירות דכל מלך. יש לומר **שאותם המלכיות היו כלולים כל אחת מעשר ספירות.**

254

רחובות הנהר ד"ב ע"ב – אמנם לפי מה שנודע מכמה מקומות, ובפרט בדרוש שביעי משער שלשים, כי אין כל פרצוף נקרא בשם פרצוף, **אלא עד שיהיה כלול מעשר ספירות, אשר כל ספירה מהם כלולה מאבי"ע.** ונמצא כי כל פרצוף מפרטי פרצופי אבי"ע הוא כלול מעשר ספירות כוללות, והם עשרה פרצופים מלבישים זה את זה בשוה, מתחילים מטיבורא דא"ק עד סוף העשיה, וכמו שנבאר לקמן בע"ה.

הנקראות אבי"ע דאותו מלך, והם **נכללות**[255] **בארבעה בחינות, שהם** רמוזים באותיות דשם **הוי"ה של**[256] **הספירה ההוא, שהם זהב"ם** ר"ל הם[257] חו"ב וזו"ן **שבאותו הספירה**

חכמה אות י' דהוי"ה, בינה אות ה' הראשונה דהוי"ה, תפארת הנקרא[258] ו"ק הוא אות ו' דשם הוי"ה, והמלכות אות ה' דשם הוי"ה, והם הם פרצופי או"א וזו"ן דאותה ספירה.◆

הרב ז"ל מבאר עוד פרטות בכל מלך ומלך דשבעה המלכים שבכל פרצוף העומד בעובי. כבר נתבאר לעיל כי כל מלך ומלך דנקודים כולל עשר ספירות פרטיות, שהם בעצם ארבעה אותיות הוי"ה, כאן[259] כל אות משם הוי"ה או מהספירות חבת"ם שהם חו"ב וזו"ן דאותה ספירה, כלולה מעשר בחינות, ובגלל[260] שמדובר בשם ב"ן, **שהוא בחינת דין,** כל

255

בית לחם יהודה ש"ט פ"ז דל"ב ע"ג – ונכללות בארבע בחינות שהם הוי"ה. פירוש, וכללות עשרה אורות שבכל מלך ומלך מהשבעה מלכים, הם נחשבים לארבע אותיות הוי"ה בלבד. כי החכמה היא **יו"ד,** והבינה היא **ה'** ראשונה, והו"ק הם ו', ומלכות היא **ה'** אחרונה. ונמצא שכל העשר ספירות דאורות נכללות בארבע אותיות הוי"ה, שהם חכמה, בינה תפארת מלכות.

256

בית לחם יהודה ש"ט פ"ז דל"ב ע"ג – של הספירה ההוא. כלומר של המלך ההוא, שהוא בחינת הכלי של העשרה האורות. כי לכל מלך מהשבעה מלכים קרי רז"ל בשם ספירה, וכמו שמבואר בהדייא בסמוך, שכתב כי כל אחד מאלו השבעה מלכים הוא ספירה אחת וכו'. וטעם דקרי לכלי בשם ספירה אחת, לפי שהכלי הוא אחד מעשירית האור שבו, כמבואר בדברינו בריש פרק ה' דלעיל, יעו"ש. ולפי דקרי לאורות בשם עשר ספירות, משום הכי קרי לכלי בשם ספירה אחת.

257

ע"ח ש"ד פ"א מ"ק, דרוש להר"ר גדליה הלוי די"ח ע"א – כי הראייה היא י' שמיעה ה' ריחא ו' דיבור ה', הרי ארבעה אותיות הוי"ה, שהם **חבת"ם** [נ"א **נרנ"ח**]. הראייה היא חיה, י' של השם, הנקרא חכמה, כי חכמה עליונה מאירה דרך עינים, אלא שאם היה יוצא ממש דרך העינים, לא היה אפשר למטה לקבלה, לכן לא נמשך ממנו אלא הסתכלות לבד, והיה בו כח לעשות כלים לשלוש בחינת אלו. עשר דנשמה, בהבל אזן. עשר דרוח, בהבל חוטם. עשר דנפש, בהבל הפה.

258

ע"ח ש"א ענף ה' מ"ב די"ד ע"ד – עוד צריך שנקדים לך הקדמה אחת, והוא כי כל העשר ספירות הכוללות כל עולם ועולם, הנה בכללות יחד כולם כאחד, בחינת הוי"ה אחת בכל מקום, שהוא בין בכללות, בין בפרטות כנזכר לעיל. יוצא מכל אות ואות מהם הוי"ה אחת, והנה קוצו של יו"ד שבאותיות הוי"ה, הוא ספירת כתר. ויו"ד עצמה, הוא בחינת חכמה. וה' ראשונה, בינה. והו' **הוא התפארת, כולל שש ספירין, אשר כללותם נקרא בשם ז"א,** כמו שנבאר במקומו בע"ה. וה' אחרונה מלכות הנקרא אצלינו נוקבא דז"א. וכל זה הוא בדרך הוי"ה הכוללת החמשה פרצופים יחד כנזכר לעיל.

מבוא שערים ש"ג ח"ב פ"ט דכ"ו ע"ב – התפארת נקרא ו'.

רב פעלים, אורח חיים, ח"א ש"א ד"א ע"ד – גם עוד דע, כי באמת כל העשר ספירות נרמזו בשם הוי"ה ב"ה, דהיינו הכתר בקוץ היו"ד, והחכמה ביו"ד, והבינה בה"א ראשונה, **וחג"ת נה"י באות וא"ו,** והמלכות בה"א אחרונה. אמנם עיקר הרמז דאות וא"ו דשמא קדישא, **הוא נקרא על שם התפארת, ולכן מכנים ורומזים לאות וא"ו דשם הוי"ה בשם התפארת** דוקא.

259

כרם שלמה ש"ט פ"ז אות ו' – וכל אחד מאלו וכו'. ר"ל עוד יש בהם פרטות יותר, שכל אחד מאלו **הארבעה** שהם חבת"ם כלול **מעשרה בחינות.** ונעשים **ארבעים** בחינות, שהוא אחד משבעה מלכים. וכל בחינה מאלו הארבעים נקרא שם אלהי"ם אחד פנים ואחור. ר"ל אלהי"ם אחד בבחינת פנים של הספירה ההיא, ואלהי"ם אחד בבחינת האחור של הספירה ההיא.

260

תרשים ז – מ"ד.

הבחינות האלו הם שמות אלהי"ם. כך שיש בכל מלך ומלך מהשבעה מלכים דמיתו, עשר ספירות פרטיות, ולכל ספירה יש ארבעה בחינות דשם הוי"ה, שהם חו"ב וזו"ן, **לכן הם ארבעים בחינות**, והם ארבעים בחינות דשם אלהי"ם שבכל מלך ומלך. יוצא מזה שבכל פרצוף שעומד בעובי, שיש[261] בו שבעה מלכים דאותה פרצוף, ויש בכל מלך פ"ר בחינות, וכולם דינין, והם שמות אלהי"ם, בסוד אותיות מנצפ"ך, ושרשם[262] הוא מהבינה, הנקראת ארץ אדום, וביחד[263] הם שבעה מלכים פעמים פ"ר. ואפשר[264] דבחינות אלו של השמות דאלה"ים הם הבל דגרמי.

וכל אזור מאלו הארבעה. הבחינות דחבת"ם שבכל מלך ומלך, יש **פרטיות** יותר, והוא **כלול עשר בוזינות** פרטיות, וכל אחד מ**בוזינות** אלו **נקרא שם אלהי"ם אזור**, ולכל בחינה מהם יש **פנים ואזור** שמשם[265] יונקים החיצוניים. **כי כל אזור מאלו השבעה מלכים** דמיתו **הוא ספירה אזות כלולה מארבעה[266] ספירות** לא גורסים **ראשונות**]דמ"ז ע"א 93[(אלא צריך לגרוס נ"א ראשיות, ר"ל זובת"ם שהם חו"ב וזו"ן) **כנזכר לעיל, וכל אזור מהם כלול מעשר** בחינות פרטיות **כנזכר לעיל**, לכן[267] הם ארבעים בחינות בכל מלך ומלך שבכל פרצוף ופרצוף העומד בעובי.

261

תרשים ז – מ"ה.

262

ע"ח ש"ח פ"ד מ"ת דל"ח ע"ג – וכן בצאת אור הבינה כלולה משבעה אורות, ונכנסים בכלי שלה, היו הכלים יכולים לסבול ולא נשברו, כי כולם הם בטלים בערך או"א, דמיון הבנים שבתחלה עומדים כלולים במוח אביהם, בסוד טיפת מוח. **וכן בהיות בנים בסוד עיבור במעי אמן,** יכולין להיות שם, והיא יכולה לסובלם... ולכן היה בחינת התיקון בג"ר, ולא נשברו כלל. וכאשר היו השבעה תחתונות כלולין במעי אמם, היו שם בבחינת מ"ן, המעוררין זווג עליון. אמנם בצאת משם השבעה תחתונות, שהם השבעה מלכים **שמלכו בארץ אדום,** ורצו להיכנס בכלים שלהם, ולא יכלו הכלים לסבול, ונשברו ומתו, כמו שנבאר בע"ה.

263

תרשים ז – מ"ו.

264

מבוא שערים ש"ה ח"א פ"ג דמ"ב ע"ד – ונמצא כי הניצוצות **הנקראים הבל דגרמי, שהם שמות אלהי"ם,** הם נעשים בחינת נפש, אל כל האיברים החיצונים. והאורות הפנימים שהם הוי"ת, הם בחינת נפש, אל כל האיברים הפנימים, כמו הלב והריאה וכיוצא.

265

מבוא שערים ש"ו ח"ב פ"ב דנ"ז ע"א – והנה יניקת הקליפות הוא משם אלהי"ם דעיבור, ויכולים לינק מאלהי"ם דיניקה גם כן, אלא שהוא באמצעות האחוריים היותר חיצוניים, שהם אלהי"ם דעיבור, שהם עיקר אחיזתם. ומזה תבין, **כי כל יניקת החיצונים מן האחוריים, שהוא חיצונות הכלים דזו"ן, שהוא אלהי"ם דעיבור,** רק שאפילו בחיצוניות זה, עיקר אחיזתם הוא באחורי החיצוניות הזה, מצד האחור, ולא מצד הפנים, כמו שנבאר בע"ה. גם דע, כי אלו האלה"ים מלובשים תוך נה"י דאימא גם כן בבחינת חיצוניותם, וכל יניקתם של החיצוניים הוא דרך אותם הנה"י של אימא החיצוניים, וכן בהתחברם הם מתבררין דרך נה"י דאימא, שהוא היותר הממזר, **שהם רפ"ח ניצוצין**, ועל ידי שפחה, שהם שלוש מילוי אהי"ה, דבשלוש נה"י, כמבואר אצלינו, והבן זה היטב.

266

בית לחם יהודה ש"ט פ"ז דל"ב ע"ג – מארבעה ספירות ראשונות. כלומר מארבעה ספירות שזכרנום בראשונה, שהם חכמה, בינה, תפארת, מלכות.

267

הֲרֵי יֵשׁ²⁶⁸ בּוֹ²⁶⁹ אַרְבָּעִים שֵׁמוֹת אלהי"ם בְּכָל מֶלֶךְ וּמֶלֶךְ מִן הַשִּׁבְעָה הַמְּלָכִים דמיתו שבכל פרצוף דעובי, וְשִׁבְעָה פְּעָמִים אַרְבָּעִים הוא גִּימַטְרִיָא אותיות מַנְצְפָּ"ך, כִּי²⁷⁰ שָׁרְשָׁם²⁷¹ של המנצפ"ך הם חֲמִשָּׁה גְּבוּרוֹת, שֶׁהֵם חֲמִשָּׁה אותיות אלהי"ם. שֶׁהוּא²⁷² ר"ל שם אלהי"ם שׁוֹרֶשׁ לְכָל אֵלּוּ הַפָּ"ר [אַחַ"י - ר"ל²⁸⁰ בחינות דאלהי"ם.

כרם שלמה ש"ט פ"ז אות ו' – והואיל וכל מלך כלול מארבעה פרצופים, שנקראים **ראשיות**, שהם **חב"ד**, וכל אחת מאלו הארבעה היא כלולה **מעשרה**, וכל אחד מאלו העשרה היא שם אלהי"ם, הרי יש בו **ארבעים שמות אלהי"ם** בכל מלך ומלך משבעה המלכים דכל פרצוף.
268

בית לחם יהודה ש"ט פ"ז דל"ב ע"ב ע"ג – הרי ארבעים שמות אלהי"ם בכל מלך ומלך. אף על פי שאלהי"ם הנזכרים הם בחינת הרפ"ח ניצוצין, וכבר כתב הרב ז"ל בשער רפ"ח שהם הויו"ת, ולא אלהי"ם, יעו"ש. מכל מקום כשנפלו נעשו דינים וגבורות, כנראה מלשון מבוא שערים דף מ"ב ע"ד, שכתב כי הנה השבעה מלכים היה בהם בחינת כלים שנשברו, ובחינת ניצוצי אור שנשארו בהם אחר שנשברו להחיותם, והם רפ"ח ניצוצין הנקראים הבלא דגרמי, ונקראים ניצוצות יען הם דינים גמורים, והם בחינת אלהי"ם, יעו"ש. הרי מבואר דלרפ"ח, שהם הויו"ת קרי להו אלהי"ם.
269

כרם שלמה ש"ט פ"ז אות ו' – ובכל כללות השבעה מלכים הם **שבע פעמים ארבעים**, ונעשו בגימטריא **פ"ר**, שהוא בגימטריא מנצפ"ך. וזהו שסיים **הרי יש בו ארבעים שמות אלהי"ם בכל מלך ומלך מן שבעה מלכים, ושבע פעמים ארבעים גימטריא מנצפ"ך.**
270

ע"ח ש"ה פ"ג מ"ב דכ"ה ע"ב – כל העולמות נבראו על ידי כ"ב אתוון שבמלכות, אשר מהם)נוצר הולד, וגם יש בהם **לא גורסים**) נוצרה. **וגם יש בה חמשה אותיות מנצפ"ך, שהם חמשה גבורות**, היוצאין מז"א אליה, ועל ידי זה נגמר פרצוף רחל. וחמשה גבורות הם, וכנגדם יש חמשה מוצאות הפה, והם גרון וחיך וכו', וכמו שהם **חמשה אותיות מנצפ"ך, שהם חמשה גבורות כנודע.**
ע"ח ח"ה שער כ"ה דרוש ב' מ"ב ד"ה ע"א – ונבאר עתה אלו החמשה גבורות, כי הלא הם סוד חמשה מוצאות שבפה, והם חמשה אותיות מנצפ"ך, שאלו הם סוד חמשה גבורות. והנה כבר ידעת כי בכמה מקומות, נרשמות פעולות הגבורות, כי מוצאות הפה הם סוד החמשה גבורות, גם באדרא זוטא אמרו - כי חמשה גבורות נתפשטו בחוטמא, בפומא, בדרועין, בידין, באצבעין, כו'.
271

כרם שלמה ש"ט פ"ז אות ו' – ומה שכתבת כי שורשם חמשה גבורות וכו'. פירוש, נותן טעם לדבריו למה הם **פ"ר**, שהם גימטריא **מנצפ"ך**, וסיים הואיל והם כולם גבורות ודינין. והשורש שממנו יצאו הם חמשה אותיות **אלהי"ם**, שהוא נקרא בזוהר **בוציצא דרקדינותא** שבמעיו הבינה, שהיא נקראת אלהי"ם. והואיל שמקום יצאו ממנו הוא שם **אלהי"ם**, שהם חמשה אותיות מנצפ"ך, לכן גם הם נעשו כמספר **פ"ר**, שהוא גימטריא חמשה אותיות מנצפ"ך. וכל **פ"ר נקראים בשם אלהי"ם**, על שם שורשם. וזהו שסיים - **כי שרשם חמשה גבורות שהם חמשה אותיות אלהי"ם, שהוא שורש לכל אלו הפ"ר אלהי"ם.**
272

ע"ח ש"ה פ"ה מ"ב דכ"ג ע"ב – אך האש הוא בינה, ומעכירותה ושמריה יצא חומר הנקרא אודם, והם חמשה אותיות מנצפ"ך כפולים, שהם חמשה גבורות, גימטריא אפ"ר, כי אפר עכירות שמרי האש הוא. ואז נצטייר גוף הולד ז"א במעי אימא, בכ"ב אותיות דכורין, וחמשה אותיות מנצפ"ך הכפולים נוקבין, ומהם נוצר הולד.

נמצא [273] כי פ"ר אלהי"ם יש בכל אחד מהשבעה מלכים ד'נקודה החמישית, שהיא

נקודת**נוקבא** דעובי, **ופ"ר אלהי"ם** בכל אחד מהשבעה מלכים ד'נקודה הרביעית, שהיא

נקודת ה**ז"א** דעובי, **ופ"ר** אלהי"ם בכל אחד מהשבעה מלכים ד'נקודה השלישית, שהיא נקודת ה**אימא**

דעובי, **ופ"ר** בכל אחד מהשבעה מלכים ד'נקודה השניה, שהיא נקודת ה**אבא** דעובי, **ופ"ר ב**כל אחד

מ**שבעה** מלכים ד'נקודה החמישית, שהיא נקודת ה**עתיק** וא"א דעובי.

ועם חמשה אותיות אלהי"ם שהם השורש אל כל אחד מה**שבעה מלכים** ד'פרצוף

נוקבא העומד בעובי, **או** לכל אחד מהשבעה מלכים ד'פרצוף **ז"א** העומד בעובי, **כו'** ר"ל או לכל אחד

מהשבעה מלכים דפרצוף אימא, או דאבא, דעתיק וא"א, שכולם עומדים בעובי, **הרי** [274] **נעשה** בכל ספירה

פרטית שבכל נקודה דפרצוף דעובי **פר"ה** [אח"י - ר"ל 285 **כו'**, ר"ל פ"ר [275] הדינין דכל ספירה שבכל פרצוף

דעובי, עם אותיות השורש שהם חמשה אותיות אלהי"ם, הם **פר"ה**.

ואם [276] **תזכור ב** ר"ל ארבעים **אלהי"ם שבמלך השמיני** [277] הוא כלול ממ"ה וב"ן דמ"ה,

שהם חסדים וגבורות, ובחינת ב"ן דמ"ה של המלך השמיני, והמלך ה**שמיני נקרא** [278] **הדר** בתורה שיצא [279]

ממצח דא"ק לתקן את המלכים דמיתו בכל [280] אחד מהנקודות דעובי, עם כל בחינה ובחינה של **פר"ה, הרי זה**

273

תרשים ז - מ"ז.

274

תרשים ז - מ"ח.

275

תרשים ז - מ"ט.

276

בית לחם יהודה ש"ט פ"ז דל"ב ע"ד – ואם תחבר ארבעים אלהי"ם שבמלך השמיני. כך צריך לגרוס. ור"ל
כי הלא הם ששה ששה פעמים פר"ה, וכנגדם יש ששה מלכים בהדר, ואם תחבר ארבעים אלהי"ם שבכל מלך דהדר
עם פר"ה אחת משׁשׁה פרי"ם, יהיו שכ"ה. כי אין הדין נמתק אלא בשרשו. ולכן כאשר מתבררים הפר"ה דכל
השבעה מלכים דבחינת הב"ן, מתחבר עמהם ארבעים אלהי"ם שבהדר, ומתקנם.

277

תרשים ז - ב.

278

בראשית ל"ו ט"ל – וימת בעל חנן בן עכבור **וימלך תחתיו הדר** ושם עירו פעו ושם אשתו מהיטבאל בת
מטרד בת מי זהב.

279

ע"ח ש"י מ"ת דמ"ח ע"ב – והנה **האור הזה דמ"ה החדש, היוצא מן המצח** כנזכר לעיל, **הוא סוד המלך
השמיני**, הנזכר בפרשת וישלח, **הנקרא הדר**, אשר לא נזכר בו מיתה בתורה, כי לא מת כמו האחרים, אדרבא
הוא מתקן ומקיים השבעה מלכין קדמאין, שמתו הקודמין אליו כנזכר לעיל. כי כבר הודעתיך כי אלו המלכים
כולם הם מלכים הנזכר בפרשת וישלח - ואלה המלכים אשר מלכו בארץ אדום, ולפי שכאשר יצא התחיל
תיכף לברר בחינת אלו המלכים, לעשות בחינת נוקבא אליו, שהם נקרא עתה ב"ן דההי"ן כנזכר לעיל. לכן
נאמר בו - וימלוך תחתיו הדר ושם אשתו מהיטבאל.

280

גימטריא **שכ"ה**[281] **ניצוצי הדין** בכל[282] בחינה ובחינה. **אבל הרפ"ה** ר"ל פר"ה דינין **הם ד**'שם

ב"ן, והארבעים הדינין **הם מהדר,** שהוא משם ב"ן דמ"ה הוזדש.

לסיכום[283], נתבאר כי יש חמשה פרצופים העומדים בעובי, שהם עתיק וא"א, או"א וזו"ן, יש עשר ספירות פרטיות. כאשר בג"ר דכל אחד מהם לא קרה מקרה המלכים דמיתו, רק בשבעה התחתונים דכל פרצוף בעובי. ואפילו שלמדנו לעיל כי[284] כל נקודה היא בחינת המלכות, והשבעה[285] תחתונות דכל פרצוף יצאו מבחינת נקודה אחת, ר"ל ז"א יצא רק

ע"ח שי"ז פ"ג מ"ת דפ"ה ע"א <u>הגהה לצמח</u> — מכאן משמע כי בכל פרצוף ופרצוף מן הנזכרים לעיל, יצא **הדר חדש לתקן מן כל השבעה עילאין של כל פרצוף ופרצוף.**
[281]

שער הכוונות, דרושי ראש השנה, דרוש ז' דצ"ז ע"ד — והענין הוא כי הנה נתבאר במקום אחר כי יש דינין דכורין, ויש דינין נוקבין, **והם שכ"ה נצוצין דבוצינא דקרדינותא,** ופ"ר גבורות דמנצפ"ך. והנה אור המקיף נודע כי הוא בחינת דינין וגבורות, כמבואר בהרבה מקומות, ולכן הוא כולל שתי בחינות אלו של הדינין, ולכן נקרא **שופר,** כי אותיות פ"ר דשופר הם **חמשה גבורות דמנצפ"ך, שהם בגימטריא פ"ר.** ושתי אותיות ש"ו מן שופר, הם סוד הש"ך דינין דבוצינא דקרדינותא, והם נשלמים לחשבון זו על ידי היד של אדם האוחזת בשופר לתקוע בו, כי היא כלולה מן י"ד פרקין שבחמשה אצבעות היד, עם ש"ו הרי ש"ך, וחמשה אצבעות היד משלימין לחמשה גבורות מנצפ"ך, שהם פ"ר, ונעשין פרה אדומה. והרי נתבאר ענין השופר, וענין היד האוחזת בו.
[282]

תרשים ז – נ"א.
[283]

כרם שלמה ש"ט פ"ז אות ו' — מה שכתב נמצא וכו'. פירוש, אל תחשוב מה שנזכר בעלמא בחינת **פ"ר** או **ש"ך או שכ"ה,** הוא בזו"ן דכללות האצילות דווקא, **אלא בכל זו"ן וזו"ן דכל אחד מהחמשה הפרצופים,** יש בו ענין פ"ר או פר"ה, או שכ"ה. בין בזו"ן דעתיק, בין בזו"ן דא"א, ששניהם הם נחשבים כאן לאחד, בין דאבא ודאימא, ובין דז"א ובין דנוקבא. וזהו שכתב **נמצא** כי פ"ר אלהי"ם יש בשבעה דנוקבא, והתחיל ממטה למעלה, שהוא היותר פשוט כנזכר בכל מקום. ופ"ר אלהי"ם בשבעה מלכים דז"א, ופ"ר בשבעה דאימא, ופ"ר בשבעה דאבא, ופ"ר בשבעה דעתיק. וכוונתו לומר כי עתיק וא"א הואיל ושניהם בחינת **כתר** דאצילות, לכן שתיהם עכשיו לפרצוף **אחד,** כדי שלא להרבות הדינין.
[284]

ע"ח ח"ב ש"ל פ"ז דל"ב ע"ב — והבן זה מאד מאד **ענין נקודה בכל מקום מה ענינה, שהיא עשייה,** של הבחינה ההוא. אך לשון ספירה הוא בהיותה שלימה בכל חלקי אבי"ע שבה, והבן היטב שלוש חלוקות אלו, נקודה וספירה ופרצוף. **כי נקודה היא עשייה שבבספירה,** וספירה הוא בחינת **הספירה שלימה מאבי"ע שבה,** ופרצוף הוא **קשר עשר ספירות,** וכל ספירה מהם שלימה מאבי"ע, **וזכור מאד מאד כלל זה.**
[285]

ע"ח שי"א פ"ה מ"ת דנ"ב ע"ב — אמנם הנקודה הראשונה כתר היתה גדולה מכל העשר נקודות)נ"א מכל הנקודות(אשר למטה ממנו, וכן השתי נקודות שהם השניה ושלישית חו"ב, היו גדולים מכל מה שלמטה מהם. אבל הנקודה הרביעית, אשר היא בחינת ז"א, לא יצאה כלולה מעשר נקודות פרטיות שבה, רק יצאתה כלולה מחמש נקודות, שהם שש נקודות התחתונים הנקודה ההוא, וחסרו ממנו שלוש נקודות הראשונים הפרטיות בה. באופן שאף על פי שאמרנו שז"א כלול מעשר נקודות, **אינם אפילו נקודה אחת שלימה,** רק **שש נקודות פרטיות שבנקודה אחת,** וחסרו ממנו שלשה ראשונים. והרי יצא ז"א חסר משאר הפרצופי השלוש העליונים. ואמנם הנקודה החמישית שממנה נעשה הנוקבא דז"א, אין בה לומר בה שיצאה כלולה מעשר על דרך שלוש ראשונות, שאם כן נמצאת מעלתה גדולה מז"א. אמנם נקודה זו **היא נקודה פרטית** מן עשר נקודות, שהיו צריכין להיות בנקודה שלה, **והיא בחינת הכתר שלה בלבד.** באופן ששלוש נקודות הראשונים יצאו כל אחד מהם כלולה מעשר נקודות. ונקודה רביעית יצאה כלולה **משש נקודות תחתונים שבה לבד.** ונקודה החמישית לא יצאה רק החלק העליון שבה, שהיא כתר שבה לבד. וכדי לידע חשבון מה שיצא מן הז"א אנו אומרים שיש לו שש נקודות, אמנם ודאי שאינם רק **שש חלקים של נקודה אחת לבד,** והרי נתבאר איך הם עשר נקודות,

עם שש חלקי נקודה אחת, שהם חג"ת נה"י, שהם שש נקודות פרטיות של הנקודה הרביעית. והמלכות יצאה רק נקודה פרטית אחת מהנקודה החמישית. **עם כל זאת** כאן הרב ז"ל מבאר כי לכל אחת מהנקודות הפרטיות דחג"ת נהי"מ, יש עשר ספירות פרטיות, שהם שיעור קומה, שם הוי"ה, ובשיעור קומה זה יש ארבעה פרצופים, שהם חו"ב וזו"ן, הנקראים כאן חבת"ם, ובכל אחד מהפרצופים הנזכרים יש עשר בחינות, **שהם עשר שמות אלהי"ם**. יוצא מזה כי בכל פרצוף של כל נקודה **יש ארבעים שמות אלהי"ם**, ובכל השבעה נקודות שבכל פרצוף ופרצוף העומד בעובי **יש פ"ר שמות אלהי"ם**. ועם השורש של שמות אלו שהוא שם **אלהי"ם**, הם **פר"ה** דינין בכל פרצוף דעובי. ובזמן שיצא המלך השמיני, שהוא הדר, והוא שם **מ"ה החדש** לתקן את כל אחד מהשבעה מלכים שבכל פרצוף דעובי שהם משם **ב"ן**, יצא גם הוא עם **ארבעים שמות אלהי"ם**, ושמות אלו התחברו עם בחינת הדינין שבכל פרצוף, שהם **פר"ה** דינין, וביחד הם עכשיו בחינת **שכ"ה** דינין בכל בחינה ובחינה שבכל פרצוף ופרצוף דעובי.

צֵ֯מֵ֯ח[286]. לפי שהמלכים יצאו מארץ אדום, והם עולים פר"ה, ולכן פרה אדומה תמימה. (ובזה תבין כוונת של אדנ"י דעמידה) אשר אין בה מו"ס, דהיינו בינה, כמנין אלהי"ס[287].

וכפי האמת אינם רק חמש נקודות. והרי נתבאר שינוי אחד שיש בין השלוש נקודות ראשונים, אל השבעה נקודות התחתונים. עוד שינוי אחר היה בהם אשר בו, יתבאר מלת בלתי תיקון מה עניינו, והוא כי שלוש נקודות הראשונים מלבד מה שיצאו כל אחד מהם כלולה מעשר, עוד זאת היתה בהם שהיו עשר שבו מחוברות יחד, ולא נפרדות זו מזו. אמנם שש נקודות דז"א מלבד, **היותן שש חלקי נקודה אחת**, וחסרו מהם הג"ר שבהם, עוד שינוי אחר בהם שהיו נפרדות זה מזה, ולא מחוברות, באופן ששתי שינוים נמצאו בשבעה תחתונות, מן הג"ר שהם א"א או"א.

286

בית לחם יהודה ש"ט פ"ז דל"ב ע"ד – צמח. היינו בינה כמניין אלהי"ם. פירוש, כי מאחר שכבר נולדו ממנה השבעה מלכים, שהם אלהי"ם, העולה בגימטריא מו"ם, ויצאו מתוכה, אם כן מעתה לא נשאר בה מו"ם, ונעשת פרה אדומה תמימה, בלא דינים.

287

הגהות וביאורים)א(– נ"ב, הרב מאיר פאפרוש העביר הקולמוס על ההג"ה זאת.

עֵץ חַיִּים

לרבינו חיים ויטאל

שקיבל ממרן האר"י זלה"ה

שער ט'

שער שבירת הכלים

פרק ז'

חלק התרשימים טבלאות וציורים

שמזזת חיים

תרשימים שער ט' פרק ז'

סדר שמות ההיכלות והשערים בעץ חיים

פרקים															שם השער	שער	שם היכל
										ה	ד	ג	ב	א	עיגולים ויושר	א	
												ג	ב	א	השתלשלות י"ס דרך עגו'	ב	
												ג	ב	א	סדר אצילות למהרח"ו	ג	
										ה	ד	ג	ב	א	אח"פ	ד	
								ז	ו	ה	ד	ג	ב	א	טנת"א	ה	
							ח	ז	ו	ה	ד	ג	ב	א	עקודים	ו	
										ה	ד	ג	ב	א	מטי ולא מטי	ז	
									ו	ה	ד	ג	ב	א	דרושי נקודות	ח	נקודים
							ח	ז	ו	ה	ד	ג	ב	א	שבירת הכלים	ט	
										ה	ד	ג	ב	א	תיקון	י	
					י	ט	ח	ז	ו	ה	ד	ג	ב	א	מלכים	יא	
										ה	ד	ג	ב	א	עתיק	יב	הכתרים
	יד	יג	יב	יא	י	ט	ח	ז	ו	ה	ד	ג	ב	א	א"א	יג	
					י	ט	ח	ז	ו	ה	ד	ג	ב	א	או"א	יד	או"א
									ו	ה	ד	ג	ב	א	זווגים	טו	
								ז	ו	ה	ד	ג	ב	א	הולדת או"א וזו"ן	טז	
											ד	ג	ב	א	ז"א	יז	ז"א
									ו	ה	ד	ג	ב	א	רפ"ח נצוצין	יח	
					י	ט	ח	ז	ו	ה	ד	ג	ב	א	אנ"ך	יט	
			יב	יא	י	ט	ח	ז	ו	ה	ד	ג	ב	א	המוחין	כ	
												ג	ב	א	לידת המוחין	כא	
												ג	ב	א	מוחין דקטנות	כב	
							ח	ז	ו	ה	ד	ג	ב	א	מוחין דצלם	כג	
								ז	ו	ה	ד	ג	ב	א	פרקי הצלם	כד	
							ח	ז	ו	ה	ד	ג	ב	א	דרושי הצלם	כה	
											ד	ג	ב	א	צלם	כו	
											ד	ג	ב	א	פרטי עי"מ	כז	
										ה	ד	ג	ב	א	עיבורים	כח	
						ט	ח	ז	ו	ה	ד	ג	ב	א	נסירה	כט	
								ז	ו	ה	ד	ג	ב	א	פרצופים	ל	
										ה	ד	ג	ב	א	פרצופי זו"ן	לא	
						ט	ח	ז	ו	ה	ד	ג	ב	א	הארת המוחין	לב	
										ה	ד	ג	ב	א	אונאה	לג	
								ז	ו	ה	ד	ג	ב	א	תיקון הנוקבא	לד	נוק' דז"א
										ה	ד	ג	ב	א	הירח	לה	
											ד	ג	ב	א	מעוט הירח	לו	
										ה	ד	ג	ב	א	יעקב ולאה	לז	
						ט	ח	ז	ו	ה	ד	ג	ב	א	לאה ורחל	לח	
טו	יד	יג	יב	יא	י	ט	ח	ז	ו	ה	ד	ג	ב	א	מ"ן ומ"ד	לט	
טו	יד	יג	יב	יא	י	ט	ח	ז	ו	ה	ד	ג	ב	א	פנימיות וחצוניות	מ	
												ג	ב	א	חשמל	מא	
			יב	יא	י	ט	ח	ז	ו	ה	ד	ג	ב	א	דרושי אבי"ע	מב-א	אבי"ע
											ד	ג	ב	א	כללות אבי"ע	מב-ב	
											ד	ג	ב	א	ציור עולמות אבי"ע	מג	
								ז	ו	ה	ד	ג	ב	א	שמות	מד	
											ד	ג	ב	א	מקיפין	מה	
									ו	ה	ד	ג	ב	א	כסא הכבוד	מו	
									ו	ה	ד	ג	ב	א	סדר אבי"ע	מז	
											ד	ג	ב	א	קליפות	מח	
						ט	ח	ז	ו	ה	ד	ג	ב	א	קליפת נוגה	מט	
					י	ט	ח	ז	ו	ה	ד	ג	ב	א	קיצור אבי"ע	נ	

טבלת ערכים

עשיה	יצירה	בריאה	אצילות	אדם קדמון	עולמות
נוקבא	ז"א	אמא	אבא	ע"י וא"א	פרצופים
מלכות	חג"ת נה"י	בינה	חכמה	כתר	ספירות
ה	ו	ה	י	קוץ של י'	הוי"ה
נפש	רוח	נשמה	חיה	יחידה	אורות
ב"ן - יוד הה וו הה	מ"ה - יוד הא ואו הא	ס"ג - יוד הי ואו הי	ע"ב - יוד הי ויו הי	שורש הוי"ה	מילוי
אותיות	תגין	נקודות	טעמים	שורשים	טנת"א
אין ניקוד	סגול, שוה, חולם חיריק, קבוץ, שורוק	צרי	פתח	קמץ	נקודות
עטרת היסוד	גוף וברית	מוח שמאל	מוח ימין	גולגולתא	אדם
כבד	לב	מוח	ל - מקיף, חיה	מ - מקיף, יחידה	מל"צ
היכל	לבוש	גוף	נשמה	שורש	שנגל"ה
יער"ר	זו"ן	ישסו"ת	או"א עלאין	עו"ן אאו"ן	י"ב פרצופים
כלים	לבושים	צלמים	מוחין	אורות	כל צמא
עור	בשר	גידין	עצמות	מוח	אברים
דיבור	ריח	שמיעה	ראיה	מוח	חושים
חושך	מלאכים	נשמות	ספירות	א"ס	מחצבים
צ' כבד	צ' לב	צ' מוח	ל' מקיף א'	מ' מקיף ב'	צלם
דומם	צומח	חי	מדבר	אלוקות	דחצ'"מ
עפר	רוח	אש	מים	יולי	יסודות
וילון	מכון, מעון, זבול שחקים, רקיע	ערבות	ערבות	ערבות	רקיעים
לבנה	כוכבים	מזלות	גלגל היומי	גלגל השכל	גלגלים
לבנת הספיר	אהבה, זכות, רצון, עצם השמים, לבנת הספיר	קודש קודשים	קודש קודשים	קודש קודשים	היכלות
כו - וד ה ו ה	יט - וד א או א	לז - וד י או י	מו - וד י י י		מלוי הוי"ה
קנ"א - אלף הה יוד הה	קמ"ג - אלף הא יוד הא	קס"א - אלף הי יוד הי	קס"א - אלף הי יוד הי		אהי"ה

תרשים ז - א

תרשים ז - ב

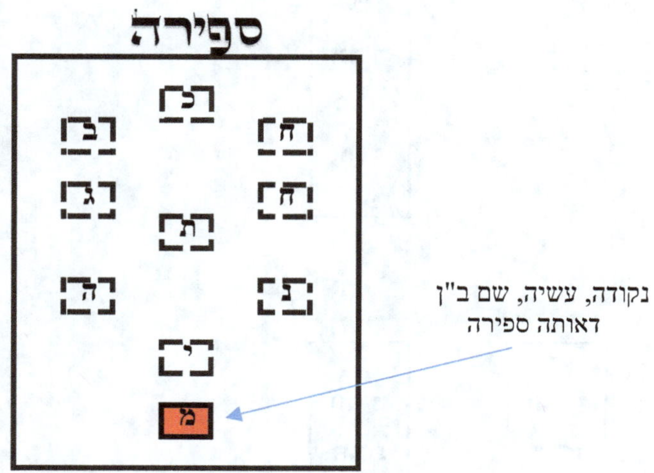

תרשים ז - ג

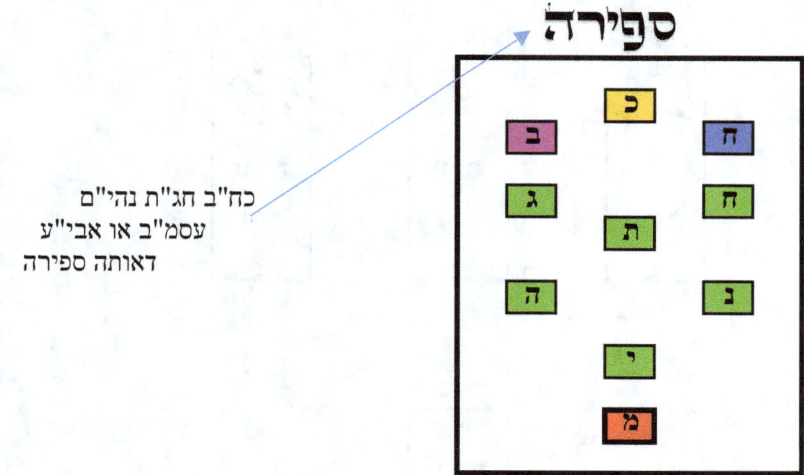

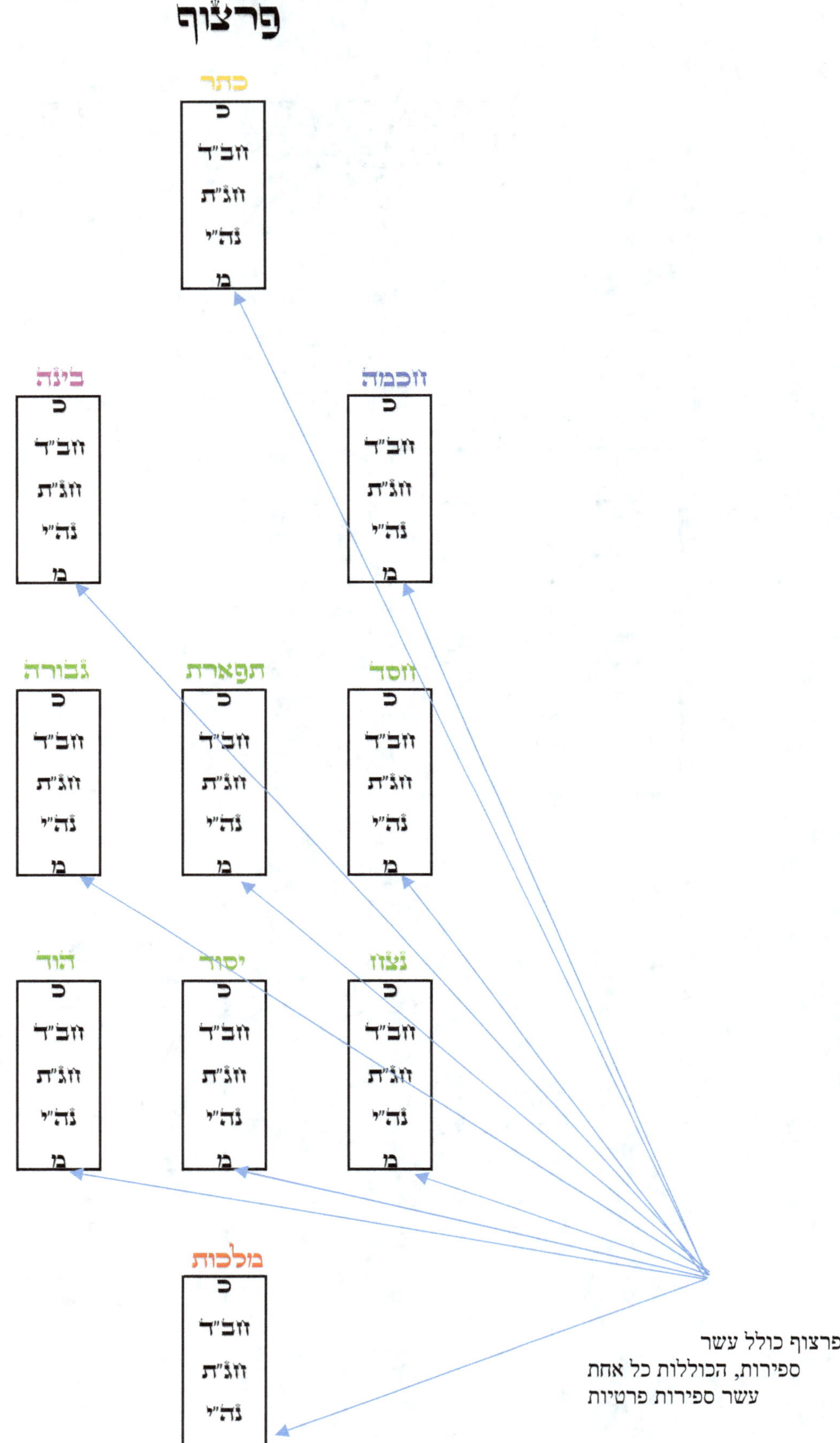

תרשימים שַׁעַר ט' פֶּרֶק ז
תרשים ז - ד
פַּרְצוּף
כתר
בינה
חכמה
גבורה
תפארת
חסד
הוד
יסוד
נצח
מלכות
פרצוף כולל עשר
ספירות, הכוללות כל אחת
עשר ספירות פרטיות

עוֹלם

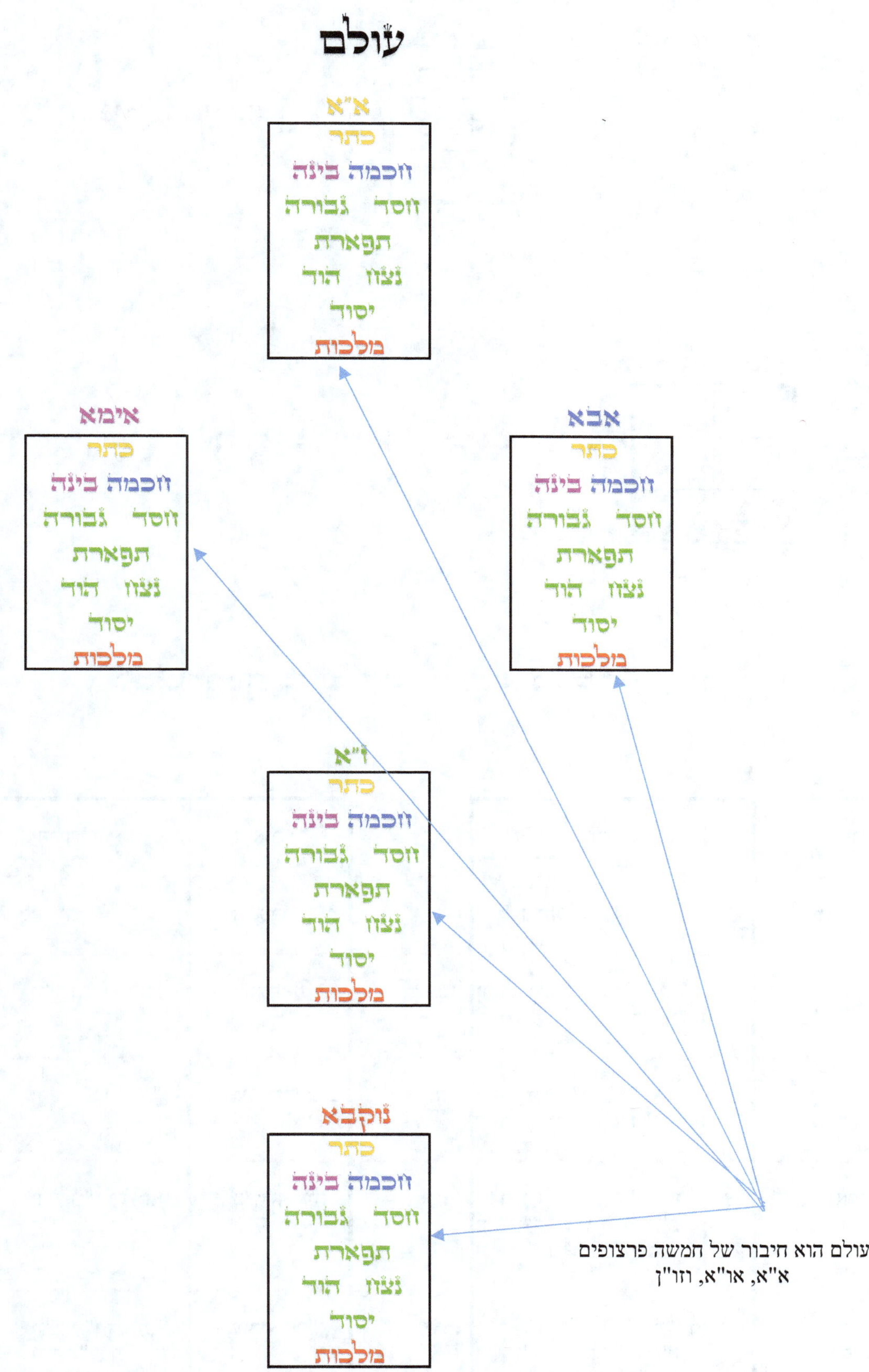

עולם הוא חיבור של חמשה פרצופים
א"א, או"א, וזו"ן

תרשים ז - ו

תרשים ז - ז

י"ב מדרגות בשם עַ"ב, וכן הוא בּשׁמות ס"ג מ"ה ב"ן

אזור			פנים			
י' אותיות	י', י"ה, יה"ו, יהו"ה, תשׁע ספירות	ב.	ד' אותיות	יהו"ה תשׁע ספירות	א.	כתר
גימטריא ע"ב	י', י"ה, יה"ו, יהו"ה, מלכות	ד.	גימטריא כ"ו	יהו"ה מלכות	ג.	
כ"ח אותיות	יו"ד, יו"ד ה"י, יו"ד ה"י וי"ו, יו"ד ה"י וי"ו ה"י תשׁע ספירות	ו.	י' אותיות	יו"ד ה"י וי"ו ה"י תשׁע ספירות	ה.	חכמה
גימטריא קפ"ד	יו"ד, יו"ד ה"י, יו"ד ה"י וי"ו, יו"ד ה"י וי"ו ה"י מלכות	ח.	גימטריא ע"ב	יו"ד ה"י וי"ו ה"י מלכות	ז.	
ע"ד אותיות	יו"ד וי"ו דל"ת, יו"ד וי"ו דל"ת ה"י יו"ד, יו"ד וי"ו דל"ת ה"י יו"ד וי"ו ה"י תשׁע ספירות	י.	כ"ח אותיות	יו"ד וי"ו דל"ת, ה"י יו"ד, וי"ו יו"ד וי"ו, ה"י יו"ד תשׁע ספירות	ט.	בינה
גימטריא ב' אלפים קע"ב	יו"ד וי"ו דל"ת, יו"ד וי"ו דל"ת ה"י יו"ד, יו"ד וי"ו דל"ת ה"י יו"ד וי"ו ה"י מלכות	יב.	גימטריא תר"י	יו"ד וי"ו דל"ת, ה"י יו"ד, וי"ו יו"ד וי"ו, ה"י יו"ד מלכות	יא.	

תרשים ז - ח

תרשים ז - ט

תרשים ז - י

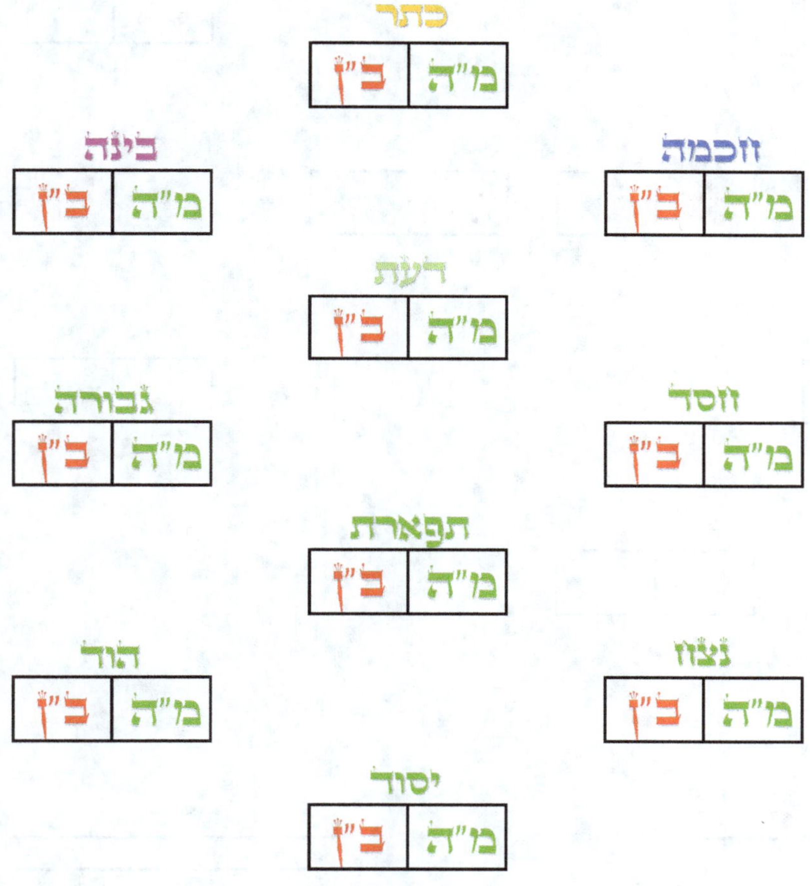

תרשים ז - י"א

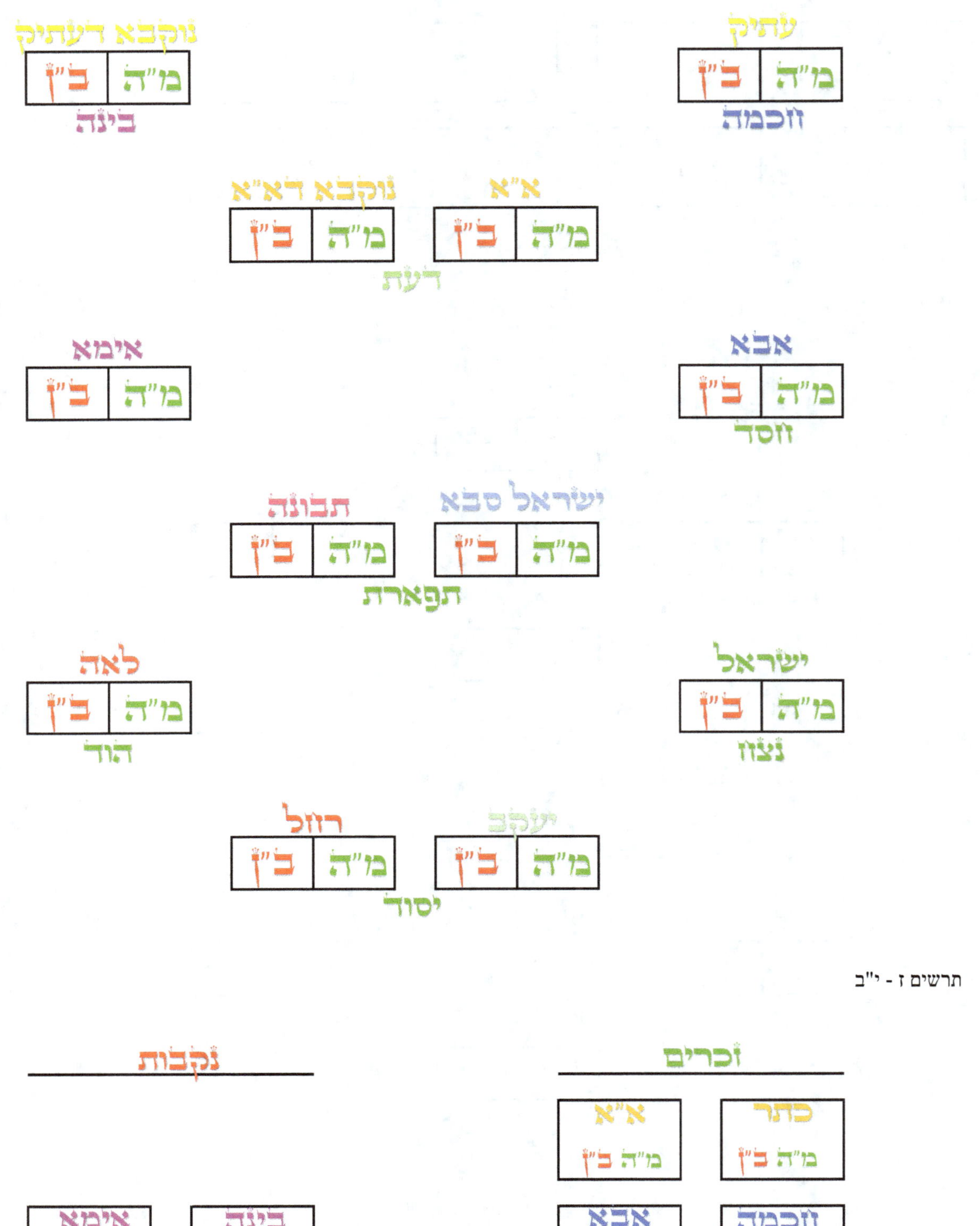

תרשים ז - י"ב

נקבות		זכרים	
		א"א מ"ה ב"ן	כתר מ"ה ב"ן
אימא מ"ה ב"ן	בינה מ"ה ב"ן	אבא מ"ה ב"ן	חכמה מ"ה ב"ן
נוקבא מ"ה ב"ן	מלכות מ"ה ב"ן	ו"ק מ"ה ב"ן	חג"ת נה"י מ"ה ב"ן

תרשימים שער ט' פרק ז

תרשים ז - י"ג

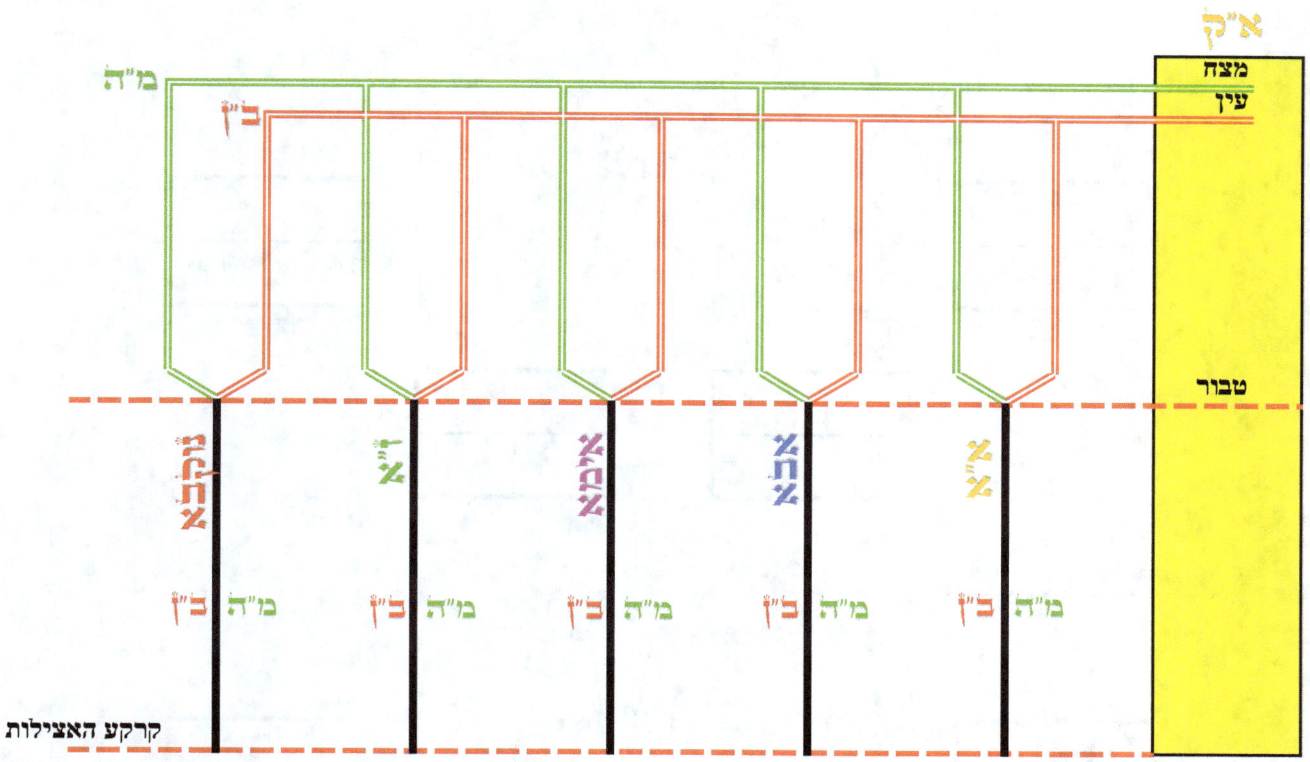
א"ק
מצח
עין
טבור
מ"ה
ב"ן
נוקבא
ז"א
אימא
אבא
א"א
מ"ה ב"ן
מ"ה ב"ן
מ"ה ב"ן
מ"ה ב"ן
מ"ה ב"ן
קרקע האצילות

תרשים ז - י"ד

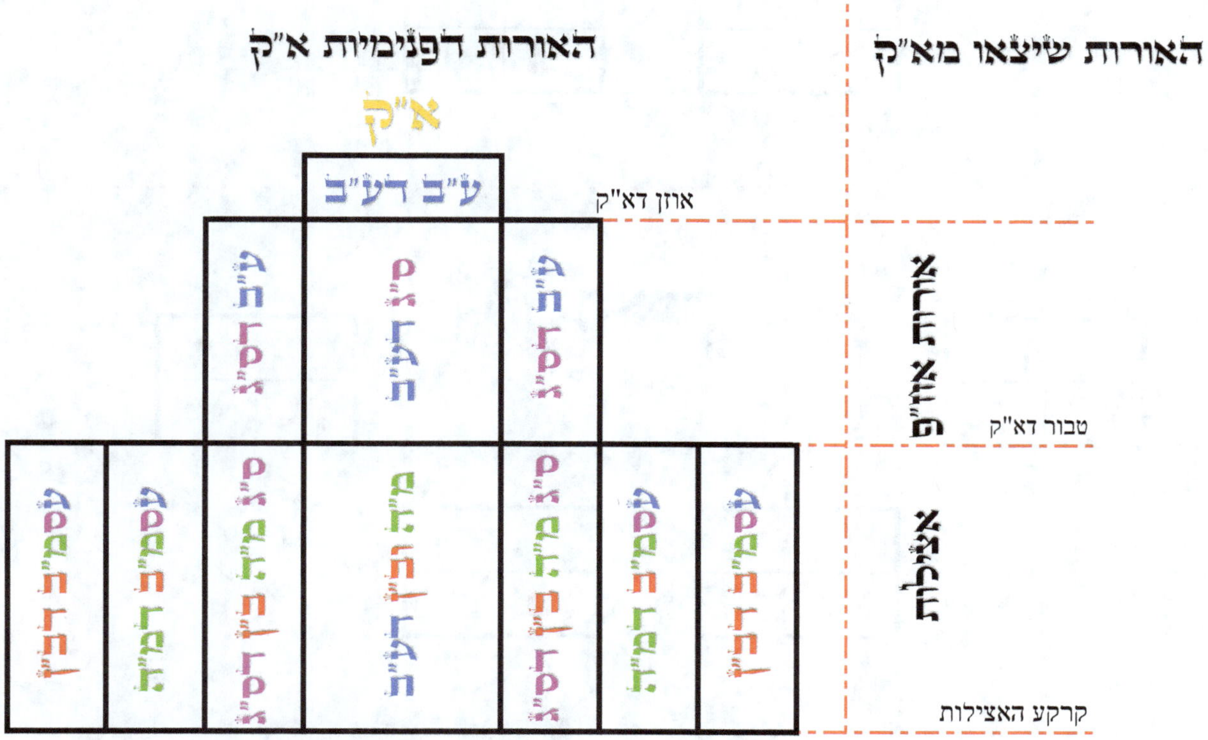
האורות שיצאו מא"ק
האורות דפנימיות א"ק
א"ק
ע"ב דע"ב
אוזן דא"ק
ע"ת דס"ג
ס"ג דע"ב
ע"ת דס"ג
אורות אח"פ
טבור דא"ק
עסמ"ב דב"ן
עסמ"ב דמ"ה
ס"ג מ"ה ב"ן דס"ג
מ"ה וב"ן דע"ב
ס"ג מ"ה ב"ן דס"ג
עסמ"ב דמ"ה
עסמ"ב דב"ן
אצילות
קרקע האצילות

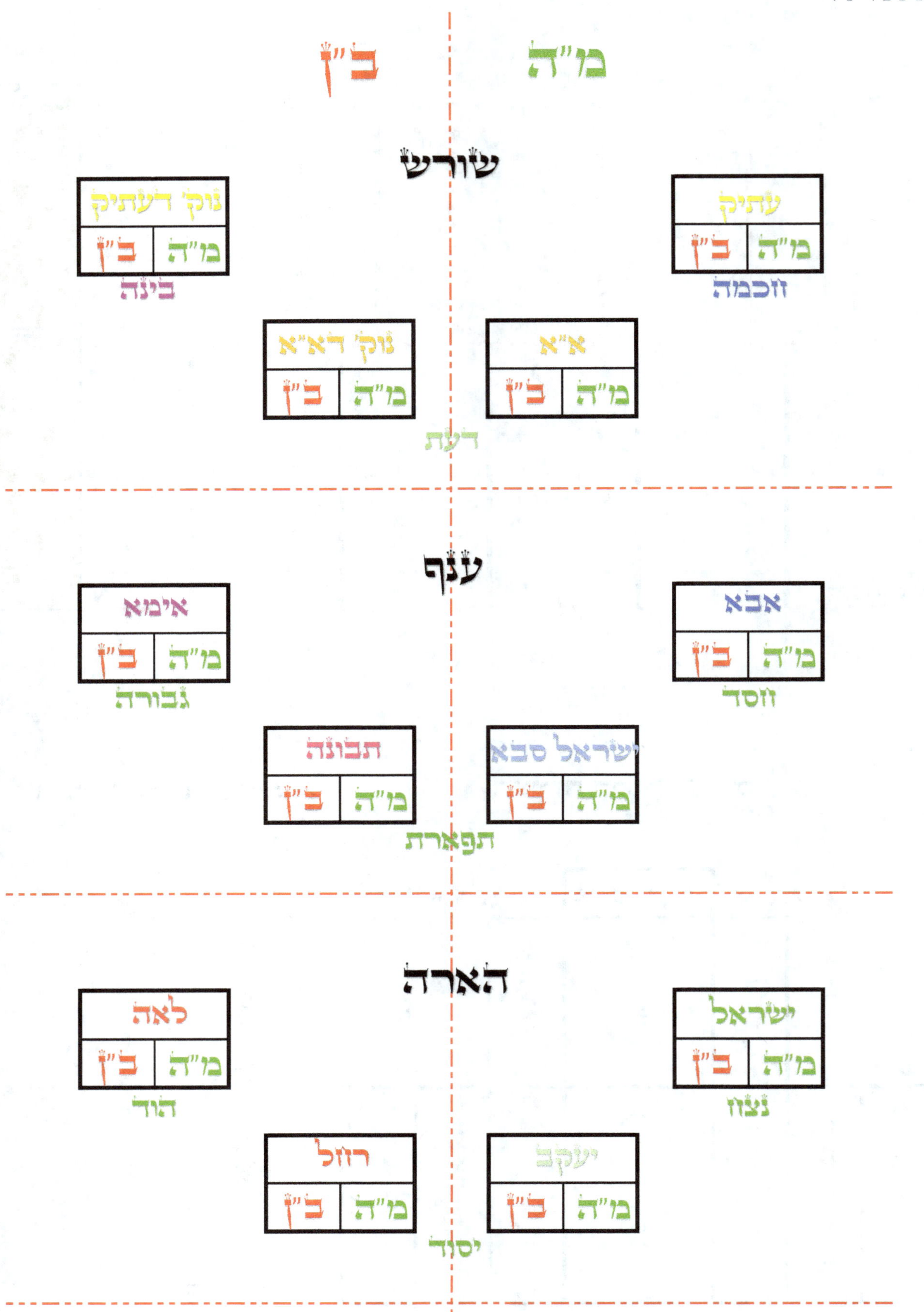
מ"ה   ב"ן
שורש
עתיק
מ"ה ב"ן
חכמה
נוק' דעתיק
מ"ה ב"ן
בינה
א"א
מ"ה ב"ן
נוק' דא"א
מ"ה ב"ן
דעת
ענף
אבא
מ"ה ב"ן
חסד
אימא
מ"ה ב"ן
גבורה
ישראל סבא
מ"ה ב"ן
תבונה
מ"ה ב"ן
תפארת
הארה
ישראל
מ"ה ב"ן
נצח
לאה
מ"ה ב"ן
הוד
יעקב
מ"ה ב"ן
רחל
מ"ה ב"ן
יסוד

תרשימים שער ט' פרק ז

תרשים ז - ט"ז

תרשים ז - י"ז

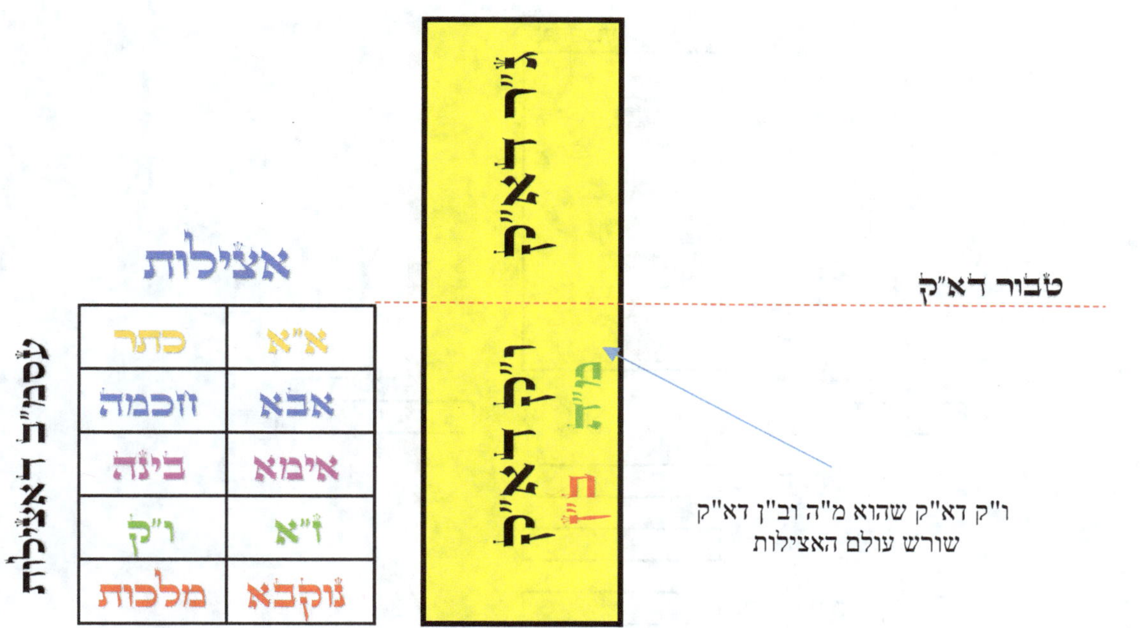

עולם הנקודים דכל נקודה בעו"בי
שבירת הכלים דשבעת המלכים וירידתם לבי"ע

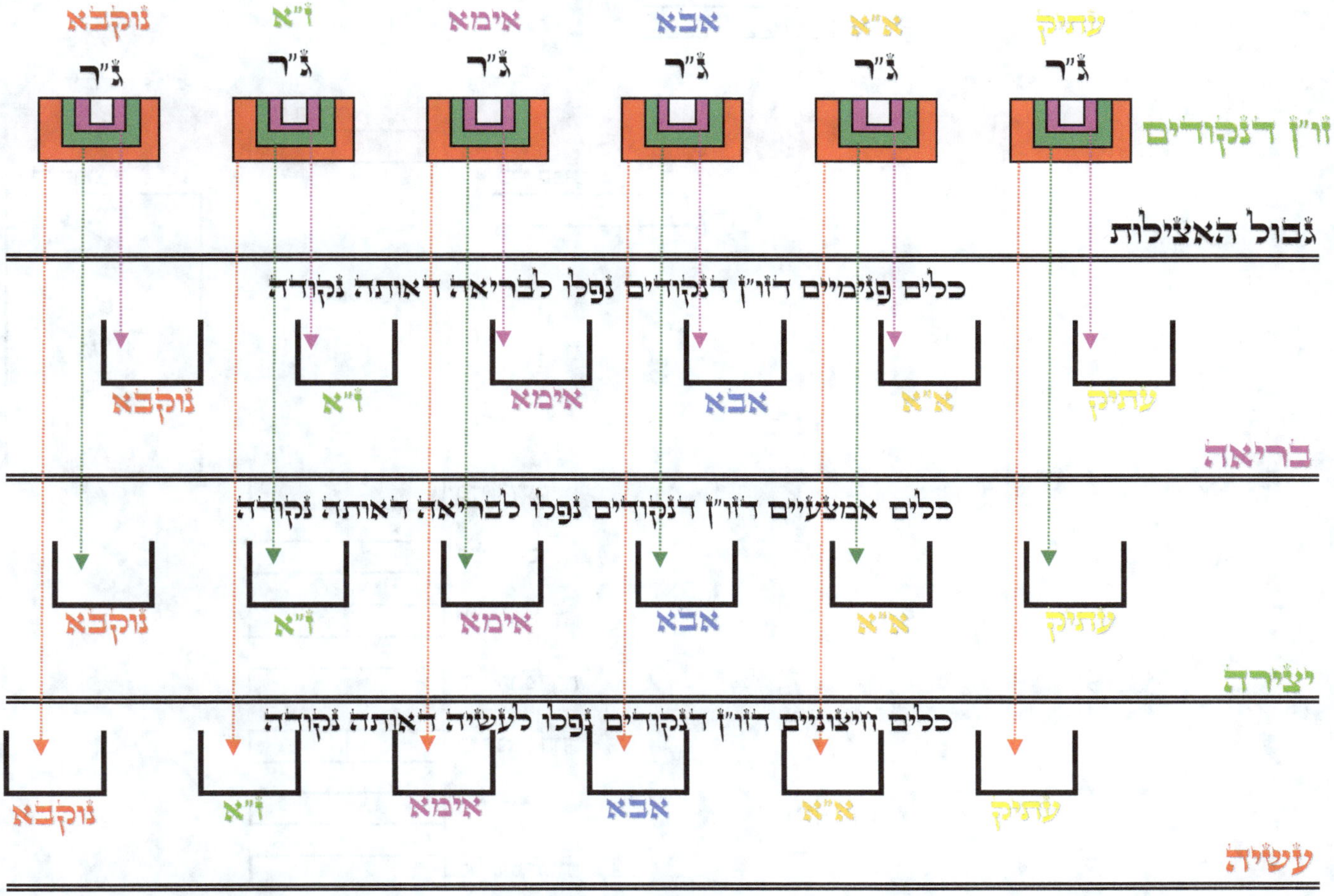

תרשימים שער ט׳ פרק ז

תרשים ז - י"ח

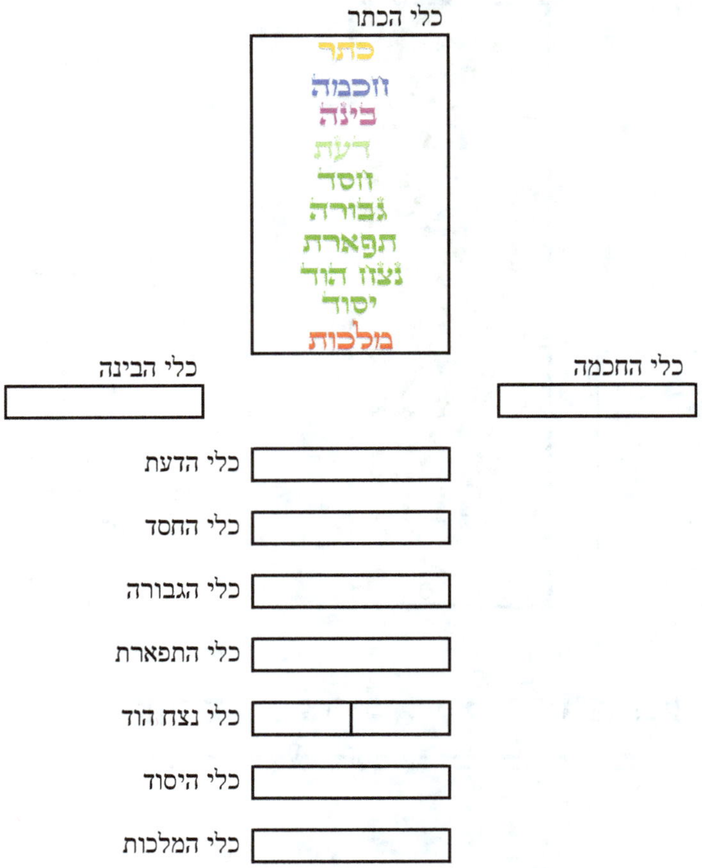
כלי הכתר
כתר
חכמה
בינה
דעת
חסד
גבורה
תפארת
נצח הוד
יסוד
מלכות
כלי הבינה
כלי החכמה
כלי הדעת
כלי החסד
כלי הגבורה
כלי התפארת
כלי נצח הוד
כלי היסוד
כלי המלכות

תרשים ז - י"ט

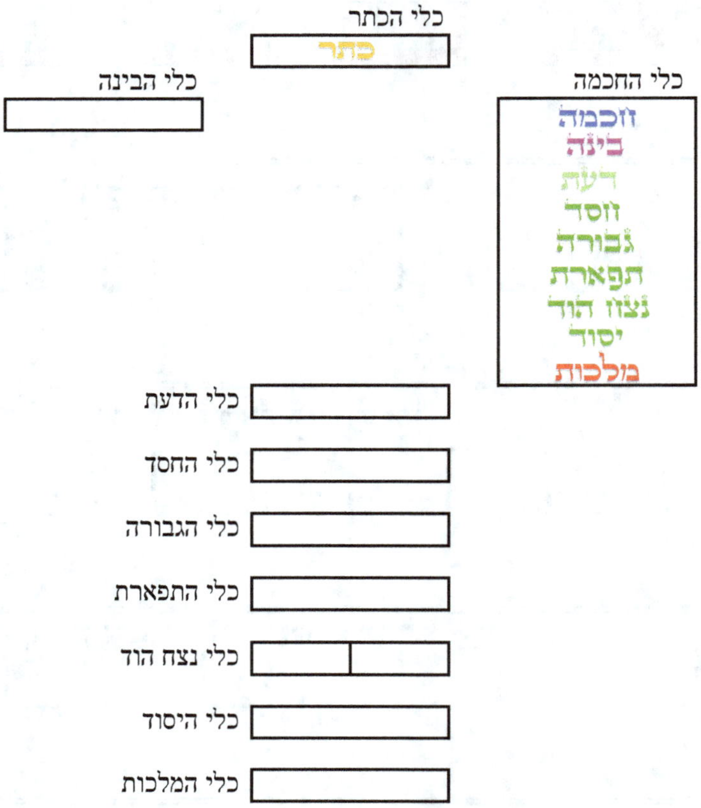
כלי הכתר
כתר
כלי הבינה
כלי החכמה
חכמה
בינה
דעת
חסד
גבורה
תפארת
נצח הוד
יסוד
מלכות
כלי הדעת
כלי החסד
כלי הגבורה
כלי התפארת
כלי נצח הוד
כלי היסוד
כלי המלכות

תרשימים שער ט' פרק ז

תרשים ז - כ

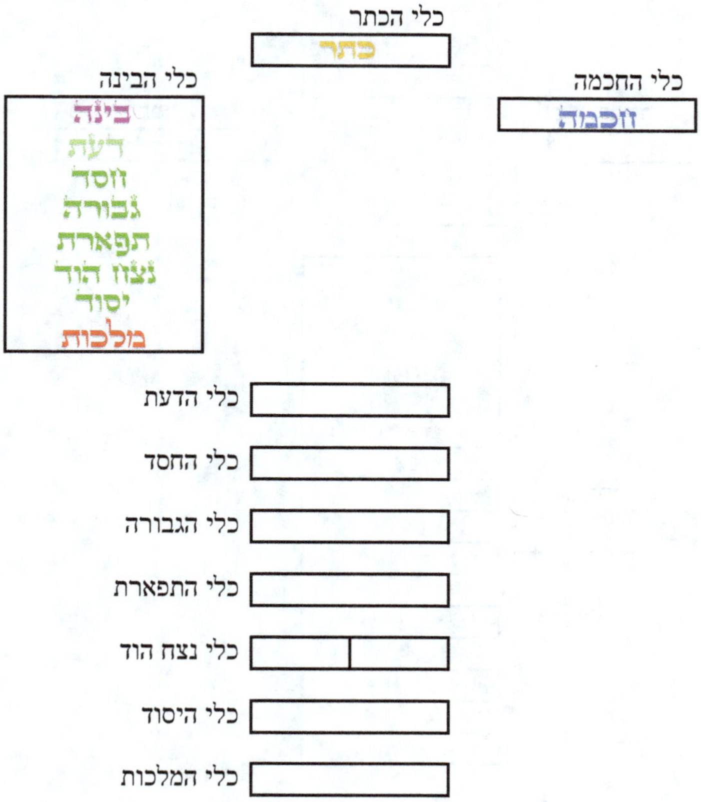
כלי הכתר
כתר
כלי החכמה
חכמה
כלי הבינה
בינה
דעת
חסד
גבורה
תפארת
נצח הוד
יסוד
מלכות
כלי הדעת
כלי החסד
כלי הגבורה
כלי התפארת
כלי נצח הוד
כלי היסוד
כלי המלכות

תרשים ז - כ"א

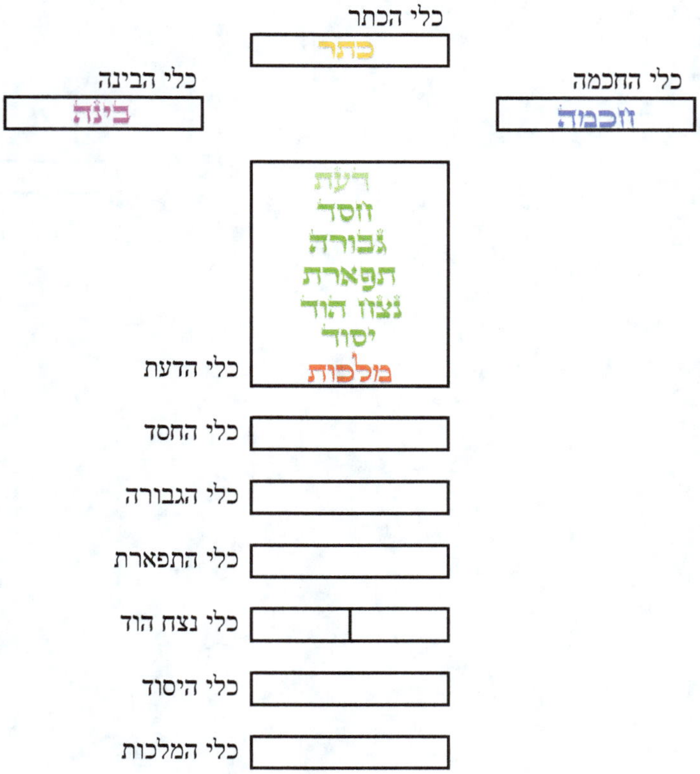
כלי הכתר
כתר
כלי החכמה
חכמה
כלי הבינה
בינה
דעת
חסד
גבורה
תפארת
נצח הוד
יסוד
מלכות
כלי הדעת
כלי החסד
כלי הגבורה
כלי התפארת
כלי נצח הוד
כלי היסוד
כלי המלכות

תרשימים שער ט' פרק ז

תרשים ז - כ"ב

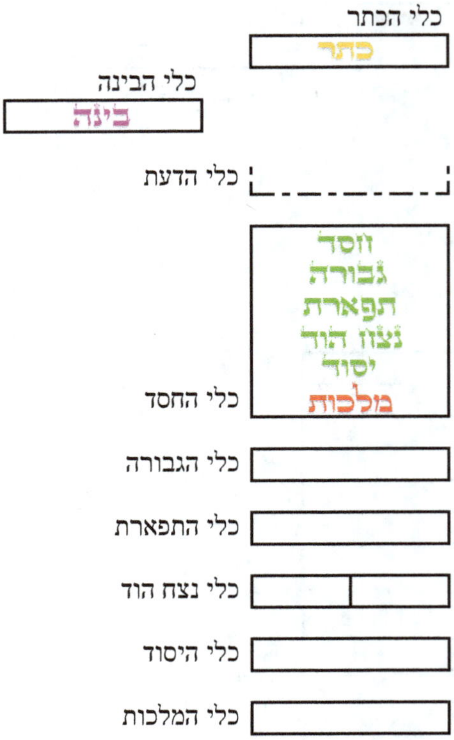

כלי הכתר
כתר
כלי החכמה
חכמה
כלי הבינה
בינה
כלי הדעת
חסד
גבורה
תפארת
נצח הוד
יסוד
מלכות
כלי החסד
כלי הגבורה
כלי התפארת
כלי נצח הוד
כלי היסוד
כלי המלכות

תרשים ז - כ"ג

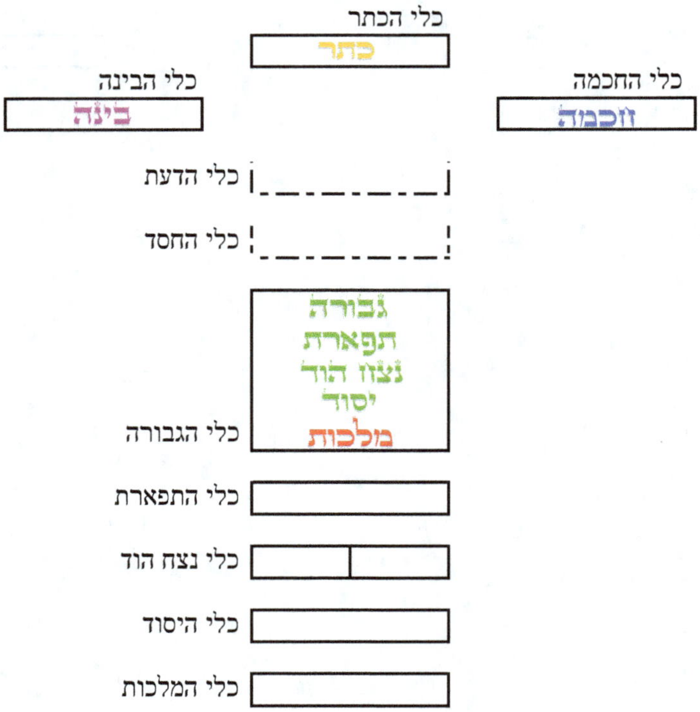

כלי הכתר
כתר
כלי החכמה
חכמה
כלי הבינה
בינה
כלי הדעת
כלי החסד
גבורה
תפארת
נצח הוד
יסוד
מלכות
כלי הגבורה
כלי התפארת
כלי נצח הוד
כלי היסוד
כלי המלכות

תרשימים שער ט׳ פרק ז׳

תרשים ז - כ"ד

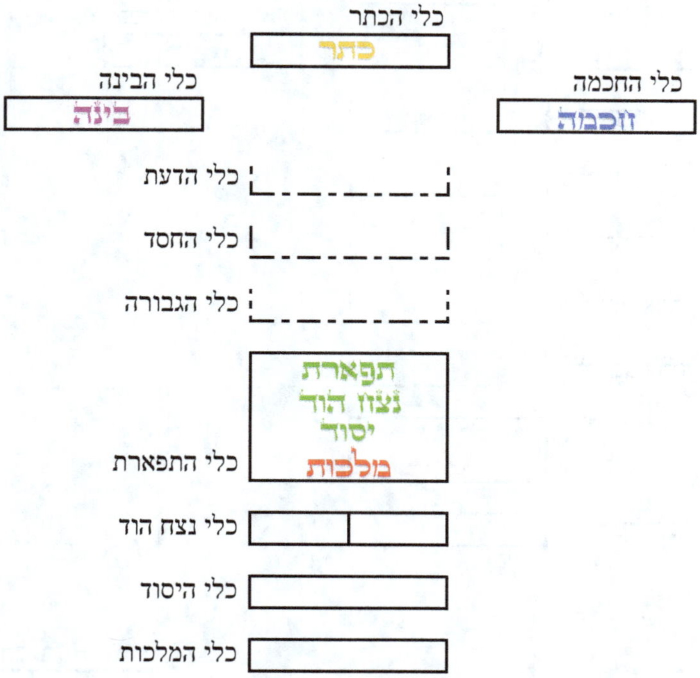
כלי הכתר
כתר
כלי החכמה
חכמה
כלי הבינה
בינה
כלי הדעת
כלי החסד
כלי הגבורה
תפארת
נצח הוד
יסוד
מלכות
כלי התפארת
כלי נצח הוד
כלי היסוד
כלי המלכות

תרשים ז - כ"ה

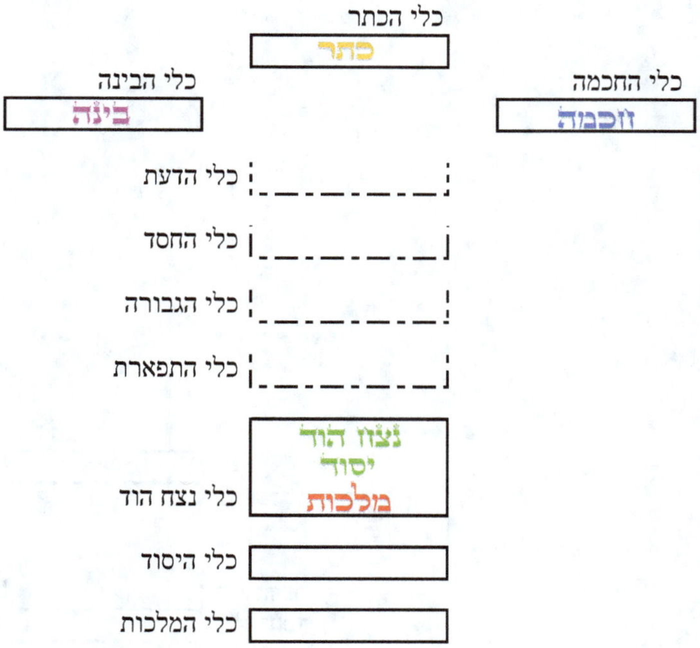
כלי הכתר
כתר
כלי החכמה
חכמה
כלי הבינה
בינה
כלי הדעת
כלי החסד
כלי הגבורה
כלי התפארת
נצח הוד
יסוד
מלכות
כלי נצח הוד
כלי היסוד
כלי המלכות

תרשימים שער ט' פרק ז

תרשים ז - כ"ו

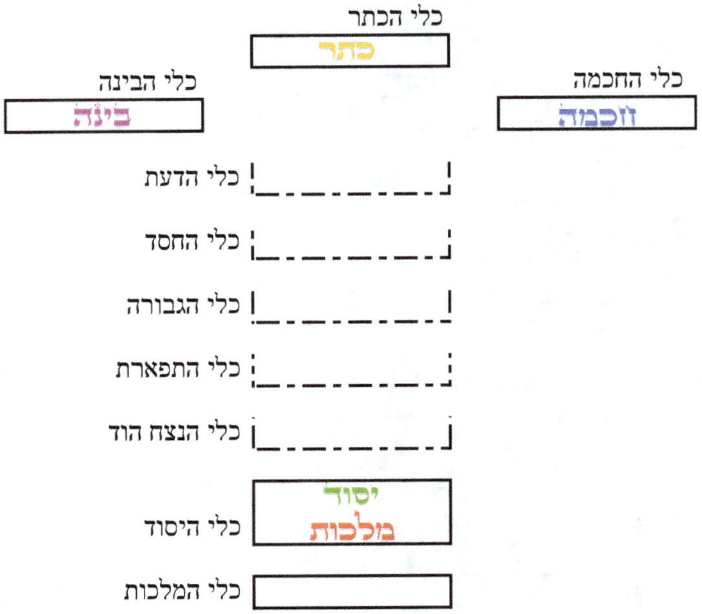
כלי הכתר
כתר
כלי הבינה
בינה
כלי החכמה
חכמה
כלי הדעת
כלי החסד
כלי הגבורה
כלי התפארת
כלי הנצח הוד
יסוד
מלכות
כלי היסוד
כלי המלכות

תרשים ז - כ"ז

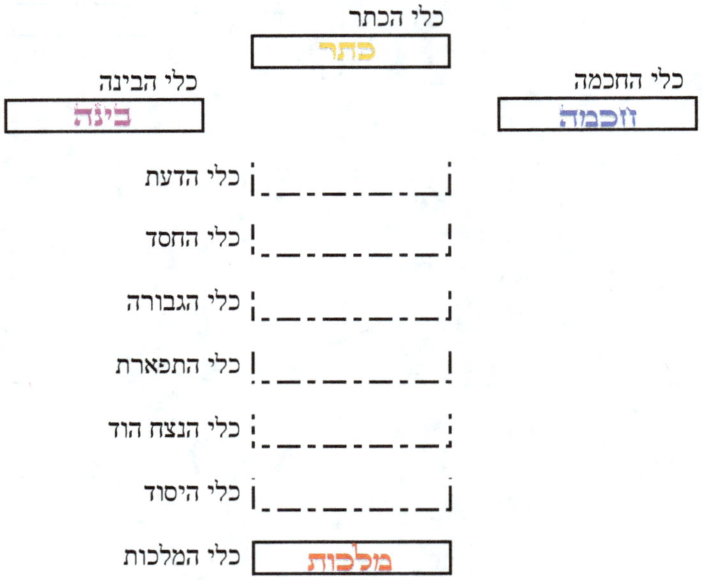
כלי הכתר
כתר
כלי הבינה
בינה
כלי החכמה
חכמה
כלי הדעת
כלי החסד
כלי הגבורה
כלי התפארת
כלי הנצח הוד
כלי היסוד
כלי המלכות
מלכות

תרשים ז - כ"ח

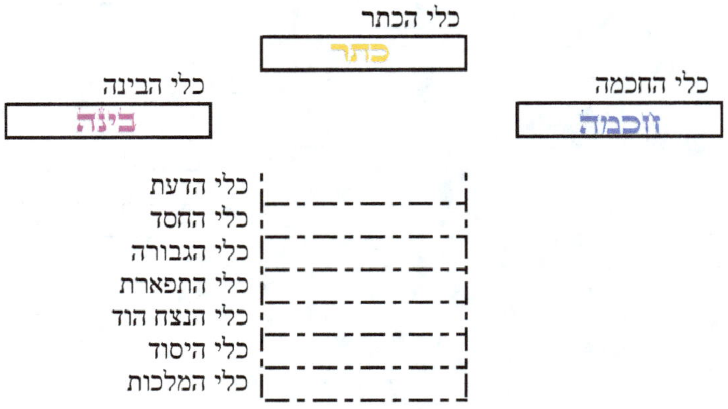
כלי הכתר
כתר
כלי הבינה
בינה
כלי החכמה
חכמה
כלי הדעת
כלי החסד
כלי הגבורה
כלי התפארת
כלי הנצח הוד
כלי היסוד
כלי המלכות

בחינה נעלמת   קוץ של י'

דצח"מ	ארמ"ע	עבג"ע"מ	טנת"א	עסמ"ב	נרנח"י	פרצופים	עולמות	הוי"ה
		מזז			יחידה	א"א	א"ק	◯
מדבר	מים	עצמות	טעמים	ע"ב	חיה	אבא	אצילות	י
חי	אש	גידין	נקודות	ס"ג	נשמה	אימא	בריאה	ה
צומח	רוח	בשר	תגין	מ"ה	רוח	ז"א	יצירה	ו
דומם	עפר	עור	אותיות	ב"ן	נפש	נוקבא	עשיה	ה

<table dir="rtl">
<tr><th>ספירות</th><th>בגמרא</th><th>היכלות</th></tr>
<tr><td>כתר</td><td rowspan="4">ערבות</td><td rowspan="4">היכל קודש הקדשים</td></tr>
<tr><td>חכמה</td></tr>
<tr><td>בינה</td></tr>
<tr><td>דעת</td></tr>
<tr><td>חסד</td><td>מכון</td><td>היכל אהבה</td></tr>
<tr><td>גבורה</td><td>מעון</td><td>היכל הזכות</td></tr>
<tr><td>תפארת</td><td>זבול</td><td>הכל הרצון</td></tr>
<tr><td>נצח</td><td rowspan="2">שחקים</td><td>היכל נוגה</td></tr>
<tr><td>הוד</td><td>היכל עצם השמים</td></tr>
<tr><td>יסוד</td><td>רקיע</td><td rowspan="2">לבנת הספיר</td></tr>
<tr><td>מלכות</td><td>וילון</td></tr>
</table>

עטרת היסוד

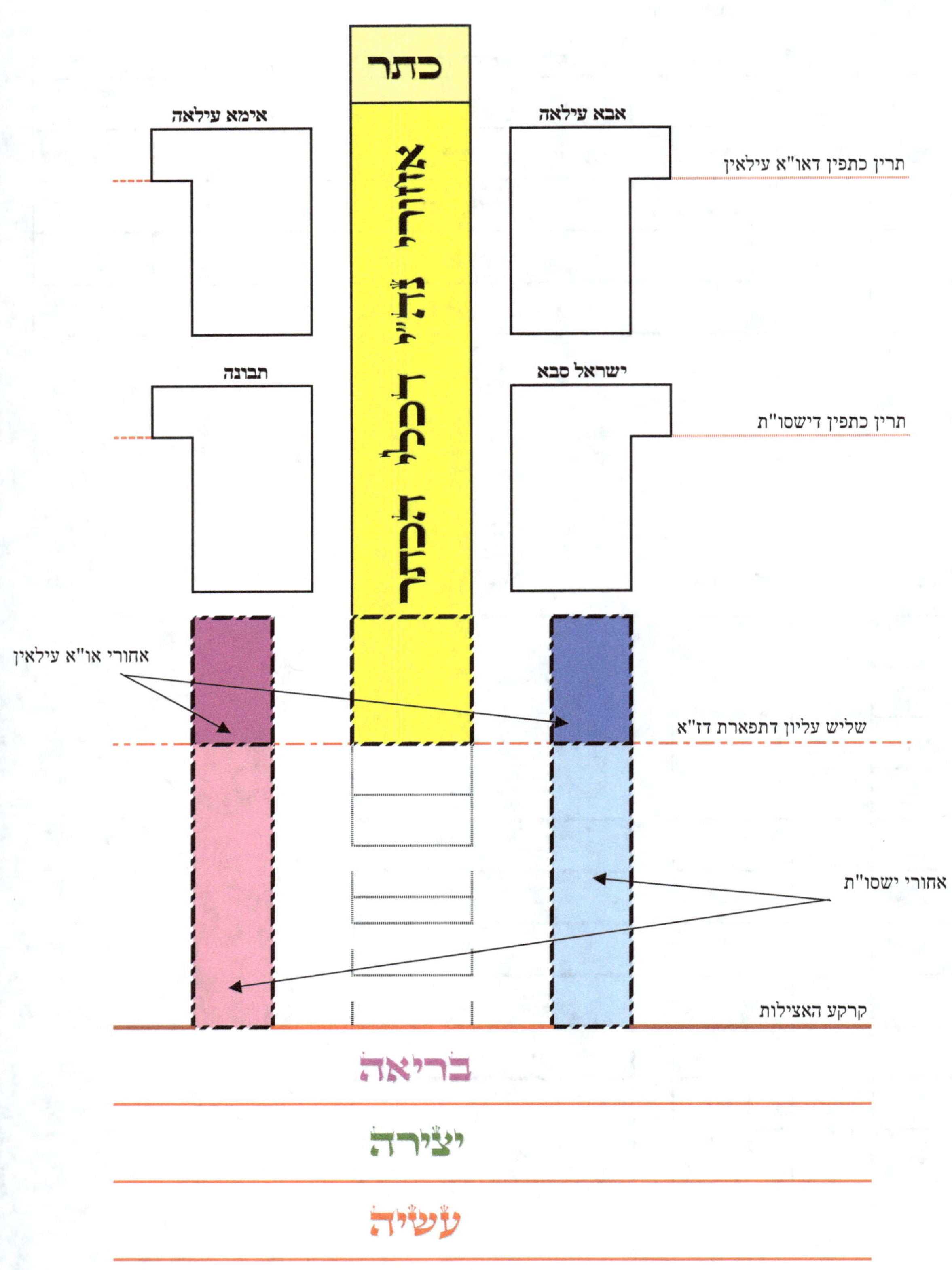
כתר
אריך אנפין
אימא עילאה
אבא עילאה
תרין כתפין דאו"א עילאין
תבונה
ישראל סבא
תרין כתפין דישסו"ת
אחורי או"א עילאין
שליש עליון דתפארת דז"א
אחורי ישסו"ת
קרקע האצילות
בריאה
יצירה
עשיה

תרשים ז - ל"ב

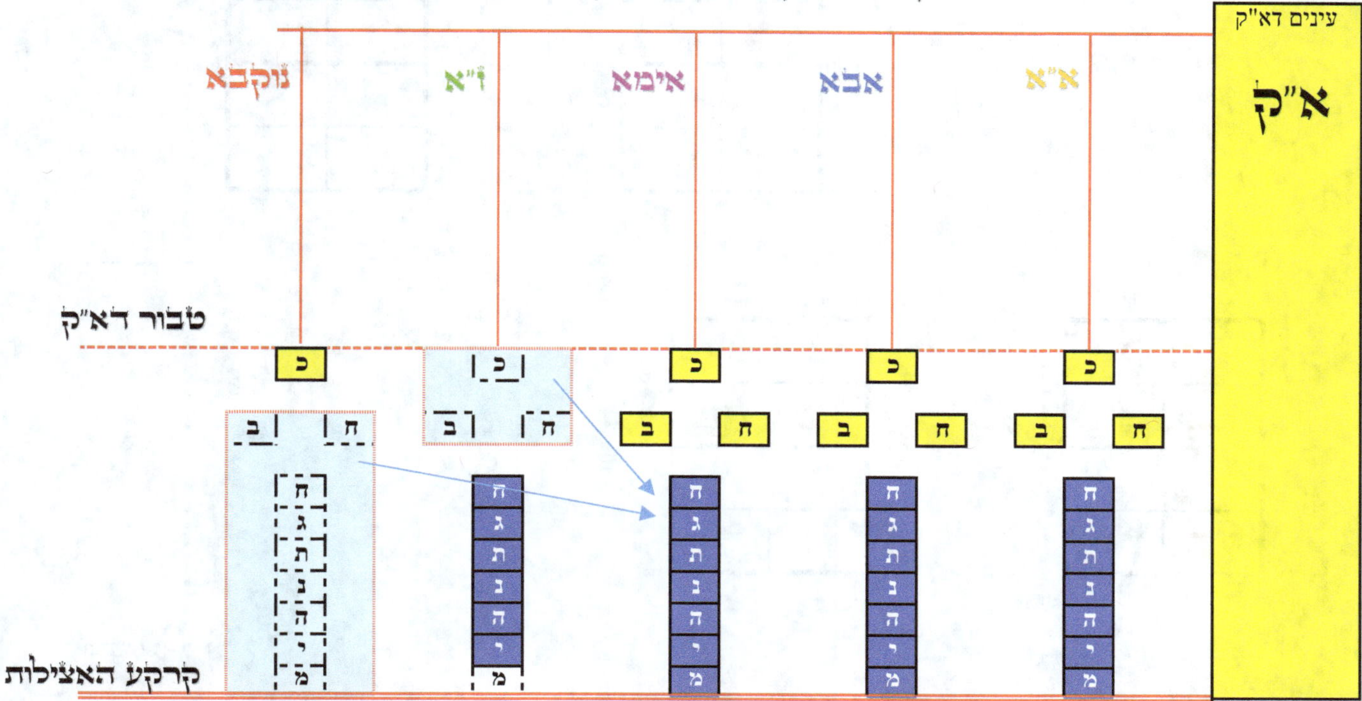

תרשים ז - ל"ד

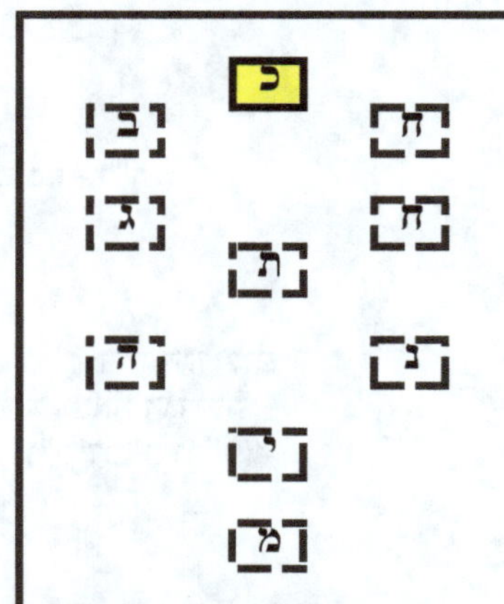

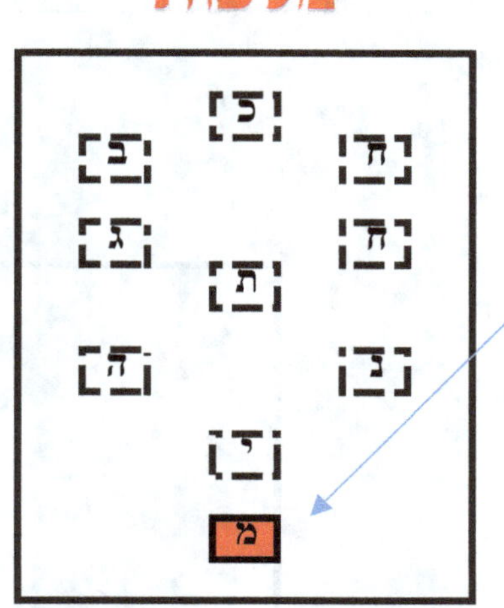

ע"ח ש"ט פ"ו מ"ב דמ"ו ע"א

ע"ח ש"ג פ"ב מ"ב די"ז ע"ב
ע"ח שי"א מ"ת דנ"ב ע"ד

תרשימים שער ט' פרק ז

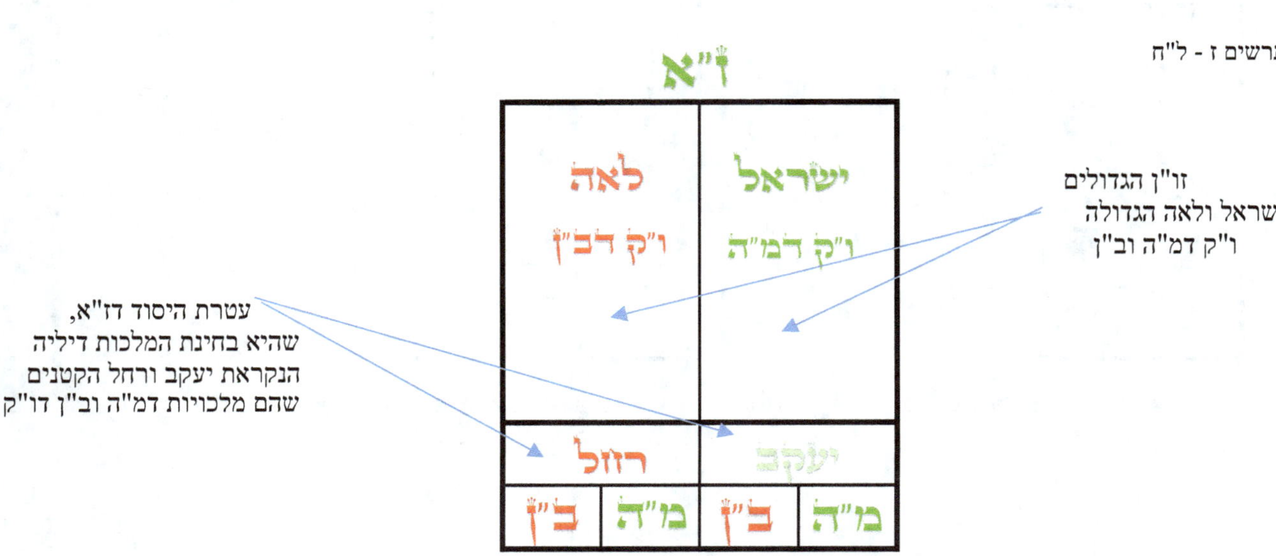

זו"ן הגדולים
ישראל ולאה הגדולה
ו"ק דמ"ה וב"ן

עטרת היסוד דז"א,
שהיא בחינת המלכות דיליה
הנקראת יעקב ורחל הקטנים
שהם מלכויות דמ"ה וב"ן דו"ק

תרשים ז - ט"ל

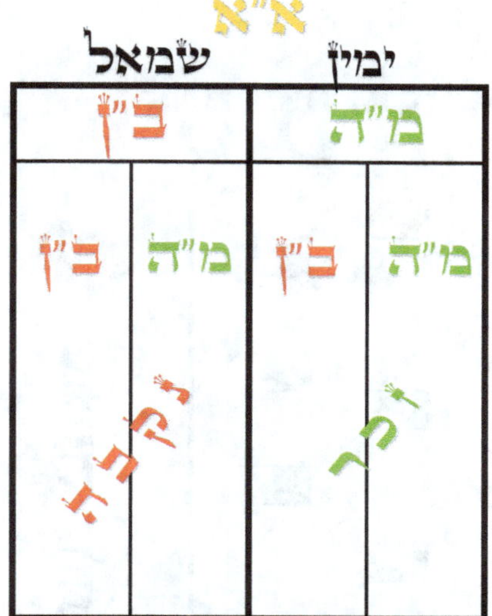

תרשים ז - מ

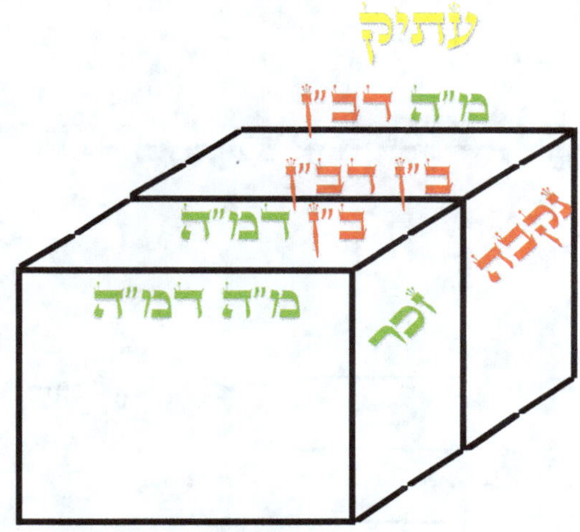

תרשים ז - מ"א

תרשים ז - מ"ב

נְקוּדָה אַחַת מֵהַחֲמִשָּׁה נְקוּדוֹת

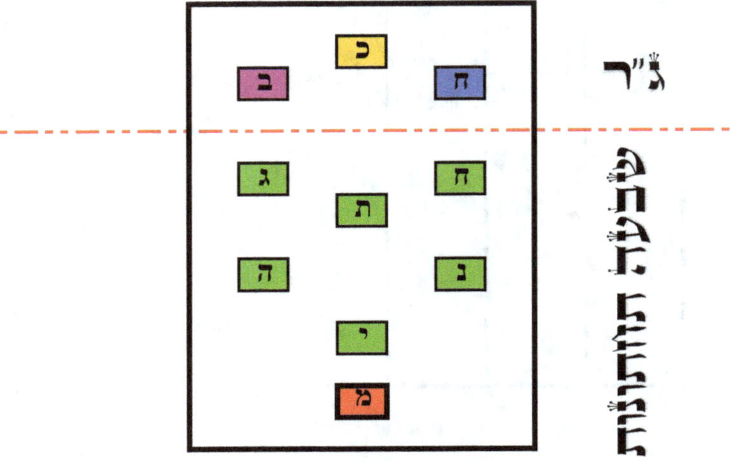

תרשים ז - מ"ג

שִׁיעוּר קוֹמָה שֶׁל אַחַת הַסְפִירוֹת הַפְרָטִיוֹת שֶׁל הַשִׁבְעָה תַחְתוֹנוֹת דְּכָל נְקוּדָה דְעוֹבִי

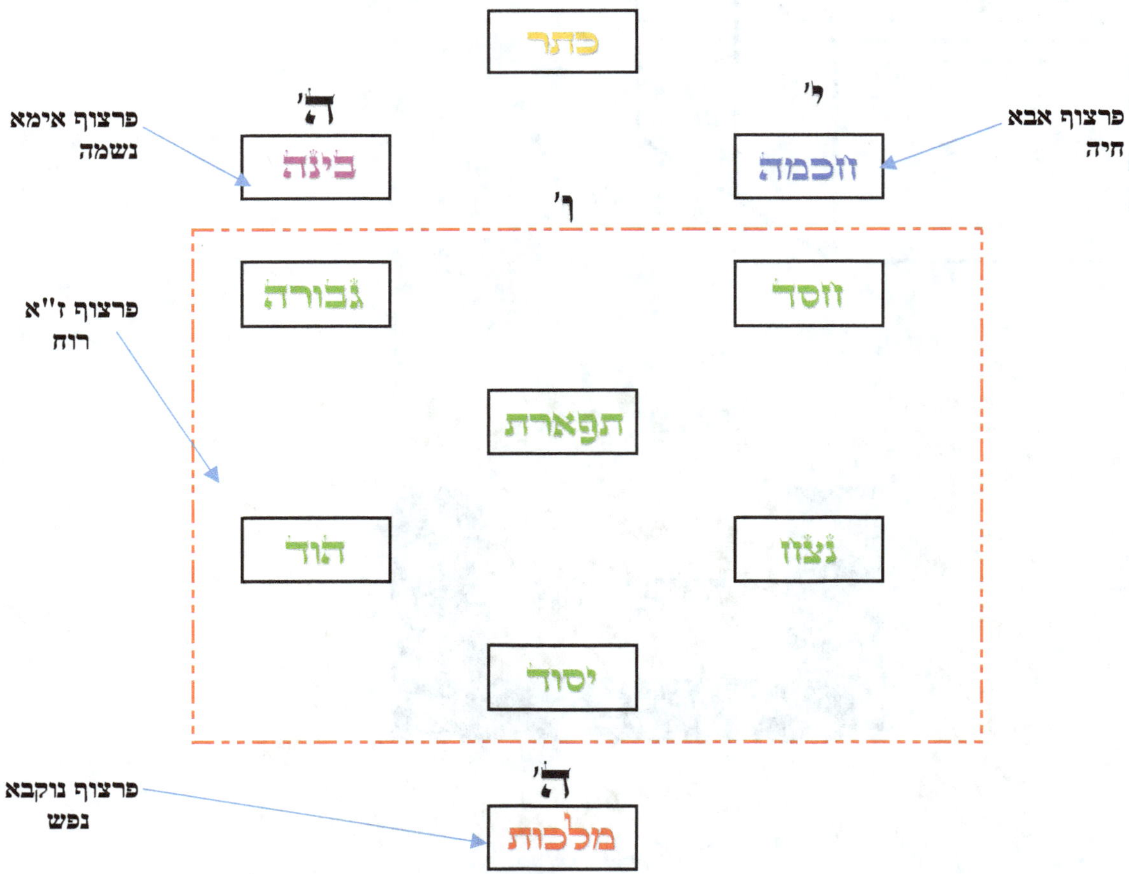

שִׁיעוּר קוֹמָה שֶׁל אֱזַת הַסְּפִירוֹת הַפְּרָטִיּוֹת דִּנְקוּדָה אֱזַת יֵשׁ אַרְבָּעִים שֵׁמוֹת אֱלֹהִ"ם

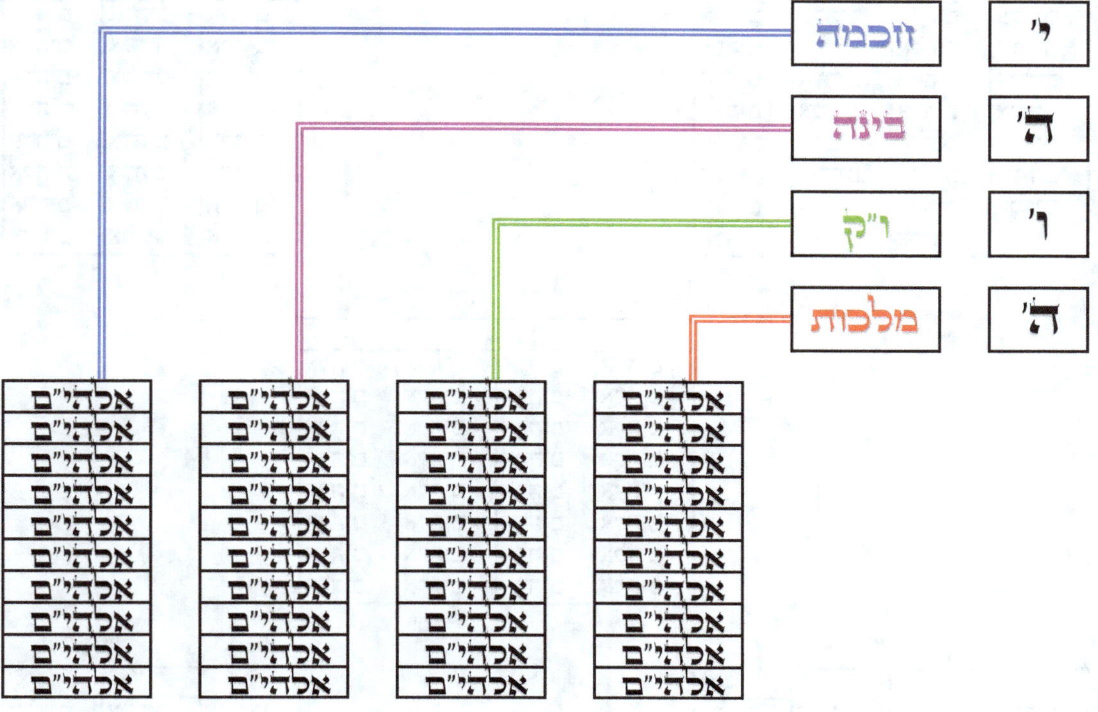

לְכָל שִׁיעוּר קוֹמָה שֶׁל אֱזַת הַסְּפִירוֹת הַפְּרָטִיּוֹת יֵשׁ אַרְבָּעִים שֵׁמוֹת אֱלֹהִ"ם,
וְיֵשׁ שִׁבְעָה סְפִירוֹת פְּרָטִיּוֹת בְּכָל שִׁיעוּר קוֹמָה דִּנְקוּדָה אֱזַת שֶׁבְּעוֹבִי,
בִּיזֶזֶד הֵם פ"ר בְּזוֹזִינוֹת שֶׁל שֵׁמוֹת אֱלֹהִ"ם

כָּפוֹל שִׁבְעָה מְלָכִים

פ"ר – מנצפ"ך

שִׁבְעָה תזתונות שׁל ספירה אזֹת, שׁישׁ בכל בזֹיֹנה ישׁ פ"ר בזֹיֹנֹות

חסד

חכמה	בינה	ו"ק	מלכות
אלהים	אלהים	אלהים	אלהים
אלהים	אלהים	אלהים	אלהים
אלהים	אלהים	אלהים	אלהים
אלהים	אלהים	אלהים	אלהים
אלהים	אלהים	אלהים	אלהים
אלהים	אלהים	אלהים	אלהים
אלהים	אלהים	אלהים	אלהים
אלהים	אלהים	אלהים	אלהים

גבורה

חכמה	בינה	ו"ק	מלכות
אלהים	אלהים	אלהים	אלהים
אלהים	אלהים	אלהים	אלהים
אלהים	אלהים	אלהים	אלהים
אלהים	אלהים	אלהים	אלהים
אלהים	אלהים	אלהים	אלהים
אלהים	אלהים	אלהים	אלהים
אלהים	אלהים	אלהים	אלהים
אלהים	אלהים	אלהים	אלהים

תפארת

חכמה	בינה	ו"ק	מלכות
אלהים	אלהים	אלהים	אלהים
אלהים	אלהים	אלהים	אלהים
אלהים	אלהים	אלהים	אלהים
אלהים	אלהים	אלהים	אלהים
אלהים	אלהים	אלהים	אלהים
אלהים	אלהים	אלהים	אלהים
אלהים	אלהים	אלהים	אלהים
אלהים	אלהים	אלהים	אלהים

נצח

חכמה	בינה	ו"ק	מלכות
אלהים	אלהים	אלהים	אלהים
אלהים	אלהים	אלהים	אלהים
אלהים	אלהים	אלהים	אלהים
אלהים	אלהים	אלהים	אלהים
אלהים	אלהים	אלהים	אלהים
אלהים	אלהים	אלהים	אלהים
אלהים	אלהים	אלהים	אלהים
אלהים	אלהים	אלהים	אלהים

הוד

חכמה	בינה	ו"ק	מלכות
אלהים	אלהים	אלהים	אלהים
אלהים	אלהים	אלהים	אלהים
אלהים	אלהים	אלהים	אלהים
אלהים	אלהים	אלהים	אלהים
אלהים	אלהים	אלהים	אלהים
אלהים	אלהים	אלהים	אלהים
אלהים	אלהים	אלהים	אלהים
אלהים	אלהים	אלהים	אלהים

יסוד

חכמה	בינה	ו"ק	מלכות
אלהים	אלהים	אלהים	אלהים
אלהים	אלהים	אלהים	אלהים
אלהים	אלהים	אלהים	אלהים
אלהים	אלהים	אלהים	אלהים
אלהים	אלהים	אלהים	אלהים
אלהים	אלהים	אלהים	אלהים
אלהים	אלהים	אלהים	אלהים
אלהים	אלהים	אלהים	אלהים

מלכות

חכמה	בינה	ו"ק	מלכות
אלהים	אלהים	אלהים	אלהים
אלהים	אלהים	אלהים	אלהים
אלהים	אלהים	אלהים	אלהים
אלהים	אלהים	אלהים	אלהים
אלהים	אלהים	אלהים	אלהים
אלהים	אלהים	אלהים	אלהים
אלהים	אלהים	אלהים	אלהים
אלהים	אלהים	אלהים	אלהים
אלהים	אלהים	אלהים	אלהים

תרשימים שער ט' פרק ז

תרשים ז - מ"ז

א"א	אבא	אימא	ז"א	נוקבא
חסד פ"ר	חסד פ"ר	חסד פ"ר	חסד פ"ר	חסד פ"ר
גבורה פ"ר	גבורה פ"ר	גבורה פ"ר	גבורה פ"ר	גבורה פ"ר
תפארת פ"ר	תפארת פ"ר	תפארת פ"ר	תפארת פ"ר	תפארת פ"ר
נצח פ"ר	נצח פ"ר	נצח פ"ר	נצח פ"ר	נצח פ"ר
הוד פ"ר	הוד פ"ר	הוד פ"ר	הוד פ"ר	הוד פ"ר
יסוד פ"ר	יסוד פ"ר	יסוד פ"ר	יסוד פ"ר	יסוד פ"ר
מלכות פ"ר	מלכות פ"ר	מלכות פ"ר	מלכות פ"ר	מלכות פ"ר

תרשים ז - מ"ח

דינין	שורש הדינים ה' אותיות אלהי"ם	ביחד גימטריא
פ"ר	ה'	פר"ה

תרשים ז - מ"ט

א"א	אבא	אימא	ז"א	נוקבא
חסד פר"ה	חסד פר"ה	חסד פר"ה	חסד פר"ה	חסד פר"ה
גבורה פר"ה	גבורה פר"ה	גבורה פר"ה	גבורה פר"ה	גבורה פר"ה
תפארת פר"ה	תפארת פר"ה	תפארת פר"ה	תפארת פר"ה	תפארת פר"ה
נצח פר"ה	נצח פר"ה	נצח פר"ה	נצח פר"ה	נצח פר"ה
הוד פר"ה	הוד פר"ה	הוד פר"ה	הוד פר"ה	הוד פר"ה
יסוד פר"ה	יסוד פר"ה	יסוד פר"ה	יסוד פר"ה	יסוד פר"ה
מלכות פר"ה	מלכות פר"ה	מלכות פר"ה	מלכות פר"ה	מלכות פר"ה

תרשים ז - נ

במלך השמיני הדר, שהוא ב"ן דמ"ב, יש ארבעים שמות אלה"ים
וחיברום עם פר"ה שבבכל בחינה הם שכ"ה דינין

חכמה	בינה	ו"ק	מלכות
אלהים	אלהים	אלהים	אלהים
אלהים	אלהים	אלהים	אלהים
אלהים	אלהים	אלהים	אלהים
אלהים	אלהים	אלהים	אלהים
אלהים	אלהים	אלהים	אלהים
אלהים	אלהים	אלהים	אלהים
אלהים	אלהים	אלהים	אלהים
אלהים	אלהים	אלהים	אלהים

תרשים ז - נ"א

א"א	אבא	אימא	ז"א	נוקבא
חסד	חסד	חסד	חסד	חסד
שכ"ה	שכ"ה	שכ"ה	שכ"ה	שכ"ה
גבורה	גבורה	גבורה	גבורה	גבורה
שכ"ה	שכ"ה	שכ"ה	שכ"ה	שכ"ה
תפארת	תפארת	תפארת	תפארת	תפארת
שכ"ה	שכ"ה	שכ"ה	שכ"ה	שכ"ה
נצח	נצח	נצח	נצח	נצח
שכ"ה	שכ"ה	שכ"ה	שכ"ה	שכ"ה
הוד	הוד	הוד	הוד	הוד
שכ"ה	שכ"ה	שכ"ה	שכ"ה	שכ"ה
יסוד	יסוד	יסוד	יסוד	יסוד
שכ"ה	שכ"ה	שכ"ה	שכ"ה	שכ"ה
מלכות	מלכות	מלכות	מלכות	מלכות
שכ"ה	שכ"ה	שכ"ה	שכ"ה	שכ"ה